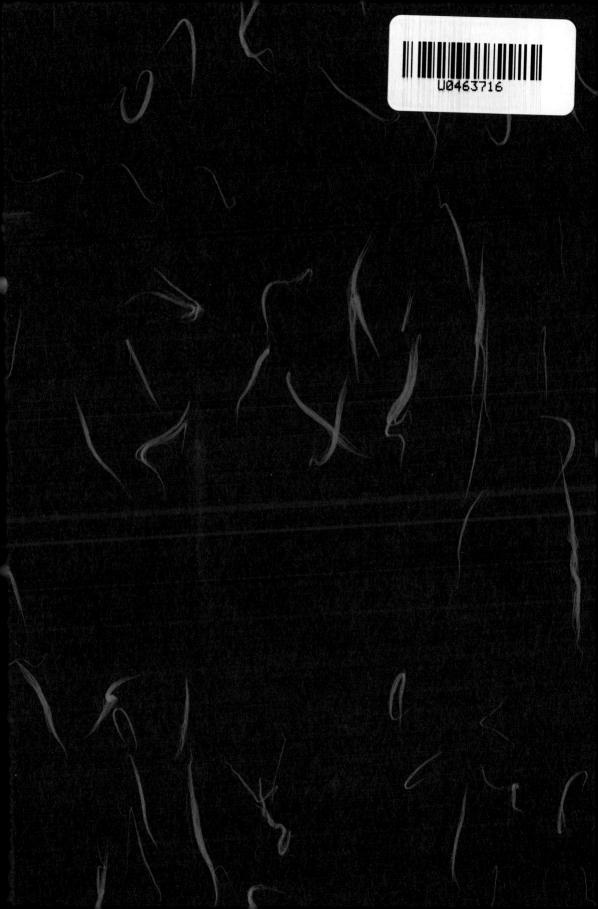

中国史

极简

中国史

马东玉 ◎ 著

团结出版社

图书在版编目（ＣＩＰ）数据

极简中国史 / 马东玉著. -- 北京 ：团结出版社，
2017.3（2019.11 重印）
 ISBN 978-7-5126-4647-6

 Ⅰ．①极… Ⅱ．①马… Ⅲ．①中国历史－通俗读物
Ⅳ．①K209

 中国版本图书馆 CIP 数据核字(2016)第 283601 号

出　版：团结出版社
　　　　（北京市东城区东皇城根南街 84 号　邮编：100006）
电　话：（010）65228880　65244790　（出版社）
　　　　（010）65238766　85113874　65133603（发行部）
　　　　（010）65133603（邮购）
网　址：http://www.tjpress.com
E-mail：zb65244790@vip.163.com
　　　　fx65133603@163.com（发行部邮购）
经　销：全国新华书店
印　装：三河市腾飞印务有限公司

开　本：170mm×240mm　　　16 开
印　张：12.5
字　数：197 千字
版　次：2017 年 3 月　　第 1 版
印　次：2019 年 11 月　　第 7 次印刷

书　号：978-7-5126-4647-6
定　价：28.00 元

目 录

极简中国史

中国人把历史看作镜子。"前车之覆，后车之鉴"，前面的车子翻倒了，后面的车子要以它为教训，不要也翻倒。所以，大史学家司马光给自己写的一部历史叫《资治通鉴》，即他写的历史是供治国参照的借镜。我国先秦的王朝专设史官，给史官记述真实的权力，连握有生杀大权的天子也不得强行干预。《礼记·王藻》记载："动则左史书之，定则右史书之。"这里是说，周朝王室的活动都要由"左史"和"右史"两个史官作记录，别人和别的官员无权记录。这说明王朝统治者很重视历史，从中汲取统治经验和教训。

近年来，还有的历史评论家把历史称为"避险秘笈"，认为当今世界是千载难逢的时代，即网络科技时代。千载难逢是机会，而同时也将会遇到大风险。如何抓住机遇，避开风险？"历史，在这个时候就派上大用场。"

我们相信历史有这般神奇的效用，所以用极少的文字给数千年的中国史过滤一番，滤出能让我们抓住机会、避开风险的篇章。

中国古代曾是世界文化的中心，有着令世界称羡的光辉文明。是什么原因让中国产生了古代文明，又是什么原因使中国失去了古代的辉煌，成了挨打的落后国家？在当今瞬息万变的"全球化"时代，中国的历史能起到抓住机遇、避开风险的作用吗？

第一章　给国人永久的智慧和奋斗精神
——史前的文明

中国主流文化典籍《五经》之一《礼记·礼运》篇富于情感地介绍人们景仰的"大同"社会："大道之行也，天下为公，选贤与能，讲信修睦，故人不独亲其亲，不独子其子，使老有所终，壮有所用，幼有所长，鳏、寡、孤、独废疾者有所养。男有分，女有归，货恶其弃于地也不必藏于己，力恶其不出于身也不必为己。是故谋闭而不兴，盗窃乱贼而不作，故外户不闭，是谓大同。"

我们的历史学家皆认为《礼记》介绍的社会是我们国家的原始社会（翦伯赞主编：《中国史纲要》上册，人民出版社，第11页），但是如此美好的社会，如同陶渊明笔下的桃花源，即使当今社会也很难找到。因此，这样美好的社会也只能是儒家追求的理想王国，《礼记》发布三千年后，康有为著《大同书》描述将来的大同社会，还秘不示人。这样说明又过三千年大同社会仍是人们的理想社会，《礼记》写作之前如何能有呢？难道中国社会真倒退到如此地步吗？

《礼记》介绍的社会，其真实性如何我们已难寻觅，那可真是陶渊明笔下的桃花源。但是，夏、商、周以前的社会为我们留下了什么信息，这些信息对国人有何影响，这确是该弄明白的问题。

首先，给国人劳动创造世界的理念，奋斗不息的精神。由于劳动，首先创造了人类自身，让人类脱离动物群体，会制造劳动工具，又发明了生产和生活资料。虽然尚未积累多少物质财富，但因他们创造的精神财富成为创造历史文明不可或缺的条件。

中国史前史留下的精神文明丰富多彩，她们虽多以神话形式存在，但神话对人类的教育、鼓励、鞭策、启迪，其能量绝不比现实存在差些。例如一部《西游记》影视，演上千百遍，仍然为少儿乃至每个中国人喜爱的艺术珍品。上古留下的女娲形象，她辛辛苦苦创造了人类，又遇上了"九州裂，四极废；天不兼覆，地不周载；火爁焱而不灭，水浩洋而不息；猛兽食颛民鸷鸟攫老弱"。女娲在这天崩地裂之时，千辛万苦炼石补天，同水火和猛兽做斗争，终于拯救了人类。这位伟大女性的斗争精神，极大地鼓舞着人类，其影响无法估价。后来诞生的著名文学作品如《西游记》《红楼梦》《封神演义》都有女娲存在。

同女娲相类，夸父追日、愚公移山、牛郎织女、精卫填海等，他们不屈不挠的精神，将永远激励着现实中的人，去克服困难，努力工作，做该做的一切。

最让后人景仰的是当时实行的民主选举制，即"天下为公，选贤与能"。贤能者，能为大众解决困难者才被选出来率领大家去克服困难。《韩非子·五蠹》："上古之世，人民少而禽兽众，人民不胜禽兽虫蛇，有圣人作，构木为巢，以避群害，而民悦之，使王天下，号之曰有巢氏。民食果蓏蚌蛤，腥臊恶臭，而伤害腹胃，民多疾病，有圣人作，钻燧取火，以化腥臊，而民悦之，使王天下，号之曰燧人氏。"黄帝做过大众的首领，是因为他发明了服装、舟、车，又率领军队打败侵略者。炎帝作领袖的原因是他"斫木为耜，揉木为耒，耒耨之利，以教天下。"伏羲氏发明了网罟，又创造了八卦，也曾被选为贤能；蚩尤虽然是侵略的象征，但他发明了金属兵器，才被九黎部落选为领袖的。

《礼记》所述"大同"社会的末端，因治水而产生了领袖人物。众所周知者为禹，禹之父鲧治水不力而被放逐，其子大禹继承父志而治之，终于成功。中国人历代相传，家喻户晓，无不知"大禹治水，三过其门而不入"。故此做了华夏民族的领袖，成为中国唯一的治水英雄，传说他不仅艰苦卓绝，而且方法正确。其父所以治水不力是方法不对，是用"土掩"；而禹则是疏导加土掩，所以成功。

对大禹治水方法与父亲不同的说法，屈原已提出了疑问，而现代人更准确地指出，氏族公社时的鲧和禹都只能是"水来土掩"，无法做到疏导。原因是氏族部落各占一块土地，只有统一国土，看到西面是高原，东面是大海，才能做到导水流东注，归于大海。再者，历史只言大禹治水也很有问题。不仅大禹，大舜治水的行为更加动人。

尧看到舜既贤且能，顺从民意把帝位让给了他，还把自己的两个女儿娥皇、女英嫁给舜。大舜治水，不幸牺牲在苍梧。娥皇、女英二女寻找夫君，边行边涕，以涕挥竹，竹尽斑，亦溺于湘江。屈原作《九歌》祭二女曰"湘夫人"："帝子降兮北渚，目眇眇兮愁予；嫋嫋兮秋风，洞庭波兮木叶下。"毛泽东也曾写诗志之：

> 九嶷山上白云飞，帝子乘风下翠微。
>
> 斑竹一枝千滴泪，红霞万朵百重衣。
>
> 洞庭波涌连天雪，长岛人歌动地诗。
>
> 我欲因之梦寥廓，芙蓉国里尽朝晖。

诗中说的九嶷山，又称九疑山，即大舜牺牲地苍梧山，在今湖南宁远县东南。帝子指大舜的两个妃子娥皇、女英，即屈原笔下的湘夫人。这么美丽动人的故事，后来进入著名的文学作品，让国人为之永久慨叹，曹雪芹笔下的林黛玉，也是湘夫人的化身，同样美丽动人。

而远在西南蜀地，另有治水英雄杜宇、李冰等。李白诗《蜀道难》言古蜀国有蚕丛、鱼凫二帝开国，有五丁力士开山劈道，杜宇治水的故事便发生在鱼凫帝之时。杜宇原为一青年猎人，因治水有了大功鱼凫帝把王位禅让给他，名曰望帝。望帝率国民开荒耕种，让蜀民幸福，死后还化作杜鹃鸟，每年春天鸣叫不已，催促蜀民耕种，莫失农时。

出现在正史和中小学历史教材中的治水英雄李冰，也被一代代传为神话。传说李冰在灌县附近分岷江为两段，解除水害，又使成都大平原得到灌溉和通航，这便是著名的都江堰工程。如此浩大的工程在当时的人工很难完成，于是便出现了神话，李冰和儿子二郎共治蜀水，而二郎又是灌江口的二郎神杨戬，他在《西游记》《封神演义》里都是一个大英雄，是他成为李冰的儿子，帮助治水修筑都江堰。

总之，在中国人的精神世界里，夏、商、周之前有个极为美好的"大同"社会，那社会是"天下为公"，人人平等幸福，没有阶级、剥削和压迫。领袖是贤能的人民公仆，他们没有任何特权，只会为人民服务，率领大众治理灾害，建设家园，都是值得永久纪念的大英雄。这个文明社会是中国人的理想，是中国梦。历朝历代，直到今天，中国人都为实现这个伟大梦想不懈努力。

第二章 断裂与继承
——夏商西周奴隶制国家

在圣人行列中占着永久而绝对统治地位的孔子，用乐章比喻大舜时代和西周时代："子谓韶，'尽美矣，又尽善也。'谓武，'尽美矣，未尽善也。'"（《论语·八佾篇第三》）意思是孔子说到大舜时的乐章是尽美尽善，而论述西周的乐章是尽美而未尽善。孔夫子的意思是大舜做得好，功劳大，威信高，尧便把领导的位子让给了他，舜的时代是尽善尽美的。武王建立的西周也是值得称颂的，但武王之位是通过讨伐商纣夺得的，有战争的血腥，故此美而不善。

孔子仅认为他处的时代是礼崩乐坏，社会政治秩序混乱、君不君臣不臣的乱世，他一生奋斗的终极目标是恢复旧制度。所以，他认为尧、舜、禹、夏、商、周都是最理想的社会，没认清夏商周的社会本质，在我国近现代历史的很长阶段孔子被论为是"奴隶主阶级的反动代表"，是"打倒孔家店"口号的由来。

王朝喋血更替

自从夏朝的建立，"选贤与能"的国家政治制度结束了，被一家一氏"家天下"的世袭制度取代。《礼记·礼运》篇接着"大同"往下说："今大道既隐，天下为家，各亲其亲，各子其子，货力为己，大人世及以为礼。"被儒家照旧吹捧而力求复辟的夏商周"三代"，就是我国奴隶制历史时期，也是人类社会史上最黑暗的历史时期。它的黑暗无需用更多的文字描述，它的第一大特点是无比专制，人群本该是"选贤与能"，贤能者自然做首领。但是，自从大禹把位子传给了他的儿子启，到秦始皇两千多年，再到清末又两千多年，专制皇帝有几个是贤

4

能的？几岁的幼儿皇帝就产生了一大批，昏庸皇帝、混蛋皇帝更大有人在，百官都得跪拜山呼万岁，老百姓都得绝对服从。专制皇帝把"天下为家"，并非把天下子女玉帛当作家人家物那样爱护，而是看成他的私有，想怎么败坏蹂躏就怎么干。为什么中国的官员贪侵那么严重，原因就是数千年的专制制度，皇帝把天下看成个人的，官员就把个人"地盘"里的一切看成自己的，想贪便贪，想拿便拿，那是传统的、自然的。专制制度是官员贪污的根源。

第二大特点是产生了对立的两大人群，即奴隶主和奴隶。提到奴隶一词，再无知幼稚者都知道它的残酷和血腥，有人把奴隶与会说话的工具和牲畜相比较，实质上远比它们要悲惨。工具和牲畜的主人都知爱护它们，而奴隶主根本上就不会爱护奴隶，他们只会随意使用、伤害、杀戮，奴隶主死了还要杀死男女奴隶来殉葬。

大禹传子家天下，本身就充溢着血腥和极度的不公平。

大禹晚年，按照尧舜的制度"选贤与能"，应该由益来继承。根据《史记》《汉书》《书经》等原始记述，益，即伯益，或柏翳，是西方秦的先祖，秦也是东方的一个民族，后迁到了西部。在大舜时，同大禹一起辅佐舜做治水等重要工作。益在治理洪水、驱逐食人畜的猛兽、治侵害人民和农作物的百虫等工作，都成绩卓著。在神话传说中，益同神农氏等英雄一样，说他自身就是"草木鸟兽之长"、是百虫将军。《水经注·洛水》记述：九山神庙有"百虫将军显灵碑"，碑文有："将军姓伊氏，讳益，字隤敳，帝高阳之第二子伯益者也。"

益的贤和能足够继承条件，也被定为继位人，但最终还是被大禹的儿子启夺去了继位权。

启有无贤能继位呢？可以说早期记载他文章皆说他一无是处。如《山海经》开篇记述启在一边自娱，一边观舞。他穿戴着华贵的服饰，手拿羽伞、玉环，坐着三层华盖的宝马香车，敲打着手中的玉环，观看众舞女为他歌舞。《墨子·非乐上》说："启乃淫溢康乐，野于饮食，将将锽锽，筦磬以方，湛浊于酒，渝食于野，万舞翼翼，章闻于天，天用弗式。"是说启放恣淫乐，终日沉湎酒色乐舞，不恤人民，不问国事，连上天都要抛弃不再保佑他。屈原在《离骚》中记述："夏康娱以自纵，不顾难以图后兮，五子用夫家巷。"是说他放纵淫乐，不顾国家人民的艰难，更不思进取。他的五个儿子都跟他学坏，争夺帝位，发生自相残杀的内乱。

益和启二人的贤能相差甚远，大禹也不好太过格，只得顺着民意和事实，决定把位子让给益而只让启做史。《战国策·燕策》说："禹将益而以启而吏，及老，而以启为不足任天下，传之益也；启与友党攻益而之天下。"启以暴力杀害了益，夺取了帝位。

儒家们以既成事实的皇统为原则，多维护启继位事实。孔子对益和启未加评述，而孟子在没有历史根据的前提下说："禹荐益子灭，七年，禹崩。三年之丧毕，益避禹之子于箕山之阴，朝觐讼狱者，不之益而之启，曰：'吾君之子也。'"（《孟子·万章上》）孟子是说，大禹是要把帝位传给益的，但是百官不拥护益而拥护启，所以启才顺理成章地继承了帝位。孟子既说大禹按传贤的制度传位于益，而启夺得继承权则是百官不支持益，启的父子都是按"天"之意行事，"大人世及以为礼"，是说"天下为家"，父子代代相传成了固定不变的制度，完全是天意。因此《竹书纪年》（古本）就直截了当地说："益干启位，启杀之。"

既然启以武力破坏了"传贤"制度，以兵革夺取政权，以后也如《礼记·礼运》篇所说，从此以后阴谋夺权和武力夺权的事便不断发生，"故谋用是作而兵由此起。"启荒淫放恣，不恤国事，他的儿子也一样荒淫，太康在内讧中夺得继承权，由于他的更加"娱以自纵"，东方新发展起来的有穷氏首领后羿（非射九日的羿），见有机可乘，趁太康出猎时，便起兵攻占了夏都，夺取了夏的政权，此即史书上说的后羿"因夏民以代夏政"。太康逃亡，死在外地。后羿相继以其子仲康和仲康子相为傀儡，把持政权。之后后羿的亲信寒浞谋杀了后羿，夺取夏政权。而相的妻子在丈夫被杀的宫廷混战中逃亡，在娘家有仍氏那里生下遗腹子少康。成长过程中的少康又逃亡至有虞氏部落，有虞氏给他土地和军队，并以二女妻之，还争取友邻部落及夏朝的旧臣和大众。准备充分后出兵进攻寒浞，终于攻灭了寒浞阵营，恢复了夏的统治。

夏王朝自启杀益即以战乱立国，经过后羿和寒浞，半个多世纪一直混战不已。直到少康之子杼继位，又出兵征"东夷"各部落，多取得胜利，使夏政权巩固。夏王朝如果自大禹开始，到夏桀灭亡，共有17君，历时471年（《竹书纪年》）。夏王朝的统治和活动区域是现在的山西南部、河南和山东、河北的交界一带。

由于夏王朝距现代久远，国域狭小，后世甚至怀疑有此王朝存在。但是，周朝以后的文献无不记有夏商的史迹，《诗经·大雅·荡》说："殷鉴不远，在夏后之世。"诸多诗文的记述，证明夏的存在不容怀疑。

奴隶社会的君主皆毫无约束和节制，皆庸者有之而少英明。夏朝最后的四个君主一个比一个淫昏强暴，《国语·周语》说："孔甲乱夏，四世而陨。"《史记·夏本纪》说："帝孔甲立，妇方鬼神事，淫乱。"孔甲之后四世是履癸即著名的暴君夏桀，他荒淫失德，大兴土木，四方用兵，伤国害民。弄得百姓无法生存时，大家指着上苍诅咒他："你这个太阳快点完蛋吧，我们情愿同你一起死亡！"不久，便被商的首领成汤打败，夏朝灭亡。

商族居于河南东部、山东及渤海沿岸。传说其始祖契，是一个名曰简狄的女子吞食鸟蛋而生之，《诗经·商颂·玄鸟》："天命玄鸟，降而生商。"反映了商族的图腾是燕子，契生之前是母系社会，契开始进入父系氏族社会，曾是与尧舜禹并列的部落，也曾参与治水，发展农业，据说是商的先民发明了用牛马拉车。

夏桀无道失去民心，商汤开始了灭夏的行动。商汤先翦灭夏的属族葛、荆、温、韦、顾、昆吾，即今天的河南东部、山东西南部地区。夏桀曾企图联合有缗等族抗击商汤，结果有缗部叛离，夏桀兴师向有缗问罪，商汤乘机大举攻桀。桀败而逃到鸣条，被汤活捉，把他流放到南巢（今安徽巢县），后死于亭山（今安徽和县）。

成汤灭夏定都于亳（今河南商丘），或说都于西亳（今河南偃师）。自成汤至商纣，共传17代，31王，历时600余年，或说496年（《竹书纪年》）。其统治区域较夏扩大了很多，大约是河南向东至海，陕西向南至长江，山东向北至燕山，是世界上的奴隶大国。

商朝建国后和夏朝一样，很长一段混乱时期，不断发生王位争夺战。成汤立国后的王位继承取"兄终弟及"制，即以兄传弟，只有最小的弟弟死后才由长兄子继位。商汤在位年久，死时长子太丁已死，先后由其弟外丙、仲壬继位。此时的大权为伊尹掌控，外丙、仲壬在位很短，死后应由太丁子太甲继位，但伊尹则把太甲放逐囚禁，自立为王，统治七年。太甲在贵族的拥护下回到王城杀了伊尹，恢复王位。但继位问题没有解决，"兄弟相承"和"父子相承"你死我活地演争不休。因商王朝内部矛盾，周边部落乘机进袭，东方的兰夷、班方多次袭击商朝，使商的力量大为削弱。一直闹到第20王盘庚，为了摆脱矛盾，曾采取大迁都措施，把都城迁至殷（今河南安阳），才扭转了大混乱的局面。到第23王武丁时，他"修政行德"，使"天下咸欢，殷道复兴。"（《史记·殷本纪》）国内相对安定后则对侵犯商的周边方国，进行了讨伐。先后大败土方、孟方、基方，用三年时间打败强大的鬼方。其统治地有河南全部，山东、河北、辽宁、山西、陕西、湖北，安徽大部，江南和内蒙古的部分区域也为商控制。

然而，奴隶主的野蛮和专制者的贪婪，正好把反侵略战争变成了侵略周边民族和部落的战争。武丁以后的几个王不断发动掠夺奴隶和财产的战争，加重了人民的负担，阶级矛盾尖锐化。至商朝最后一个帝王纣，尤为贪婪残暴，"牧狗马奇物，充仞官室"，"聚乐戏于沙丘，以酒为池，县（悬）肉为林"（《史记·殷本纪》），昼夜聚饮狂欢。关于商纣王的残暴，国人妇孺无不知之，而且其恶之多达"七十事"（顾颉刚：《纣恶七十事的发生次第》见《古史讨论集》），其洋洋大观，实中国恶暴之君的典型。《论语·子张》载："子贡曰'纣之不善，不如是之甚也，是以君子恶居下流，天下之恶皆归焉。'"就是说纣这个奴隶主暴君，他恶到天下人把罪恶全加到他身上。至于《封神演义》又神乎其神地描绘纣王酒池糟丘，脯林肉圃，宫中九市，牛饮三千，丘鸣鬼哭，山走石泣，以人食兽，炮烙为刑，宠嬖妲己，杀忠臣比干，信崇候虎等恶人。

纣王的下场比夏桀还要惨，周兴起后武王率戎车三百，虎贲三千，甲士四万五千，并联合十余部落，在商都朝歌附近的牧野（今河北省汲县北）与纣王军队大战。纣王之军人数虽多，但多是奴隶和贫民组成，在周兵攻来时以为遇到了救星，乃倒戈攻纣王，只在夏历正月初五的一个早晨就把纣王的军队粉碎，纣王乃自焚而亡，商朝随之灭亡。

周是陕甘黄土高原的一个古老民族，始祖后稷是为大众歌颂的神话人物，即农业神。神话说其母姜源出野践大人足，感而生之，出生后就如神话中的哪吒那样，是个肉球，以为不祥而把他丢弃，结果牲畜不践，飞鸟保护，母亲又把他收养成长，取名弃。弃在儿童时便热爱农业劳动，更能动脑研究良种，游戏中便培育了一大批优秀的谷物、瓜豆。长大后把优良品种推广到大众中，并教民种植。《诗经》里有几篇是歌颂后稷的，如《大雅·生民》等把后稷比喻为养活百姓的天神。尧把后稷聘为农师。早期周族值得纪念的还有公刘、亶父，二位都是领导周族发展农业生产，选择定居地点，关系周族生存的重要领袖人物。亶父率周族迁至陕西的周原（今陕西岐山），开始建城设邑，并设官置司，慢慢强大起来，并与商发生关系，向商称臣，帮助商讨伐鬼方，亶父被封为侯。亶女死，子季历立，成为渭水流域强盛的部落，引起商的不安，商王文丁杀掉了季历（《左传》昭公七年）。季历死后，子昌立，即文王。周文王又是一个中国后人传颂的人物，神话、传说和历史交织，但不管哪种都写得他很了不起。文王一方面注意和商的关系，一方面大力发展生产，个人就是个身先百姓的领袖，穿着"卑服"，从早到晚在田里劳作。同时又发动一系列开拓疆土的战争，灭掉商的亲信崇侯虎，把国都迁于丰（今陕西长安县），为周灭商做好了各方面的准备。文王死后，其子武王在另一位神话中人物姜太公（或称吕尚、吕望、师望、姜子牙、太公涓等名，是《封神演义》中主角）的帮助下，发动伐商战争，取得胜利后建立周朝。

周的建立，史书把周武王算作第一代王。这个奴隶制国家建立之初和夏、商一样不稳定，武王在建国两年就死了，子成王诵继位，因为年幼便由武王弟周公旦掌握政权。武王的另外两个弟弟管叔和蔡叔对周公旦不满，竟勾结商纣王子武庚发动叛乱。叛军势力很大，有商的残余，周分化出的力量，还有徐、奄、薄姑、熊盈等方国的参加。周公率兵东征，又经三年的残酷战争才打败叛军，杀了武庚和管叔，流放了蔡叔，这才让成王诵亲政。

中国和欧洲的奴隶制何以大相径庭

历史悠久的国家大都经过原始公社制、奴隶制、封建制、君主立宪制、民主共和制等，而各阶段的政治制度性质和内容也基本一致。而中国自奴隶社会开始，与西方国家相比较，就大不一样，有其特殊性，直到今天我们建设的也还称作"特色社会主义"。或许，中国自原始公社制就已经具有了"特色"，一直对以后的历史和今天的社会起着很大的影响作用。

欧洲史的研究专家大都注意了这一问题，并进行阐述。中国与欧洲同是奴隶制国家时，其最大的不同是欧洲奴隶制国家存在着民主的内容，奴隶也有奴隶的民主权力，甚至可以做官。而奴隶主从君王到官员也要通过一定的民主产生，君王也得选举才能登上统治宝座，这些在中国夏、商、周奴隶制度下，是绝对不可能的，也是不可思议的。

例如雅典的奴隶制度下，奴隶主和奴隶并肩劳动。国家的宏伟建筑都是自由

9

公民和奴隶共同劳动建造起来的，他们在一个工地劳动，干一样的活，领同样的工资。法律规定主人不许任意殴打奴隶，更不许伤害他们。古希腊的大学者柏拉图、色诺芬都批评、指责雅典放纵奴隶的法律和行为。嘲笑那里的奴隶主和奴隶一样自由，奴隶主和奴隶穿同样的服装，做一样的工作，奴隶不给主人让路，在大街上根本无法区别奴隶和自由人（柏拉图：《理想国》，商务印书馆，1986年，第341页。色诺芬：《雅典政治》，罗依卜古典丛书，第一章第十节。）自由主义思想家K·波普则认为"雅典民主"已非常接近于奴隶制的废除（K·波普：《开放社会及其敌人》，伦敦，1984年，第18页）。

雅典的奴隶还担任低级行政长官，如警察，从事档案管理、维护会场秩序、逮捕犯人、清理死尸等工作，由国家付给工资，可以自由择居等。

罗马历史上曾经有过"王政"时代，先后有七个王统治古罗马，所处时代相当于我国周王朝（古罗马"王政"时代是公元前753年至公元前510年），是罗马奴隶制社会的初始阶段。罗马的"王"相当于我国夏、商、周奴隶主国王，他们的"王"与夏商周朝"王"根本不同，前者是由元老院和库里亚大会（即人民大会）投票选出的，没有世袭权；而后者则是"天下为家"夺取的，有绝对的世袭权。罗马的选举式王政仍然为人民不相容，尤其最后一个王塔克文实行专制统治，无视人民大会和元老院的权力，从而激起人民的反抗。公元前510年，塔克文的专制统治被推翻，人民大会剥夺了他的权力，把他和他的全家人逐出罗马。

鉴于塔克文的专制，罗马人发誓不再选举王，甚至连王（Rex）这个词也成为罗马人最痛恨的字眼，此后任何人再搞专制都被宣布为罪恶，要以死刑惩处。

王权被倾覆，罗马人在人民大会上选出两个行政长官作为国家首脑，他们任职期限只有一年，期满后就成为普通公民，或可以进入元老院。罗马史研究专家李维认为，罗马人废除王权世袭，限定行政长官制任期，是罗马人"自由的开端"（李维：《罗马史》第2卷，第8节）。

公元1世纪，日耳曼人出现在欧洲的历史舞台上，而且由氏族部落进入到奴隶社会。此时的日耳曼民族较文明已久的罗马帝国，是相当原始和野蛮的，然而日耳曼贵族对他们以征服取得的奴隶却是相当温和。被征服的外族奴隶都有自己的家庭，有妻子儿女，有房屋和土地，他们只是向主人交纳租税和服劳役。奴隶偶被殴打，都不是主人有意所为，多是出于暴怒的偶发事件。（塔西佗：《日耳曼尼亚志》商务印书馆，1985 年第 57、63 页。）日耳曼人的王也是由民众大会选举产生的，他们只有自己的法律，只是没有文字条文，而是口耳相传的"习惯法"。其法律体系中，法律属于民众，人民的同意是法律有效的。他们的法律不是统治者制造出来的，不代表统治阶级的意志，法律在久远的年代已存在人们的风俗习惯之中，是被大众回忆和口头相传产生的。法律超越王权，国王也要绝对服从法律。中世纪开始，日耳曼统治者颁布成文法，是把法律看作古已存在的人民习惯的回忆记录，以人民的名义予以公布。

同样是奴隶制，欧洲和中国为什么会如此不同，许多欧洲史的研究专家都关注这一重要问题，寻找正确答案。比较集中的意见认为早在奴隶制国家产生之前，它们不同原因就产生了。中国的夏奴隶制和商、周奴隶制国家都是由一姓一家取得统治权后，破坏了民族公社的"选贤与能"制，血缘家族的首领，即家长成为国王，一家代代世袭"家天下"。没有法律可言，一家或多家联合执政，多家服从一家，一家之长是占有绝对统治权的天子，毫无民主可言。

而欧洲奴隶制国家的形成，以古希腊为例。他们的奴隶制国家称城邦（Polis），城邦国家也经过氏族部落冲突和掠夺战争等过程，逐步形成了国家。城邦国家大体有三种类型，第一类是移民城邦，即希腊人从公元前 8 世纪，经两百多年的移民战争，迁移至地中海各岛，甚至远达黑海沿岸及法国、西班牙沿海地带。这些移民进入新地区之后，很快由原来的移民团首领或新选的领袖组织成殖民地国家，建立王城、卫城、居民区，有序地分配土地和奴隶，建立政制、法律、宗教体系。

移民城邦因跨海大迁徙和殖民战争，原有的血缘关系被淡化或破坏，被战友关系、伙伴关系、同盟关系取代。著名欧洲史学家汤因比曾指出，希腊的海外移民土地上，是根据法律和地区的原则，而不是根据血缘组织原则建立的国家，"在这样建立的海外城市国家里，新的政治组织'细胞'应该是船队，而不是血族。他们在海洋上'同舟共济'的合作关系，在他们登陆以后好不容易占据了一块土地，要对付大陆上的敌人的时候，他们一定还要和在船上一样，同伙的感情会超过血族的感情，而选择一个可靠的领袖的办法也会代替习惯传统。"（汤因比：《历史研究》上海人民出版社，1959 年，上册，第 132 页）。

第二类是种族征服，即地区的不同种族战争，征服者以军事集团打败另一种族，使被征服的民族成为奴隶或没有任何政治权力的自由民。征服者时刻准备镇压民族反抗，镇压反抗是殖民统治者的政治制度出发点，因此就特别落后，缺少民主和自由，以斯巴达为代表。

第三类是原始部落由氏族制度自然过渡至奴隶制国家的城邦。这类城邦一般经过一系列改革而实现，是平民力量壮大，不断争取政治参与权力的结果，从而建立起较为开明的民主制度，雅典是个典型。

经过两百多年的分化、组合，希腊本土、地中海各岛、黑海沿岸，出现700个以上数量的奴隶国家。这么多大小不同国家的自由发展，产生了许多不同制度，有君主制、僭主制、贵族制、民主制，而每种制度的组成形式和内容又千差万别，没有两个城邦的政治制度完全一样。各城邦互相比较、互相影响、互相学习和竞争。各城邦间的政治、外交人员频繁流动，使公民的政治视野不断开阔，从而产生许多政治家、政治思想家，使希腊的政治制度和政治学说繁荣发达。

野蛮而残酷的夏商周奴隶统治

欧洲奴隶制国家大都破除了氏族部落的血缘，王的产生是依照法律选举，恰恰如中国原始公社那般的"选贤与能"，他们比原始社会要文明，他们是法制社会。不仅按法律程序选举国王或行政长官，同时对奴隶也不能随心所欲，也要有一定秩序地对待。

斯巴达最为野蛮，但那是一个特例。斯巴达征服了土著民族希洛人，但希洛人却从来不屈服，随时反抗奴隶统治者，一有机会就举行暴动。亚里士多德说：希洛人"老是等待着拉根尼（斯巴达）人的衅隙，他们好像是丛莽中的一支伏兵，遇到机会立即出击（起义）"。（亚里士多德：《政治学》，第82页）。有人把希洛人比作斯巴达人脚下的活火山或他们脖子上随时都会勒紧的绞索。

斯巴达人本就有野蛮而不惧死亡的民族本性，加上要时刻预防希洛人的暴力反抗，他们在教育斯巴达青年时，让他们伏击希洛人作为战争演习，与健壮的奴隶决斗，培养战斗能力、韧性和毅力。因此，斯巴达对待奴隶特别野蛮，经常遭到屠杀。为了镇压反抗，斯巴达强迫奴隶穿着奴隶的衣服，强迫他们饮过量的烈酒，让他们显露出丑态。因此，希洛人在斯巴人的统治下，是希腊奴隶社会史上最为悲惨的。

即使斯巴达对希洛人如此，他们仍然是一个法制社会。国家重大事件都要按法定程序，经过长老会议、公民大会、监察官的有效裁决才能实行。斯巴达有两位国王，分别来自两个家族，职位世袭。但他们的职权都有限，他们只是宗教领袖和出征的统帅。在这两项权力中率军作战才是实质性的，但他们的军事行为也受随军监察官的严厉限制，亚里士多德把他们称作"终生将军"。

夏、商、周奴隶制与欧洲不同，是以血缘关系世代相承，"选贤与能"完全断裂，国王称"天子"，即神话为上天的"骄子"。他们的统治毫无法律可言，不仅对征服的奴隶，即使对百官和百姓也是绝对按"天子"的意志任意而为。大家要绝对屈服，"君叫臣死臣不敢不死"；"官大一级压死人"，等级森严不许逾越。

夏商周三代的奴隶，或是被征服的部落，或是被打败的方国，或是灭亡的夏商国民，也有的是违反奴隶主意愿的本族人被罚做奴隶者。奴隶主使用他们，屠杀他们，根本就没有任何限制，祭祀活动时要以奴隶作为牺牲；奴隶主死后要让奴隶做人殉。例如商的文物保存说明，奴隶主在祭祖时都要杀死奴隶祭祀，有时一次用的"妣"，即作为祖先的妻妾杀死，多达 60 人，"小臣卅，小妾卅"。一片陵区祭祀坑就有成百上千具人殉骨架，其中一次被杀的奴隶就多达 339 人，发掘的人殉骨架呈现出各种被杀害时的痛苦形状。（《安阳殷墟奴隶祭祀坑的发掘》，见《考古》1977 年第七期，第 22 页）。至于奴隶主贵族的众多墓葬发掘，无不伴有人殉，因官职等因素，人殉往往多达数百或数十不等，或杀殉或活埋，比比皆有。

西周的奴隶国家较商尤为发达。据权威史学工作者论定，周的奴隶多是把被征服者族人当作奴隶，没有破坏他们的血缘组织。因此，周的奴隶多数是有家室的。据此，有的学者还认为周朝是封建领主制（翦伯赞主编：《中国史纲要》的观点）。例如《诗经·豳风·七月》里就写了奴隶一年中为奴隶主辛苦劳动的境况，男子种田，女的采桑、纺织。他们为奴隶主修理好房屋后，也抽空修理自己的茅草房，说明了他们有简陋的住处。奴隶辛苦一年，自己却是"无衣无褐，何以卒岁"。奴隶主对奴隶有赏赐、买卖、打骂和杀死的权力。西周的市场上，牛马、兵器、奴隶一起出售，奴隶的价格很低，一匹马或一束丝就能换五个奴隶。

奴隶用作殉葬、祭祀用作牺牲和夏朝及商朝没有区别，奴隶主的墓葬和祭祀坑的发掘，也多有被杀死的大批奴隶。

专制制度的直接后果是王和各级官员的腐败。因为统治者没有法律限制，没有监察，也没有竞争者让他们紧张。而周王朝同样到了鼎盛时期，完全丢弃了文、武、周公时的奋斗和自勉精神，开始了腐败和忘乎所以。

到西周厉王时，腐败、剥削、专制都更加深重，从而发生人民的激烈反抗。公元前841年，发生"国人暴动"，平民和奴隶攻击王官。厉王的军队打不过暴动民众，逃亡到彘（今山西霍县），他的儿子靖藏到吕公家里，暴动者围了吕公家，吕公把自己的儿子代替太子靖交给暴动者杀死，暴动才逐渐平息。此后，奴隶主阶级推召公和周王组成临时政府，历史上称之为"共和行政"，共和元年（公元前841年）是我国有确切纪年的开始，此前的前代皆据此年而推算，大都是约数。

共和行政十四年，厉王死于彘，靖继位称宣王。宣王在位47年，《诗经》很多篇都反映了宣王的政治和经济状况。宣王不断发动对周边民族的战争，也取得了许多胜利，把征服地区变成了奴隶封国。但是，长期征战把大批奴隶驱到战场，使后方的生产荒废，田园荒芜。长期离开家园的士兵和奴隶不愿为周王卖命，战场上的周兵也接连失败，宣王便在内外交困中死去。

宣王死后，子幽王继位。幽王与夏桀、商纣王一般残暴和腐败。在文人的笔墨渲染下，塑造出他们宠爱美女遭到失败的下场。夏桀宠妹喜、纣王宠妲己，幽王宠褒姒。褒姒是宫女所生，被弃置市井，为奴隶收养，后逃至褒国，做了褒国的奴隶。褒国被周打败，褒姒被幽王抢入宫中做妃。所以，如此悲惨的身世造成褒姒终日愁苦。在幽王的眼中褒姒那郁郁寡欢的神情，更富有魅力，因此才有周幽王烽火戏诸侯，把国家大事当成儿戏，以博美人一笑，弄得丧身而亡国。"一笑倾城，再笑倾国"的教训从此产生，"红颜祸水"也成了败国败家的典故。

史实是幽宠褒姒立之为后，废申后和太子宜臼。引起诸侯不满，申侯联合犬戎和吕（今河南南阳市之西）、鄫（今河南方城），进攻西周，幽王兵败逃至骊山，为犬戎所杀。宜臼在诸侯保护下迁都洛邑，为周平王，东周开始。西周从武王至幽王，共传12世，历时257年。

勤劳与智慧的结晶

奴隶社会的极端专制束缚着人民的创造，桎梏着科学的进步。但是，在生存与斗争中，从夏至西周的 1500 年左右的历史时空中，古代农业和手工业有了很大进步，古代文化闪耀着先民勤劳与智慧的光辉。

夏代的主要农业劳动工具还是石器和木器，但陶器在家庭中已普遍使用，铜器在贵族中也开始使用。商代的青铜制造是世界上最先进的，商人把锡和铝加入铜中冶炼，溶度降低、铸造物坚固。河南武官村出土的司母戊大方鼎重 875 公斤，是世界铸铜史上的奇迹，其工艺在商代不可思议。殷墟小屯村发掘的一个贵族墓葬，仅青铜器就有 200 多件，有鼎、爵、尊、壶等近 20 个品种，其中任何一件拿出都是稀世珍宝（《文物报刊》1977 年 2 月，第 26 期）。

西周的农业发达，其始祖后稷便被歌颂为农业神。铜器在西周已被用作农耕工具，铲、锄、镰等农具已较为普遍地用铜制造。西周的丝绸纺织业更加发达，早在商朝末年宫中的妇女已普遍穿着"绫纨"，奴隶主贵族和官员们也都穿丝绸。西周以降丝绸业的发达已进入百姓家，《诗经》有许多文章是描述采桑纺织的。"氓之蚩蚩，抱布贸丝"（《诗经·卫风·氓》），"氓"是奴隶阶级，他们也在市场上"贸丝"，可见周时的丝织进入了市场贸易，连奴隶阶级也在买卖。

中国丝绸在世界上地位突出，以后的出国商品中丝绸更影响了世界；直到今天，"一带一路"让中国和欧美全球紧密地联系在一起。

文字的产生是社会文明的突出表现。商代的陶器上已出现了文字，那陶器的制作者在烧制前划上图案，这些文字已脱离了象形文和符号文，向着有规则的文字发展。商代陶文之后是甲骨文的大量产生，根据古文字学者的研究，甲骨文已有了指事、象形、象意、形声、假借、转注等"六书"，即构成文字的原则。发现了甲骨文单字，已有三千多个。

有了文字才产生了古代的文学、史学和典籍。《左传》说我国夏商周的典籍很多，有所谓"三坟、五典、八索、九丘"（《左传·昭公十二年》）。但是，能让我们看到的都已不多。如《尚书》29 篇，《诗经》305 篇，《周易》和《周礼》《仪礼》《礼记》等，都是我们今天仍在研究和传承的"传统文化"典籍，表明这些典籍的不朽价值。

第三章　古代文明的灿烂——春秋战国时代

　　从东周开始到秦统一六国，是我国的春秋战国时期，这是由奴隶制向封建过渡的历史时期，也是一个大动荡、大分裂、大改组的变革时期。由于奴隶制度被不断破坏，社会巨大能量释出，士阶层从奴隶主的国家桎梏中解放出来，从独立的知识分子身份活跃在纷繁的政治、思想和文化领域，发挥着重要作用。从而出现影响数千年的大思想家，他们各自思想着社会政治的发展趋势，让代表封建阶级的诸侯国去实践，从而又出现诸子百家学说的"百家争鸣"和各国的变法。

　　思想文化的活跃促进了生产的发展和科学的进步，使中国出现了第一次灿烂的文明时期，其直接后果是出现了秦汉统一的大帝国。有人把春秋战国时期说成是"周朝诸侯国的一次全球化"，又把那个时代与当今的科技突破"全球化"相比拟，都是一个"百年一遇甚至千载难逢的大时代"。（《极简欧洲史》推荐序，第5页）

王权衰败，社会能量从奴隶制下解放

　　西周时期，周王朝采取大分封制度，至西周灭亡，周平王放弃镐京而东迁洛邑时，周朝尚有140多个封国。动迁后周朝奴隶主已衰败不堪，各诸侯国自由发展，互相蚕食，力量增强。周室与诸侯国比较，反不如其中较强的一个诸侯国，再也无力控制社会力量，原来被他们控制的"士"转而离开周统治政权，为争霸的各诸侯国服务。"士"们为实现自己的政治理想和谋生，四处游说，争取被强大的诸侯国聘用。强大的诸侯国也正好需要他们，极力招揽他们，当时齐、楚、魏、赵等国出现以"养士"著称的孟尝君、春申君、信陵君、平原君，"士"的抱负和学识直接影响了各国政治、军事和思想文化，也决定着社会发展的方向。

在诸侯国争霸时，一些知识分子就起到关系胜败的作用。如齐桓公能"九合诸侯"，成为东方的霸主，靠的就是管仲的改革。晋文公的称霸，依靠的是赵衰、狐偃、贾佗"轻关易道，通商宽农""明贤良""赏功劳"等高明国策。

在激烈的社会变革中，新兴的地主阶级在各诸侯国也夺取了统治地位，春秋末年的"田氏代齐"，韩、赵、魏的"三家分晋"，都是地主阶级取代奴隶主阶级的历史表现。

由于阶级本性的决定，新兴地主阶级对旧的奴隶主阶级的国家政治都进行了大幅度的改革，这就是战国初期的各国变法。

各国变法，依靠的就是活跃在当时政治舞台上的"士"。

首先实行变法的是魏国，魏文侯师事孔子的弟子子夏等，又任用李悝、吴起、西门豹，他们都是当时很有名望的知识分子"士"。魏文侯变法，主要任用李悝为相实行，其主要内容是废除奴隶主的世卿世禄的世袭制度，主张"食有劳而禄有功，有能而赏必行，罚必当"。二是"尽地力之教"，即鼓励农民开荒耕种，扩大魏国的耕地面积，提高生产量，增加赋税收入，使国富民强。再是改奴隶主的专制为法制，他制"法经"六篇，以严法保护地主阶级的私有制。李悝的变法，让魏国首先强大起来，成为战国初年的一个强大的封建国家。

赵国任用公孙连为相，聘用一大批"士"，如荀欣、牛畜、徐越等人进行改革，实行"选练举贤""任官使能"政策，废除了血缘世袭制度。赵国地处北部边陲，常受匈奴和胡人的侵扰，赵武灵王改革军事制度，实行"胡服骑射"，使赵国成为战国七雄之一，赵国名将李牧接连打败匈奴和胡族，巩固了边陲。

韩国昭侯任用法家申不害为相，实行"因任而授官，循名而责实，操生杀之柄，课群臣之能"（《韩非子·定法》），即以贤能考核官吏，以政府的需要而设置官吏。废除世袭制度的名实不符，也使韩国强大起来。

楚国在当时比较落后，奴隶主旧贵族势力强大，虽地处长江流域，但经济并不发达。后来悼王任用吴起为令尹。吴起参与过魏的变法，是当时著名政治家和军事家，至楚后也实行了变法。他首先废除世袭制度，原来被封的王公贵族，三代以上的收回爵位，收回世袭贵族的土地，除去族籍，迁到"广虚之地"。再是

17

实行军事改革，奖励军功，精简机构，把减下来的官俸"抚养战斗之士"。很快就改变了楚国的地位，由所谓"蛮夷之邦"，一跃成为七雄之南方大国。但是，楚国的旧贵族势力仍然强大，悼王死时他们举行叛乱，吴起遭到杀害，使楚国的改革不能彻底。

秦国地处西部，政治制度和经济发展都落后于东方诸国，旧奴隶主贵族势力一直控制秦政权。至献公时，新兴地主势力抬头，促使献公进行了一些改革，如废除奴隶主的人殉制，鼓励个体农户发展生产，保护农民向市场出售剩余产品，发展商品经济。公元前361年，孝公即位，继承父志决定根本改变被视为"夷狄"的局面，变法图强，乃下令求贤，主持秦的改革。卫人公孙鞅听到孝公求贤，便从魏国奔秦，孝公便用他进行变法，后来秦封公孙鞅于商地，故号商鞅。商鞅在孝公的支持下，进行了近十年的一系列改革。商鞅的变法很有典型意义，也是秦由弱变强、最后能做到统一六国的基础。

其基本内容有：①废除奴隶制的土地国有制，推行土地私有制。宣布废除周朝实行的井田制度，鼓励私人开荒，支持土地买卖。奖励军功，依军功授给土地和房产等。②废除世卿世禄的官位薪俸世袭制，同样根据军功大小授予田宅等级，即使是宗室贵族，没有军功的也被废除薪俸与爵位。③实行重农抑商制度，奖励个体小家庭，家庭劳动积累多者可免征徭役租税，不努力生产或弃农从商者要受到惩罚。④建立统一的法令制度。如编制户籍和全国上下行政区和行政级构，把全国原来的分散乡、邑编为31县，设置县令、县丞管理。统一度、量、衡。制定法律，禁止私斗、偷盗和私通外国等。（改革内容见《史记·商君列传》）

商鞅变法对奴隶主旧势力打击沉重，因此也发生一系列尖锐斗争。新法公布后，国都即有千余人激烈反对，商鞅严厉打击之，把他们迁到秦的边地。公子虔、公孙贾等旧贵族鼓动太子反对新法，商鞅宣布"法不阿贵""罚不讳大"，严厉处罚了公子虔和公孙贾。公元338年孝公死，子惠文王即位。公子虔等捏造商鞅造反，商鞅被迫出逃，结果以反叛罪被车裂而死。商鞅虽被害死，但他实行近十年的改革措施并未终止，商鞅的变法是春秋战国时期最彻底的一次，经过这次改革，使秦国富强起来，在激烈而残酷的征战中，成为最终的胜利者。

春秋战国时期的各国纷争，很像当今世界各国的竞争存在。前文已提，有人就是把当今的世界与我国春秋战国时代相类比。所以，那段历史也可以成为当今借鉴的前例，让历史成为前车之鉴，成为"避险秘笈"。

春秋到战国由 140 余国变为七国争雄；又由七国的激烈竞争，最后是秦战败六国，完成统一大业。秦国为什么能由弱变强，战败六个强国？那一百多个国家又为什么一一走向灭亡？数千年来有多少人在总结这段历史。西汉贾谊《过秦论》写的何其生动优美，而又让人读之惊心动魄。《过秦论》开篇即言秦"有席卷天下、包举宇内、囊括四海之意，并吞八荒之心"。这样说秦有统一中国的大志向，那些灭亡的国家没有，也不敢有这样的大志向。连志向或"梦"也没有，何能有现实出现？《过秦论》接下来说："当是时也，商君佐之，内立法废，务耕织，修守战之具；外联横而斗诸侯，于是秦人拱手而取西河之外。孝公既没，惠文武昭蒙故业，因遗策，南取汉中、西举巴蜀、东割膏腴之地、收要害之郡……"贾谊说得明白，就是由于商鞅变法"内立法度，务耕织，修守战之具"，秦改革彻底，所以胜利了。

商鞅变法及当时强国改革的内容，有着不朽的意义，闪耀着历史的智慧光芒。归纳起来有如下内容：

彻底废除了奴隶主阶级的野蛮统治制度，例如世卿世禄制度为地主阶级的以贤、能为核心的官僚制所代替。新的中央官制和地方郡县制度确立，奴隶制度的血缘关系，一姓一氏"家天下"有所改观，除皇帝一家之外，由中央到地方的官僚行政系统确立。

封建的法制确立。奴隶制社会没有法律可言，夏商周也留下"刑"的记录，如夏代"皋陶作刑"、商的"刑辟"、周讯《吕刑》等，这些残留的字样都是"刑"而不是"法"，是奴隶主残害奴隶和平民的刑罚制度。当时是"礼"与"刑"相对而存，奴隶主规定"刑不上大夫，礼不下庶人"。如《韦·吕刑》有墨、劓、剕、宫、大辟"五刑"，"五刑"之下又有三千多种刑，是血腥残害人民的工具，完全不是后来说的"法"。

中国法律的产生也正是各国变法时产生的。上述魏国李悝变法，曾"造法徭六篇"，是中国历史上第一部完整的成文法。商鞅变法把《法经》进一步扩展，使之具体化，编为《秦律十八种》，如：《田律》《关市律》《工律》《军爵律》《置吏律》《司空律》《工人律》等等。在其《秦律杂抄》中则有《除吏律》《游士律》《牛羊课》《捕盗律》《戍律》等等。这些成文法已相当细密，包括土地法、市场法、用工法、军功军爵法、设官免官法、征税法、征兵法、戍边法、治狱诉讼法等等。诉讼程序也较为完备，执法也相当严格。

军事制度也是变法的重要内容。各国变法的总目标都是富国强兵，春秋以后出现了争霸吞并战争，史家统计春秋 240 多年，各国之间发生的大的战争就有 483 次之多，诸侯会盟 450 次。如此军事斗争之激烈，让诸侯大国无不重视军事实力，只有兵强马壮才能生存，不然必灭无疑。因此，各国变法都把军事改革放在重要地位。

军事改革首先在军制上改革，周的旧军制兵源来自奴隶和穷苦农民，军官是世袭的贵族。打起仗来是贵族驱奴隶上战场，缺乏战斗力。军事改革则实行征兵制，从农民中征发士兵，指挥官则是武职将尉，完全废除世卿世禄。为保证军队的战斗能力，实行军功奖赏制度，从军官到士兵，打仗立功赏给爵位和土地，鼓励战斗勇敢者。几年之后，使民"勇于公战"。改革后的军队进行严格训练，皆善"技击"。变法之后大国军队的兵员增加，春秋时大国军队不过几万人，战车千乘。战国时的军队秦齐楚皆过百万，魏韩赵燕也超七八十万。春秋时的强国皆以战车为主力，仅适于平原作战，战国时经过改革，军队以骑、步结合，也有了水师，无论山川、平原皆能适应。兵器则使用了钢铁刀矛，部卒戴盔穿甲。弩是新发明的武器，在原来的弓上安装木臂和机械，增加了射距和准确度，好的弩可射出六百步。

文化繁荣和百家争鸣

或许是历史规律，或许是历史巧合，中国的春秋战国时期在文化思想上产生了孔、孟、墨、法、韩非、老、庄等诸子，出现各家学说的争鸣。此时的欧洲思想文化史上，正好也出现了柏拉图、亚里士多德、苏格拉底等西方政治学说巨人。他们同样都被视为不朽的"圣哲"，永不枯竭的政治思想智慧之源，在各自的文化区域内外，产生了深远影响，历两千多年经久不衰。

诸子百家的产生原因是多方面的，主要是上述奴隶制走向崩溃、封建制走向确立。社会出现大变革，奴隶主贵族垄断文化的局面破裂，社会变革需要新的文化和思想，诸子百家才应运而生。

诸子中较早走到历史舞台上的是孔子和老子。

当今世界各国都在宣扬孔子，中国要提升道德水平，更把孔子思想作为现实建国立业和规范官民人等行为的重要准则。可以说，当今是死去近2500年的孔子再次"复活"的年代，其影响范围，要比他活着时宽广多了。

如果把孔子"神话""复杂化"，他的思想及说教无所不及。修身、齐家、治国；君、臣、父、子、夫妻、朋友；工作、学习、生活等等，孔子的《论语》20篇450多个条目，每条都在说明一个道理，规定一条准则。西汉武帝把孔子学说推到君臣与百姓行为的最高标准，此后两千多年，历朝历代无不推崇，把原本平凡的孔子推到神的地位，所谓"高山仰止"，儒学成了儒教，与世界上的几大宗教等驾齐驱，但儒学是在人间，更加现实化。

如把孔子概括简单化，他思想体系的核心是"仁"，所谓"仁"就是爱人。为君为官要爱民，实行"仁"政，提倡"为政以德"。人与人之间，皆要有一个爱心，达到家庭、国家和整个社会的和谐。

孔子是一位教育家，一生教出许多有才干的学生，他的学生代代相传，宣传他的思想，从而形成最有影响的儒家学派。两千多年的封建社会，孔子的儒学是统治阶级的施政思想。

但是，孔子在当时"礼崩乐坏"的变革时代，他是极力维护奴隶主阶级的旧制度，反对社会变革的。他的一生努力，是要恢复西周的奴隶社会，把新生的社会力量看作乱臣贼子，极力宣传"君君臣臣，父父子子"的等级制度。所以，封建君主专制时代，把最有影响的孔子思想，作为实行专制统治的思想，稳定封建社会秩序，要比强制镇压方便得多。

老子是亦人亦仙者，关于其人的记述多在神话之中，而他又留下实实在在的一篇《道德经》，故言其亦人亦仙。他本人生卒年不详，而神话中都有记载。晋朝的葛洪所撰《神仙传》第一卷就写了老子，说他名聃，又名重耳，字伯阳，楚国苦县曲仁里人。母亲怀他72年才生，生下来头发就白了，故谓之老子。或云其母在李子树下生下他，生而能言，他指着李树说："以此为我姓。"那么，老子又该是姓李。鲁迅辑《古小说钩沈》《隋书·经籍志》题魏曹丕撰《列异传》，说老子西游过函谷关时，守关的尹喜看到紫气东来，果见老子乘着青牛过关。尹喜见此神仙自然有求于他，老子就为他写了《道德经》，让他读经修行。临别时说："子行道千日后，于成都青羊肆寻吾。"青羊肆就是今天的青羊观。（谯周：《蜀本记》）

老子有这些神话，于是被东汉的道教创始人张陵奉为教主，以其《老子五千文》（即《道德经》）为经典。道教后来发展为世界四大宗教之一，南北美洲、东南亚诸国、日本、朝鲜等地区和国家也信奉道教。中国自汉朝以后，历代皇帝皆信奉"土生土长"的道教，世界文化中心之一的大唐帝国则认为老子姓李，和他们是一个姓氏，于乾封元年（公元666年）封老子为太上玄元皇帝，把老子的传说现实化，改成都青羊肆为"青羊宫"，修成宏伟的道观，此后历代皆加修添造。全国的名山如泰山、华山、崂山、武当山、终南山、青城山、茅山、龙虎山、崆峒山及各古代都市，无不建筑仙山道观。道教讲"修道养德"，修养所本就是老子的"道德经"。因此，老子的地位越来越高，被尊为太上老君，比元始天尊、灵宝天尊、道德天尊的地位还高一等。玉皇大帝、西池王母、八仙和各路神仙都是他的属下；整个人类就更不用说了。

《西游记》的作者吴承恩反对道教，推崇佛教，让孙行者闹了天宫、捣毁太上老君的炼丹炉。但他却保着唐僧到"西天"去取经，孙行者在佛祖释迦牟尼那里一点作为也没有，跳不出他的手掌心去。读《西游记》的人，却都看不出这个门道来。

研究历史文化思想和学者不去看老子为道为仙的传说，只去研究《道德经》，认为他的成就远比孔子和诸子要高多了。把《道德经》论为具有"唯物主义的自然观"，又有"朴素的辩证思想的认识论"。以为老子曾是周室的史官，长期研究史料，考天人之际、察人世福祸成败、明天运之故，从而建立起自己的哲学体系。他给宇宙生成的本源叫"道"，道是先天地宇宙而客观存的"有物"。因此，老子反对其他宗教论定的天帝造人创世的唯心唯神论，是最早出现的唯物主义者。

《道德经》以矛盾对立统一和转化观察世界。一切事物都是矛盾对立的，生死、强弱、善恶、刚柔，而其矛盾又在不断转化着，祸福相倚、正负为奇。事物发展，都不断向对立的一面转化，"金玉满堂、莫之能守"，"弱之胜强，柔之胜刚"。主张"知雄守雌，知强守弱"。文学巨著《红楼梦》就是反映了老子的辩证法思想。社会为什么不安定？恰恰是梦想社会永久安定和统治者造成的，"民之饥，以其上食税之多，是以饥；民之难治，以其上之有为，是以难治。"统治者应取"无为而治"，少一些扰民，社会才能安定下来。

在神界老子的地位最高，比天帝还高；在世间，从统治者到平头百姓，无不理想修道养生；在学术界老子思想被论定为最早的唯物主义和辩证法思想。老子、孔子的影响，包括在世界范围内，都远超欧洲的苏格拉底、柏拉图、亚里士多德这三大哲人。单就这方面而言，春秋战国的思想文化已够辉煌了。

孔子和老子分别是儒家和道家的创始人，也是中国哲学文化的源头。但真正的"百家争鸣"是他二人身后的事，他二人是百家争鸣的启迪者。孔子培养的学生，发展成儒家学派，是百家争鸣的主角；老子虽没办学，但他的思想却影响巨大，争鸣中的"老庄""黄老"学派就是他的思想流派；同时，他的思想也渗透到其他学派中，让不同思想发生着变异。

前文提到，东周以后"士"阶层被解放，社会正好出现大变革，大改组风潮。像孔子那样，为宣传自己的政治观点，实行自己的政治主张，建立私学，广收门徒，著书立说，四处游说。当时齐国的稷下，便是当时的"士"们聚集的地方之一，一些主要学派如儒家、法家、墨家、道家、阴阳家、农学家、纵横家、杂家、小说家等，都来此游学和争辩。自然，"百家争鸣"并非仅指齐国稷下的各派争辩，它是指那一个时代，出现的不同学派，为宣传各派的政治主张，发表不同言论，从而出现的百花齐放、百家争鸣的繁荣文化现象，是指与后来龚自珍所说"万马齐喑"的政治变化风气不同的现象。

所以，我们看重的是那个时代和那个时代的风尚，从而去判断那种思想是阻碍还是引领或适应了社会的前进，还是拼命拖着历史向后走。下面，我们"极简"地回顾当时的几种政治思想和这种思想的代表人物。

墨子兼爱、尚贤、尚同、节用、非攻等思想

墨子名翟，春秋末年生于鲁国，据说他出生在"贱人"之家，是个"量腹而食"，手工劳作"日夜不休"的贫苦者（《吕氏春秋·高义》）。由于出身贫穷，生活困苦，虽然他也"学儒者之业，受孔子之术"，但其思想和主张与孔子及所

创的儒家却大不相同。他认为孔子说的"仁爱"有很大的虚伪成分，是只施仁于君子，未施仁于庶人，"刑不上大夫，礼不下庶人"就是"偏爱"的表现。因此，他要求要实现"仁"，就是要实行"兼爱"，即"兼相爱，交相利"（《墨子·兼爱中》）。爱人、助人应不分贫贱、不分亲疏，哪怕是"农与工肆之人"，也应该受到一样的待遇，都应得到富贵，受到亲近。

墨子的"尚贤"思想，即表示打破旧贵族血缘继承关系，认为"官无常贵，民无终贱"。有才能的卑贱者也应举其贤者为官，即使是贵族，若"不肖"，也应"抑而废之"（《墨子·尚贤中》）。

墨子批判儒家提倡的"礼乐""厚葬"等奢侈制度，以为"礼"是奴役人民；"乐"是麻醉人民。应该废除"繁饰礼乐以淫人"，节约浪费而发展生产。

墨子从"兼爱"出发而反对侵略战争，此即其"非攻"思想。以大欺小、以强暴寡是违反天意人愿的，战争"并国覆军，贼杀百姓"。他曾说服齐王中止攻鲁，说服楚国停止攻宋。他自鲁去楚说楚王，步行多日，走得衣破鞋烂，脚板出血，反映出他反对侵略的自我牺牲精神。

墨子还深刻批判儒家提倡的宿命论，提倡用自己的努力改变个人的地位。虽然他也说爱人利人者天必福之；恶人害人者天必祸之，"鬼神之所赏，无小必赏之，鬼神之所罚，无大必罚之"（《墨子·明鬼》）。应该看到，墨子是借统治者害怕鬼神，用鬼神对恶人的惩罚来与统治阶级进行斗争。总之，墨子思想反映下层劳动者的要求，其中心思想是进步的。

孟子性善、仁政、民贵君轻等思想

孟轲是鲁国邹人（今山东邹县），他是孔子之孙子思的门下，生活年代与商鞅、吴起、孙膑等同时。孟轲是当时儒家学派的大师，因此儒家学派言必称孔孟，孔子是大圣人，孟子则是亚圣人。

孟轲继承发扬孔子思想，把孔子说的仁、义、礼、智说成是先天就有的，他发明"性善论"来肯定上述四种品质的先天性。他说："恻隐之心人皆有之，羞恶之心人皆有之，恭敬之心人皆有之，是非之心人皆有之"，又说这四种心的先天有之，就是仁、义、礼、智先天有之。既然人人先天都已有了这些美德，就不必要向外求索，只需要"反求诸己"，保守住这先天的优秀品质，别让外界侵染，就可以了。如何保守得住呢？这便是"自我修养"，能每天反省自我，存心养性，寡欲尚志，就"人皆可为尧舜"。但他又强调，能成为尧舜圣人的"人"，只能是君子，而不会是庶民。所以，孔子和孟子都是为统治阶级立言，他不代表人民大众。

由性善思想而引发出"仁政"学说。他也是发挥孔子"德治"思想，反对"霸道"，力行"王道政治"。"行仁政而王，莫之能御也"，"王发政施仁，使天下仕者皆欲立于王之朝，耕者皆欲耕于王之野，商者皆欲藏于王之市，行旅皆欲出于王之途。"孟子说："得其民，斯得天下矣。"一个君主如果没有治下的百姓，自然也就不成为君主。所以，保住了治下的民，才是做君主的最低条件。所以，"保民"是施"仁政"的最主要内容。从"保民"又产生了"民为贵，社稷次之，君为轻"的思想。孟子是否真的认为"民贵""君轻"呢？如果不加分析地这么认识，可就大错特错了。孟子所有立论都是为统治阶级服务，为君主能巩固地维持统治地位而设想，他哪里会真有"君轻"的想法。要维持住统治地位，保住民，让他们"皆欲耕于王之野"，这是个前提条件。

他跟齐宣王说，得民要得民心，"得其心，斯得民矣"。"保民而王，莫之能御也"。要得民心，就要给他们生活条件，让一个男丁能养得了父母和妻子儿女，平年吃得饱，凶年饿不死。这就得百姓土地，徭役和赋税又不能过重。如果统治者"庖有肥肉，厩有肥马，民有饥色，野有饿莩"，那么君主的统治地位就危机了。他说："若民则无恒产，因无恒心，苟无恒心，放辟邪侈，无不为矣。"因此，孟子"民为贵"思想不是站在人民群众的立场上，为人民争地位，而把君主社稷放在后面。他说："以佚道使民，虽劳不怨；以生道杀民，虽死不怨杀者。"（《孟子·尽心上》）从这些论述，可以窥见他"仁政""民贵君轻"思想的实质。

孟子顽固地维护宗法制度，尊尊亲亲伦理关系如同天地上下关系一样，永久不能颠倒和改变。他攻击墨子说："墨子兼爱，是无父也。"他极力维护陈旧的井田土地制度和世卿世禄制度，反对选贤任能制度，说什么："国君进贤，如不得正，将使卑逾尊，疏逾戚，可不慎与！"

荀子人定胜天、性恶、节用等思想

荀子名况，字卿，战国末年赵国人。曾游学齐国，在稷下讲学，成为齐国的"祭酒"。游学楚国，做过兰陵令。他是儒家代表之一，但即吸收各家之长，对儒家进行严厉的批评，因此后世的儒们对他多持批评态度。当代思想史研究，认为他是最有成就的儒家代表。

研究者肯定他打破唯心主义宗教性天道观，批判儒家"天命"论。认为"天能生物，不能辨物"，"天行有常，不为尧存，不为桀亡"。他接受了道家唯物主义自然观，批评其无能为力观点，提出了"制天命而用之"的人定胜天观点。

荀子与孟子相反，他提"性恶"论。凡是人性"尧舜之于桀跖，其性一也；君子与小人，其性一也。"（《荀子·礼论》）。人生之初，口舌耳目心都只知求索，只知争夺；"性善"之说是虚伪之言，"人之性恶，其善者伪也。"（《荀子·性恶》）。要去其恶而从善，必得礼义教化；同时以法律刑罚镇治。他强调应把德治与法治相结合，"有功必赏，有罪必罚"，"量能而授官"。

荀子首先把统治者和人民比作舟和水的关系，"水则载舟，水则覆舟"。他同孟子的认识相同，提倡"平政爱民"，"轻田野之税"。他反对孟子的厚葬，主张"节用以礼，裕民以政"（《荀子·君道》）。

孔孟之道与亚里士多德等人的哲学

前文提到，中国先秦一大批政治思想家及其不朽论述的产生，与欧洲的亚里士多德等几乎是同时。他们都被后世的政治家和政治学家视为经典和永不衰枯的政治智慧源泉。而且，二者之间从未发生过任何接触；二者也都独立发展，未受周围其他民族文化的影响。因此，这两批思想家和哲学家对中国和欧洲的影响，都有着非常典型的意义，中西政治思想的分野，是从这两批不同政治思想家开始的。

要写出二者的不同和相同，是极为困难的，那不知要说多少话，这本小书无力完成，也只用"极简"的内容象征言之。

二者虽然都在研究政治、设计未来，但其身份和地位极不相同。孔孟等人是以君主的臣子或家臣的身份，为自己的君主和主人研究政治、设计方案。百家争鸣的各派的观点有不同，他们这种立场却是一致的。当时的"士"们虽然脱离了旧君主的政权桎梏，当时政治局面混乱也已失去了唯一的"共主"，如司马迁所说："春秋之中，弑君三十六，亡国五十二，诸侯奔走不保社稷者，不可胜数。"虽然是"士无定主"了，但"士"们为主服务的想法一点也没变。"普天之下，莫非王土；率土之滨，莫非王臣"，是"士"们不可动摇的信念。孔子"三月无君，则皇皇如也"，曾子也说："君子思不出其位。"（《论语·宪问》）孟子说："士之仕也，犹农夫之耕也。"（《孟子·滕文公下》）韩非说："主卖官爵，臣卖智力。"（《韩非子·外储说右上》）春秋战国时的诸子百家争鸣，他们所争者是如何为一个共同的好君主制定一个好的治国方案，当时多国并存，诸子四处奔走，无一不想要一个好君主，而且是唯一的好君主，"天无二日，国无二主"。

百家之说，所论的主题政治却只有一个，就是君主如何保住自己的国家命运而不亡，乃至于富强，从而去灭掉其他国家，时称"得天下"。如何"得天下"，关键是调整好君臣关系、君民关系、臣民关系。孔子、孟子和"百家"说的话太多，但这是中心，是主题。他们千方百计劝说君主如何"御臣""得民"；臣子如何"事君""奉主"。君主要英明，要"爱民"，要留给百姓生活条件；臣子则要忠君、爱民。否则，就是"昏君""佞臣"，就要失民心、失天下。

即使具有为平民说点话的墨子，他批评孔子的"仁"偏爱贵族，而应"兼爱"平民，他也是在劝说君主"兼爱"百姓，才能"得民心""得天下"，并无"民主"思想。如此，他还受到孟子的严厉批判，骂他是"无父""无君"。在孔子、孟子那里，君、臣、父、子关系严格，逾越等级即是"无父""无君"。

后来的历代封建统治者为什么要把"孔孟之道"立为专制统治思想，原因就在这里。其实，诸子理论的中心都差不甚远，但孔子和孟子的思想纯而又纯，是最可靠的了。

总之，春秋战国时的"士"们，其理想国是君明臣良，万民听命，政权强硬，政局稳定的君主专制国。而"士"们又理想着他自己就是左右这个国家的重要官员，最好是君主一人之下，百官之首的相。如魏国的李悝，他做魏国的相；楚国的吴起，做楚国的令尹（相的别称）；齐国的管仲、邹忌；赵国的公仲连、韩国的申不害、秦国的商鞅等，他们都是君主一人之下，绝对受到重用的百官之长，才实行改革施政的，他们是榜样，是百家争鸣的"士"们的理想官位。

孔子一生都想做个能在国家朝堂说话算数的官员，但他遭斥乎齐，逐于宋、卫，困于陈蔡，终不见用。他把理想寄托于学生，让学生个个都能做一国之相，落实自己的主张。没有大志的学生，他是不喜欢的。如樊迟请学种庄稼、学种园圃。孔子皆冷冷回答："我不如老农、老圃。"樊迟才退出，孔子向其他学生说："樊迟啊，真是个小人！"（见《论语·子路篇》）

而欧洲的三大哲人亚里士多德等与孔子、孟子等不同，他们主要是以一个普通公民的身份，从旁研究国家政治，探索治理国家的"真理"。亚里士多德等人所处年代虽也有王权尊显，但公民平等观念普遍存在，城邦国属于全体公民，不是只属于国王，所有公民都是国家之主。他们的国家政治理论产生于公民大会的激烈辩论，产生于街头巷尾或客厅的对话之中。不像先秦中国那样仅产生于君主的宫廷，或学者的书斋。亚里士多德等哲人或"智者"不是向国王游说、献计献策，而是教公民一种思维方法和论说技巧。他们也不把观点和价值强加于公民，正确与否，让公民自己去思考和选择。他们的说理是启发而不灌输，要说服的对象是公民集体，而不是某个国王或权威者。所以，哲人、智者、思想家也仅以公民地位来考察研究国家政治。什么是国家？先秦诸子们普遍认为"国"是国王的"家"，主人是君主；而臣子、人民都属于君主一个人。亚里士多德说，国家是"若干公民的组合"，"若干公民集合在一个政治团体以内，就成为一个城邦"（亚里士多德：《政治学》）。在孔子、孟子那里，如果不讲天子，即没有天子，仅仅是一群平等的人组合一起实行自治，那根本就不是国家，而是一群野人。

亚里士多德时代的欧洲人不知中国的情况，但却了解东方的埃及和波斯。他们不承认埃及等是真正的国家形式，这种国家的政治制度只有一个主人，其余人皆无参政议政权，这是他们无法理解的。

古希腊"智者"们对国家政治的研究和表达方式与孔孟等诸子相比较，很发人省思。亚里士多德也和孔子、孟子一样，有很多学生。他和学生讨论政治，是先让学生进行实地调查，然后进行分类、比较、分析、研究，从而得出结论，掌握规律。

苏格拉底一生都在探索政治学的"真理"，他是柏拉图的老师，是亚里士多德的祖师，他的探索筚路蓝缕。为怕误入歧途，讨论问题不肯轻下结论，后人把他的探索称为"苏格拉底式"没有结论的求证方法，这种方法更能启发人深思。柏拉图继承了老师这种极为严肃的方法，他从政治学的每个定义开始研究，选择最准确、最能揭示真理、最清楚明白的概念。他的代表作之一《理想国》的副题是"论正义"，整部著作都围绕给"正义"作正确的定义去展示。《政治家篇》同样未轻易为"政治家"下定义。都是采取层层细分，揭示矛盾、多角度类比等方法。到亚里士多德那里已日渐成熟了，但他仍是缜密从事，甚至较他的老师们还要小心，政治学的大量概念都经过他更精准的推敲。

孔孟等人与苏格拉底们正好相反，他们讲述政治学时似乎越模糊越显得神秘莫测。例如《论语》中记述孔子对"仁"的解释，使用"仁"的概念有109处之多，到现在我们也没弄准孔子说的"仁"到底是什么。他们运用的方法是"遇东说东，遇西说西"，让所言所述高深莫测。老子的《道德经》的核心"道""德"说的是什么？现在有人能说明白吗？老子已经说过，他的"道"不可言喻，如果能说得出了，那就不是"道"了。

因此，西方追本穷源的学问称"科学"；而由先秦孔孟、老子起源的中国上层建筑叫"玄学"。

孔子和苏格拉底都习惯用问答式授课，孔子不喜欢让学生追问到底，苏格拉底却启发学生追问明白。

如《论语·为政篇》孟懿子、樊迟、孟武伯、子游、子夏等分别"问孝"，孔子的回答也都一样，都十分简单。孔子回答孟懿子只有两个字"无违"；樊迟没听懂，告诉孔子："孟孙问孝于我，我对曰，无违。但无违是什么意思？"孔子回答："生，事之以礼；死，葬之以礼，祭之以礼。"孔子回答孟武伯曰："父母唯其疾之忧。"回答内容是："做爹娘的只是为孝子的疾病发愁。"这是答非所问，所以后人为理解这句话，大打笔墨官司。孔子为什么不系统地对学生说明白呢？

子路在学生中胆子大，有时也敢追问，可是也追问不出所以然，还让孔子发怒。如子路问："卫君如果聘请您去治理卫国，您首先做什么？"孔子回答："必须先正名。"子路曰："您也太迂阔了，用词不当这点小事，有必要纠正吗？"孔子大怒："你也太粗野了，就是不懂也不能像你这样直接追问啊！"由于子路激着他，他才边发火边讲为什么要"正名"。

樊迟也会多问几句，孔子就不喜欢他。如他曾"问稼""问圃"，都遭到冷遇。他问仁，孔子只回答："爱人。"问智，孔子也只回答："知人。"这样的回答只能是越问越糊涂。

孔子最喜爱大弟子颜回，其中原因，最重要的是颜回不问他什么，只是默默地听。孔子曾说："我与回言终日，他从不提反对意见，也不提疑问，像个傻子。他善于思考和发挥，所以又不算是傻子。"（《论语·为政篇》）

苏格拉底是如何讨论问题的，一次他与欧提德谟斯讨论什么是善行。欧问："何为善行？"苏反问："盗窃和欺骗是善行还是恶行？"欧答："恶行。"苏又问："欺骗敌人是否恶行？"欧答："我说的是欺骗朋友是恶行。"苏说："军队统帅在战争困难时为鼓舞士气，说坚持一下援军就到了，其实统帅尚不知援军能到，这是统帅的恶行吗？"苏接着又说："盗窃朋友是恶行，可是朋友要自杀，盗走他的自杀用具是恶是善？"欧答："那自然是善行。"经过苏格拉底追根问底的方式，避免了认识之肤浅，揭示出问题之本质。孔孟等先秦诸子是不会这么做的。

生产力和社会经济的发展

秦秋战国时期思想文化的发展对生产力和社会经济有着促进作用，而生产力的发展又直接促进了思想文化的进步。二者相互作用，才使这一时期的历史文明灿烂发光，从而出现举世瞩目的成就。

首先，铁器的普遍使用，使生产力有了突破性的发展。铁和钢的冶炼技术，比欧洲早1600多年，是跨时代的科学成就，也为世界冶金技术做出了伟大贡献。

考古发掘和文献记载，我国战国时期主要省都有铁的炼造，明确的铁矿开采就有三十多处；铁农具出土的有辽宁、河北、山东、河南、山西、陕西、湖南、湖北、四川等省，这正是战国"七雄"的活动区域。犁、铧、锸、锄、铲、镰、斧等铁工具已全部出现，普遍使用。文献中记载已有冶炼钢铁的全部设备，炼铁炉、鼓风囊、铁范、木炭燃料。不仅可以炼铁，也可以炼钢，并能铸造、打制各种铁农具、铁武器和铁手工工具。

由于铁器的普遍使用，农业生产大大提高。大量荒田被开垦，并能深耕细作、施肥、锄草，水利工程不再是大禹治水那般神话传说，已确有文字记载。如魏国的邺令西门豹，在漳水流域开渠十二道，引水灌溉邺田，既治了水害又使农业保证收成，西门豹成了中国历史上真实的治水英雄。当时有名的两大水利工程，一是蜀郡的都江堰，二是关中的郑国渠。李冰父子开凿都江堰，韩国人郑国率众沟通泾、洛二水。虽然被人传为神话，但这是实有其人其事的神话，和大禹等治水的纯神话不能相提并论。

由于生产力的发展，农业生产进步，农产品产量大大增加。黄河流域五口之家，可耕种百亩田，好年成亩产六石粮。有这么多粮食作保障，手工生产、商业贸易、文化事业、吞并战争等才有可能进行。

当时我国天文学已有一定成就，齐国人甘德和魏国人石申著《天文星占》八卷、《天文》八卷，后人把它们合编为《甘石经星》。该著作记载了金、木、水、火、土五星的运行规律和恒星位置及距离北极星的角度，从而列出了恒星记录表，是世界上最早的星系记录。

《禹贡》和《山海经》是中国也是世界上最早的地理书。《尚书·夏书》收集了《禹贡》，该书把中国当时的地域分为九州（冀、兖、青、徐、扬、荆、豫、梁、雍），记述各州的山川河谷、物产，是中国"九州"的由来。《山海经》记述我国各名山及所产植物、动物和矿产；《海外经》《大荒经》记载的奇事异物、神话等，成为我国文学和历史的源头。

《后稷农书》《考工记》则是当时研究农业和手工业的专著。《吕氏春秋》保存了已佚《后稷农书》的一些篇章，如《上农》《任地》《辨土》《审时》都记载当时对农事的研究。《考工记》里记述的配制青铜的六种方剂，是世界上最早铜锡合金的配制资料。《墨子》里记述了光学、力学、数学等内容，对方、圆、直、平等给以定义并解说；并记述了杠杆、天平、滑车、起重、汲水灌田等力学分解。当时我国医学已有了内科、外科、妇科、儿科的分科；有望诊、切脉、针灸、按摩等医疗方法。《黄帝内经》是托名黄帝的医学名著，现在的中国中医学仍奉之为圭臬，也是世界医学史上的最早著作。

第四章　文明的直接后果
——秦汉大帝国的诞生

春秋战国时期，士阶层直接影响了各国的政权和政治走向。无论各国变法，还是百家争鸣，与西方古代希腊完全不同，是有影响的大知识分子直接跑到当时力量大的君主、国王、诸侯那里，游说他们，让他们任用为相为令，实行新法，达到富国强兵，去战胜其他国家，建立中央集权的统一国家。

诸子和领导变法的商鞅等士们，他们要求的强国都是一个集权的、专制的、强有力的、绝对统一的政权。

求仁得仁，春秋战国的思想文化发展、生产力发展、科技进步，武装起了几个大国争霸，最有力量的秦国战胜了其他六国，中国历史上第一次诞生了统一专制集权的封建大帝国——秦。

秦统一中国

《史记》把公元前496年定为战国的开始，那时中国的最主要国家是秦、魏、赵、韩、齐、楚、燕七国。七国疆域大约是：秦包括今陕西关中和甘肃东南部；魏占有今山西南部、河南大部；赵占有今山西北部、河北中西部、内蒙古南部；韩包括今河南中西部和山西东南部；齐占有今山东北部、河北东南部；楚占有今湖北全境及河南、安徽、湖南、江苏、浙江等省的部分土地；燕占有河北北部和辽宁、吉林部分土地。

七国中，本来秦国弱小，又偏在西部。但是秦王听信商鞅实行的变法最彻底，利用现在时兴的话叫改革开放，对内政治对头，对外开放吸引大量的人才来秦，势力越加强大。于是，由西向东扩展，先是屡败近邻强国魏，夺取魏河西大片领土。魏公孙衍联合赵、韩、燕、楚"合纵"攻秦，也被秦打得大败，秦占领了赵、韩部分地盘。秦国进攻南方大国楚，夺取了楚汉中的大片土地。接着派司马错攻蜀、攻楚；又令大将白起攻楚，攻占了现在的湖南、湖北土地，楚王被俘，继任逃窜。

赵武灵王和子惠文王都任用贤能，"胡服骑射"，力量雄厚。公元前270年，秦赵大战于阏（今山西和顺），赵将赵奢大败秦军。

失败的秦国任用范雎为相，秦昭王采纳范雎"远交近攻"方略，破坏六国"合纵"。于是一败韩、再败赵。长平（今山西高平）一战，秦将白起把赵四十万投降之军全部活埋，最强的赵国一蹶不振。公元前237年秦王政执政，以李斯为佐，一方面以金钱收买六国权臣分化其内部，一方面大举出兵进攻六国。从前230年至前221年，先后攻灭六国，实现了统一。

统一集权制的确立

秦朝建立，结束了诸侯割据的混战局面，建立起统一的幅员辽阔的国家。秦朝时疆域西起甘青高原，东至大海，北起河套、阴山、辽东，南至岭南。

秦王政首先着手建立封建集权制度。他兼采三皇五帝称号，宣布自己为始皇帝，即历史上著称的秦始皇。皇帝自称"朕"，臣称他为"陛下"。他颁发的命令为"诏"或"制"，"诏"书一般先让大臣议论一番，称"廷议"，由皇帝裁可，朝廷至地方都要绝对服从，此即皇帝独裁，中央集权。这种制度，一直维持两千多年，直到清朝灭亡。

地方制度听任廷尉李斯的意见，不再设藩王，而是由中央直接管理的郡县制。统一之始役三十六郡，秦始皇末年已有四十余郡。

秦始皇废除世卿世禄制，建立封建官僚制，中央和地方官一律由皇帝任免，开始时多以军功大小决定官职级别。

统一度量衡、统一货币、统一文字（由李斯改革定为笔画简单的小篆，再简化为隶书）；修驰道、车同轨、统一法度。

北逐匈奴。秦始皇虽灭六国，但北部边疆受着匈奴的威胁，人口和财物不断遭到杀掠。秦始皇为保卫北疆人民的生命和财产安全，派大将蒙恬率30万大军北伐匈奴。经多次战斗，打败了强悍的匈奴军队，收复河套以南地区，沿黄河设置44个县，由九原郡统属。又把关中农民3万户迁往新置县境垦殖，后来把新开发的地区称"新秦中"。同时由秦都咸阳到九原，修筑驰道，自此中国北部边区与中原密切了关系。

为防止匈奴再度南侵，把原燕、赵、秦三国的长城修复连接，筑成西起临洮（今甘肃岷县），东迄辽东的万里长城。这一闻名世界的伟大工程出现在中国北部疆域，也成为秦始皇的象征之一。

南服"百越"。福建、广东、广西一带，在秦统一前称为"百越"。战国时期，楚国曾派大将吴起"南平百越"（《史记·孙子吴起列传》）。秦始皇统一中原的过程中，灭楚后即派大将屠睢率兵50万分兵向"百越"进发。因大兵进发，交通不便，运送粮草受到山岭阻隔，乃开凿灵渠运粮。灵渠从今广西兴安向北开凿，沟通湘江和漓江，连接长江和珠江。经几年经营，平服了"百越"，设置南海（今广西）、桂林（今广西）、象郡（今越南北部）三郡。又从内陆迁50万"戍五岭，与越杂处"，从事开发。从而使这一地区的祖国内陆的联系加强，加速了民族融合，促进了祖国进一步统一和经济文化的发展。

鼓励垦荒，重农抑商。秦始皇在灭六国不久便下令让全国百姓自报耕地面积，在法律上承认私有土地。并发布奖励垦荒的命令，有自愿去边疆和劳力不足的地方垦殖，免去徭役，先后有数十万人响应。还迁3万户去琅琊，免除12年徭役；迁5万户去云阳（今陕西省淳化以北），免除10年徭役。同时下令打击弃田从商者，秦始皇把重农抑商的命令采取刻石的方法宣传，以示重视。琅琊的刻石上有"上农除末，黔首是富"之辞，是说重视农业，除去商业，百姓（当时把百姓叫黔首）就富足了。还有"男乐其畴，女修其业"的字样，即说男乐耕，女乐织，便"黔首安宁"了。

上述诸多统一措施，有利于中国经济文化的发展，对中国社会无疑是一个伟大的贡献，是后来毛泽东歌颂的"秦皇汉武，唐宗宋祖"等少数的历史伟人之首。

秦帝国的暴政

秦始皇统一中国的业绩，当时便被颂扬为"日月所照"，"自上古不及陛下威德"（《史记·秦始皇本纪》）。但也有人直接反对他的做法，让他仿照殷周实行分封制，认为"事不师古而能长久者，非所闻也"（《史记·秦始皇本纪》）。当时丞相李斯提出，应立即制止根据典籍记载指责现实政策的做法。他建议马上禁止办私学，除秦朝任命的博士官和史官藏书之外，私人藏书、记述六国的典籍一概烧毁。

当时的知识分子不少本就对秦始皇不满，看到焚书便四处散布舆论，非议秦始皇摧残诗书文化。秦始皇听了大怒，于公元前212年下令逮捕私下议论、攻击朝廷的儒生460多人，把他们全部活埋。这便是秦始皇的"焚书坑儒"。

"焚书坑儒"数千年不绝史籍，人们议论秦朝为什么仅传至"二世"便灭亡了？大家的结论是秦的暴政，有的叫"急政"，都差不多。"焚书坑儒"就是暴政，本来是知识分子向政府提意见，能否接受是一回事，可以向大家做说服工作，却不该把大家活埋掉。战国以来，百家争鸣是好的传统，秦国所以强大，一个重要政策是吸收六国的知识分子前来，让大家出谋划策。那个提出焚书的李斯，曾经在有人让秦王下逐客令时，起而阻止之，举出秦王任用天下之士，如秦穆公用百里奚、蹇叔、丕豹、公孙支、由余，孝公任用商鞅、惠王任用张仪、昭王任用范雎，才使秦国逐步强大起来。而李斯本是楚国人，他也在被逐之列中，他的建议使秦王收回逐客令，进一步任用他（《李斯谏逐客书》见《古文观止》卷四）。

秦始皇听信李斯焚书坑儒，把投奔秦国的一大批知识分子驱走，如孔鲋逃走，后来参加了农民起义军，做陈胜的谋士。张良、陆贾后来投奔刘邦，成为刘邦政权的重要人物。焚书坑儒培养了秦的掘墓人，扼杀了战国以来百家争鸣的文化繁荣景象。李斯让秦始皇推行野蛮的摧毁文化的愚民政策，促使秦朝二世而亡。

秦始皇是统一中国的伟人，也是穷奢极欲的腐败君王。为了过纵欲无度的帝王生活，在与六国作战期间，已令人绘摹六国宫殿图，在咸阳北阪照图修筑宫殿，修筑宫殿150处，在各国掠来美女万人以上充其宫室，以供其淫乐。统一之后，犹嫌不足，便于长安西北建造号称"秦川第一宫"的阿房宫。一群规模宏大、巍峨壮观、富丽堂皇的宫殿在渭水南岸迤逦筑成，占地长达300余里。宫殿遍布函谷关内外，关中300余所，关外400余所。秦始皇征发70余万劳动力和能工巧匠，用北山的石料、楚蜀的木材，在秦始皇一代仅筑成阿房宫前殿，其他宫殿是秦二世继修。

前殿东西五百步，南北五十丈，殿中可置万人，可树五丈高的大旗。宫前立有12个铜人，各重34万斤，这是收缴六国铜兵器，熔铸而成的，殿门以磁铁制成，防人携兵器入宫。阿房宫以铜为柱，文石为基，"木衣绨锦，土被朱紫"，极尽奢华。

秦始皇贪图享乐，纵欲人间不愿离开，曾召集方士四处求神仙。但神仙难以找到，灵药无从到手，他又为自己死后如生前的享乐做安排。他征发70万人，在骊山营造陵墓。据文献记载，其改高50余丈，周长5里，掘地及泉，灌入铜液。墓中有宫殿朝堂和百官朝位，珍藏奇器，以水银造为江海形壮，以鱼膏作烛，常年不灭。墓中特制弓弩，防人盗墓。秦始皇入墓之后，秦二世把宫女和掘墓的工匠封死在墓中。

整个陵区为"堆土成陵"式，陵冢位于陵城西南部，陵区坐西朝东。面对陵区东门的主干道两侧排列各式陪葬坑，包括兵马俑坑、马厩坑、珍禽异兽坑等。规模宏大，举世称奇。1973年发现兵马俑坑，被称为世界"第八奇迹"。1980年又在陵冢西侧发现车马坑，掘出精美华丽的彩绘铜马车，兵马俑是秦始皇强大军事力量的表现。

秦始皇陵先后修建37年，其规模之大、陪葬物品之多，在中国历史上绝无仅有。史书记载，秦始皇在历史上曾被大规模盗掘五次，仅项羽入关后，即以30万人"30日运物不绝"。但是，经考古和科技工作者40多年勘察，秦陵帝宫仍完好无损，秘密通道原封未动。由于现代科技限制，还不便立即发掘，至今其内部构造和藏品仍是个历史之谜。

秦始皇修长城、筑宫殿、建陵墓、开五岭、修驰道等，加上北拒匈奴、南征百越的战争，征调了巨大数量的劳动力。据统计，秦时全国人口为2000万左右，其中成年劳动力不过五六百万。而成年劳动力被征调不下300万，汉朝人统计说："秦力役三十倍于古"，成年男子多被征调，成年女子也要被征做运输苦役，时称"丁男被甲，丁女转输，苦不聊生，自经于道树，死者相望"（《汉书·严安传》）。为供应军队和力役，秦始皇加重赋税的征收，"田租、口赋、盐铁之利，二十倍于古"（《汉书·食货志》）。如此造成"男子力耕，不足粮饷，女子纺绩，不足衣服"（《汉书·贾山传》）。于是激起人民不断反抗，彭越率众在山东巨野造反，英布聚骊山囚徒到鄱阳湖起事。

为镇压反抗者，秦始皇立严酷之刑。死刑就有弃市、腰斩、坑、镬烹、族、车裂等等，都极为恐怖。还有仅秦时见到的种种怪刑，如"七科谪""谪遣戍""徒谪"，这是把犯人编成军队去打仗、防守或充实边疆。还有"鬼薪""白粲""城旦"等，已搞不清是何刑罚了。

公元前210年，秦始皇东巡途中病死于沙丘（今河北广宗县境）。秦始皇姓赢名政（前238—前210年），13岁即位为秦王，22岁亲政掌握国家大权，39岁统一中国，50岁病死。死前遗诏皇位传给长子扶苏，让他从边境军中回咸阳即位料理国事。随行者有公车令赵高、丞相李斯、秦始皇少子胡亥。赵高得遗诏与李斯合谋，压下真遗诏不发，伪造另一道遗诏，指责被立为太子继位的扶苏"无尺寸之功"，反而上疏诽谤皇帝，未被立为太子心怀怒气。而大将蒙恬身为重臣不规劝扶苏，助长扶苏诽谤皇帝。令扶苏和蒙恬自杀。蒙恬怀疑其中有诈，建议扶苏核实遗诏，但是扶苏不审真伪，当即自杀。蒙恬不肯死，被捕入狱。胡亥被赵高、李斯以假遗诏立为太子，继承皇帝位为秦二世。历史上称这次变故为"沙丘之变"。

二世胡亥继位后非常暴虐，因"沙丘之变"让秦始皇的诸子和朝中大臣们心生疑虑，对二世胡亥和赵高等不满。赵高让胡亥下诏杀害了诸公子和掌握军权的蒙恬、蒙毅兄弟和与他们不合的大臣。

秦二世不具备治国理政的才能，却异常残暴和昏庸。他继修阿房宫，搜罗天下美女和珍禽异兽供其玩乐。他也发现百姓对他不满，为防卫京师，征调5万人前往咸阳。他急令各地给京师充实粮秣，运送粮秣的百姓要自备食粮。他奖励官吏"杀人众者为忠臣"，造成"刑者相伴于道，而死人日成积于市"（《史记·李斯列传》）。人民无活路可走，便"揭竿而起"，爆发了中国历史上第一次大规模农民起义。

秦在混战中灭亡

秦二世、赵高、李斯等组成的专制政权实行更加暴虐的统治，激起农民大起义，而六国的旧贵族也趁机起兵，秦朝在各派武装力量的混战中走向灭亡。

37

二世元年（公元前 209 年）七月，一队九百人的戍卒从闾左开往渔阳，走到大泽乡（今安徽省宿县），遇雨被困不能如期到渔阳（今北京密云县）。秦法严苛"失期当斩"，这九百戍卒在陈胜、吴广的领导下，发动了中国历史上第一次大规模农民起义。

起义发动后很快攻下蕲、铚、酂、苦、柘、谯、陈等县地，队伍发展到数万人。在起义军影响下，各地人民响应；旧六国的贵族也乘机而起，如张耳、陈馀及孔子八世孙孔鲋也投入起义军队伍。攻下陈县后，农民军将领推陈胜称王，张耳、陈馀反对，让他"立六国后"，就是找六国贵族的后人立为王（《史记·张耳陈余列传》）。孔鲋也建议陈胜不称王，而是"兴灭国，继绝世"，重建六国。陈胜和众将未听，乃立陈胜为王，陈县曾是楚国的首都，在此称王号"张楚"，又封吴广为假王，从而建立了农民军政权。

此后分兵三路向秦都咸阳进发，吴广率军先取荥阳，此处有秦的粮仓，取之可解决起义军食粮问题。周文攻关中，直取咸阳。宋留从南阳入武关，配合主力周文取咸阳。

六国旧贵族继张耳、陈馀之后纷纷而起，其主要者有：韩的旧贵族张良，家有奴隶三百多，以家财重金求刺客刺杀东巡的秦始皇，不久便投奔刘邦，成其立国的谋士之一。

张耳、陈馀劝陈胜"立六国后"未果，便以起义军名义入赵地，很快便集兵数成，占领三十多个县城，拥武臣在邯郸称"赵王"。武臣派部将韩广攻燕地，不久便在燕称"燕王"。魏国旧臣们则推前来的起义军首领周市（音扶）为魏王，周市则拥旧贵族魏咎为魏王。

起义军主力周文攻抵函谷关时，已有军队数十万。周文挥军直入函谷关，攻达今天的陕西临潼，距咸阳仅百余里。秦二世极为恐慌，调兵已来不及，乃令少府章邯去骊山，赦免修墓的几十万刑徒，率领他们抵抗起义军。这些刑徒只顾一时被解放，作战凶狠、人数众多，屡败周文。周文退至渑池以待援军。陈胜令武臣解周文之围，陈馀、张耳则劝说他扩大自己的地盘，未予支援。周文自杀，起义军主力战败。进攻荥阳的吴广遇上三川郡守李由的抵抗，李由是李斯的儿子，抵抗坚决。吴广久战无功，部将田臧则假借陈胜命令，杀死了吴广。李由乘机围攻起义军，一击溃之；田臧率兵迎击章邯，一战败死。

章邯乘胜攻陈县，陈县兵少。陈胜败退下城父（今安徽蒙城），被叛徒庄贾杀死。陈胜、吴广领导的第一次农民起义，前后仅仅数月便宣告失败。

刘、项起兵灭秦

陈胜起义后，原楚国名将项燕之子项梁和项梁侄项羽在吴（今江苏吴县）杀掉秦的会稽郡守，响应起义。率吴地的农民组成八千"汉东子弟兵"，渡江北上西进，迎击秦军。

此时刘邦也起兵反秦。他是楚国沛（今江苏徐州沛县）人，出身农民，本人嗜酒好色，乃方里一无赖。靠哥哥和妻子种地维持生计，他从来"不事家人生产作业"（《史记·高祖本记》）。因其游手好闲，又好酒贪色，乃结交了沛县的小吏萧何、曹参及一帮酒肉朋友。由此，刘邦又混得一泗水亭长差使。一次，刘邦为秦押送徒人去骊山修墓，途中徒人逃走，刘邦制止不住，难以交差，也逃到芒砀山隐藏。陈胜起义之后，他也聚众响应。萧何、曹参也投到他的队伍中，二人很有计谋，在二人的配合下攻占沛县，他被推为"沛公"。

第二年（前208年），项梁、项羽军攻抵薛（今山东省藤县），陈胜已兵败身死。六月在薛集会，刘邦也率一群暴乱者前来投奔项梁。项梁听从谋士范增的计策，利用楚怀王被秦国扣留死在秦国，楚人怀念之心理，立楚怀王孙为王，仍号楚怀王，在盱眙（今安徽盱眙县）定都。不久，山东定陶一战，秦将章邯败项梁军，打死项梁。项羽、刘邦退守彭城。楚怀王派宋义为上将军、项羽为次将军北上攻击章邯，派刘邦西攻秦都咸阳。

宋义率军达山东曹县境，怯战不前，按兵四十余日不动。项羽怒杀宋义，自立为上将军，与英布、蒲将军等率军两万，渡过漳河令全军"皆沉船，破釜甑，持三日粮，以示士卒必死无还"（《史记·项羽本纪》），此即"破釜沉舟"之计。结果，起义军与章邯军血战九次，"无不以一当十"大破秦军，章邯投降。秦军主力在此一战中被歼，各路军齐集巨鹿，尊项羽为"诸侯上将军"。项羽则率大军向西进攻，兵锋直指咸阳。

此时赵高独揽朝政，唆使二世杀丞相李斯，灭其族；又杀二世，另立二世侄子婴。刘邦率军西进顺利，因秦军主力与项羽作战，前207年二月攻抵陈留（今河南开封附近），四月抵颍川，六月达宛城，下武关。直达咸阳附近的灞上。赵高企图与起义军妥协，遭到拒绝。子婴则与谋臣设计杀死赵高，向起义军投降。前206年十月，刘邦率军入咸阳，秦朝灭亡，子婴仅称帝46天。

楚霸王复古倒退，自取灭亡

刘邦入咸阳，迷于美女玉帛，想留居享乐。其部下张良、樊哙极力劝说。认为秦始皇败于珍宝美玉，而我们的兵力不如项羽，若想留居咸阳，必败无疑。刘邦自知力不及项羽，只好听从张良之计，封闭了秦的宫室府库，还军灞上。同时召集当地代表，颁布"杀人者死，伤人及盗抵罪"的"约法三章"。得到社会普遍拥护，"争执牛羊酒食，献乡军士"，"唯恐沛公不为秦王"（《史记·高祖本纪》）。

项羽在巨鹿大败秦军后，听说刘邦已入咸阳，便把秦降卒二十万活埋，率军迅速西进入关，屯军鸿门（亭名，今陕西临潼县东北），与刘邦军对阵。

当初楚怀王派刘邦西进取咸阳，派项羽北上击章邯，即有意让刘邦王关中，而不欲项羽称王。曾与诸将约："先入关者为王。"后来刘邦先入关，项羽率军屯于鸿门。张良再次劝说刘邦避开项羽的大军锋芒，亲去鸿门与项羽言和求好，史称"鸿门之宴"（《史记·留侯世家》）。

鸿门宴上项羽不听谋士范增之计，放走了刘邦。他留在咸阳屠城焚宫，劫掠财宝，火三月不熄。拒绝了有人劝他在关中建都图霸的建议，领兵东去自封为西楚霸王，都彭城（今江苏省徐州），尊楚怀王为义帝。主观地封刘邦为汉中王，使居汉中、巴、蜀三郡。又封秦三降将章邯为雍王、司马欣为塞王、董翳为翟王，号称"三秦"，以阻刘邦。随后大封部下和六国旧贵族，共分了十八王。

项羽的裂土分封违反历史和时代进步，秦始皇统一中国是历史的进步，因其暴政而灭亡。而项羽复古倒退，再度造成中国的分裂；诸王争夺，再度出现混战局面。

首先未被封王的田荣起兵相争。他原为齐相，声威较项羽封的齐王田都和胶东王田市都大，因未被封王起兵攻击田都和田市，打败二王后自立为齐王。又联合未得封王的彭越，打败济北王田安，占据三齐之地。陈馀也未得封王，在田荣的援助下打败常山王张耳。

萧何、张良等人多方劝说刘邦先去汉中，在此积蓄力量，准备反攻项羽。此时，著名军事家韩信，原是项羽的部将，因未被重用，经萧何推荐投奔刘邦，做了刘邦军队的统帅。前206年8月，韩信率兵进攻关中，打败雍王章邯，司马欣和董翳投降。第二年4月，刘邦趁项羽与田荣、田横兄弟在齐地作战机会，由韩信等将领率50万大军攻占了彭城。项羽率兵回救，接连打败汉军，刘邦退守虎牢关，与项羽对峙。

此后，项羽的威信越加低下，巨鹿大战时的形象不复存在。违背历史的大分封弄得众叛亲离，他自咸阳抢劫回金银财宝"衣锦还乡"，此后也再无作为，而刘邦在众谋士的帮助下则抓紧做灭亡他的准备。

刘邦联合英布、彭越等反楚力量，消灭驻守废丘的章邯，巩固了关中后方。随后韩信领兵攻赵地，杀死陈馀、活捉赵王歇，燕王臧荼投降。九江王英布在萧何的游说下，投归了刘邦，项羽越来越孤立。

前203年，楚汉互有胜负，皆无击败对方之优势，双方约定以鸿沟为界（今河南省荥阳境内），中分天下，东楚西汉。项羽以为从此相安，刘邦不敢再度来攻，自己仍是天下无敌。于是，放还了刘邦之父和妻子吕雉，引兵东归。

项羽东归后刘邦立即约集将帅、谋士，商讨军事行动。由韩信率主力进攻项羽，彭越协同进攻。以后便出现戏剧中说的韩信对项羽的"十面埋伏"，项羽既无决心，亦无战胜对方的力量。接连战败后，退至垓下（今安徽省灵璧东南），被韩信大军围困，一筹莫展。汉军灌婴率五千骑兵突击困守的项羽，项羽在"四面楚歌"中率八百骑突围，突过淮河后只剩下百余骑。行至阴陵（今安徽定远县西北）迷失方向，问路于农夫，农夫知他是战败的项羽，故意错指方向，使他陷入沼泽，汉军随后追杀。项羽逃至东城（今安徽定远县东南）时，仅余二十八骑，在汉军重重包围中，项羽见大势已去，乃拔剑自刎（习惯之说是项羽自刎于乌江，即今安徽和县东北，实际上这是一段民间传说，乌江距离东城尚有三百余里，项羽未能逃这么远即在东城自刎而亡）。司马迁写《项羽本纪赞》，极赞项羽起兵灭秦乃近古以来未有之事，但他"奋其私智""欲以力征经营天下"，最终"卒亡其国，身死东城，尚不觉悟，而不自责。过矣。乃引天亡我非用兵之罪也，岂不谬哉。"（《史记》项羽本纪赞）。司马迁说他失败在于"奋其私智"，"欲以力征"，即仅凭武力征服，达到他霸天下的"私智"。此说乃项羽失败原因之一，而其失败根本原因，在于他代表了六国时代的旧势力，军事胜利后不加取舍把秦的一切制度尽情摧毁。而后取历史倒退办法，封王裂土，弄到矛盾纷起，诸王混战。因此，他的失败并非"天亡"之，是他自己无顺应历史和民心的策略，才孤立无援，自取灭亡的。

第五章　文景之治——汉初与民休息

汉初数十年间，采取与民休息的政策，达到安定社会、恢复生产之目的，为汉武帝开疆拓土、打败匈奴，把汉帝国推向鼎盛，创造了多方面的条件。汉初的安定社会，被称之为"文景之治"。

与民休息与清静无为

刘邦本人并无安邦治国的大才，但他能听从张良、萧何等谋士的劝谏，这本身就是执政者的好作风。中国历史上有所作为的统治者，如唐太宗等，都具备"从谏如流"的好作风，从而也会治好国，出现所谓的"治世""盛世"。

自秦二世元年（前209年）陈胜起义到汉高祖五年（前202年），项羽失败，刘邦建起统一的封建帝国为止。其间凡八年，皆无休止的战乱，《汉书》记述："汉兴，接秦之敝，诸侯并起，民失作业，而大饥馑，凡米石五千，人相食，死者过半……民无盖藏，自天子不能具醇驷，而将相或半乘牛车。"（《汉书·食货志》）

面对这天下破败、社会凋敝局面，刘邦君臣议定了"与民休息"政策，其祖孙几代也确实推行了这项政策，也收到了显著效果。

战争结束后，国家下达土地和农耕政策：让逃亡的有产者回乡附籍"恢复故爵田宅"，让他们抓紧恢复生产；令将士解甲归田，士兵还乡生产者"免除六年或十二年的租税"；因饥馑沦为奴婢者，恢复自由身份，令其投入田间劳动；赦天下死罪以下的犯人，回归田里；减轻田租，实行十五税一；抑制商人，不许他

43

们衣丝绸、乘车马，不许做官，加倍征收其税，限制经商伤农。尽量不兴土木，减轻农民的徭役，使"百姓无内外之徭，得息肩于田亩。"（《汉书·高帝纪》）

上述政策是萧何做丞相时实行的，汉初的《九章律》也是萧何制定的，用这个法律取代以前临时颁布的"约法三章"。萧何所定《九章律》，较秦律缓和，尤其是用法律保证"与民休息"政策的实施，在中国两千多年的历代王朝中，是比较少见的。有人评论说，刘邦所以能实行"与民休息"政策，原自他本身是农民出身，是个"布衣皇帝"，了解农民的疾苦、知道农民需要什么。此说自然有道理，但有的皇帝也出身贫苦，也同样是"布衣皇帝"，如明朝开国皇帝朱元璋，他的出身比刘邦要苦得多，可他做了皇帝后给百姓留下的故事是如何"忘本"。历史事实是他制定了十分严酷的法律对待农民，利用特务残害反对者，两次大杀功臣近5万人，一次抄杀富户170余家。此是后话。

相比之下，刘邦虽是流氓无赖出身，做皇帝后听取好的意见，执行好的政策，理应受到赞扬。

刘邦在位12年便死去，继位者是儿子刘盈，即汉惠帝。惠帝性格懦弱，大权落在母后吕雉手里。吕后是个极为残忍的野心家，曾想大杀功臣，因形势不允许而未敢妄动。她独揽大权先后15年，仍然任用萧何、曹参、陈平、王陵等人，不改"与民休息"政策。惠帝二年，丞相萧何死去，继任丞相的是曹参。曹参不改萧何的政策，而且为"与民休息"找到思想根源，这便是"黄老思想"。

曹参曾是齐国的丞相，很能听取地方长老的意见，他曾召集齐国绅士学者数百人，让大家发表如何安集百姓的办法，其中有人向他推荐，胶西有个盖公，是个奇人，或许他有好办法。于是曹参把盖公迎入齐都。盖公说，为政道理在于清静，国家不兴挠民之事，让百姓安心种田，社会便安宁了。盖公向他介绍了上古黄帝治国办法，又介绍了庄子、老子的治国学说。老子说："我无为而民自化，我好静而民自正，我无事而民自富，我无欲而民自朴。"原来社会不安静，都是官府搞的，国家采取清静无为的政策，便可拱手而得安宁的天下了。曹参用了盖公的办法，在齐国做了九年丞相，使齐国大治。萧何死后曹参为汉朝丞相，一切遵循萧何的规矩，这正好也是自己为齐相时所做一致。萧何、曹参做丞相，受到社会的欢迎，当时人们歌颂他们说："萧何为相，觏若划一，曹参代之，守而勿失，载其清静，民以宁一。"历史称之为"萧规曹随"。有了此二位好相，是汉朝的大幸，也是人民的大幸。甚至懦弱无能的汉惠帝和残暴凶狠的吕雉也都随着受到歌颂："孝惠高后之时，海内得离战乱之苦，君臣具欲无为，故惠帝拱已；高后女主制政不出房闼，而天下晏然，刑罚罕用，民务稼穑，衣食滋殖。"（《汉书·高后纪》）

惠帝和吕雉之后的汉文帝刘恒，汉景帝刘启，都继续实行休养生息政策，使社会经济发展，财富增多，社会安定时期，历史上称之为"文景之治"（文景时期从公元前179年—前141年）。文帝和景帝时的一些有利民生的做法继续扩展，例如：古田赋一般为十分税一，刘邦实行十五税一，文景二帝为三十税一。丰收年景时，国库充盈，还实行租税全免。文景二帝带头节俭，其宫室、苑囿、车骑、服御皆所增益。文帝时有人看着宫室简陋，提出修一座露台，工匠计价要花百金，汉文帝说："百金，中人十家之产也"，乃令停修建（《汉书·文帝纪赞》）。帝与后们穿戴十分俭朴，衣黑帛，无纹绣，皇后的裙子也不曳地，为天下做榜样。文景二帝国家的力役大大减少，鼓励官民兴修水利，鼓励出生人口，凡民产子，免除两年的人头税和应交的赋役。

汉初几代皇帝不间断实行"与民休息"政策，七十多年后国家经济富庶，社会安定而繁荣，以后的史书上不断颂扬"文景之治"。司马迁写史严肃，不大轻易颂扬，但对"文景之治"也不惜笔墨，予以称颂。《史记》记述，当时国库里的钱多得堆积如山，数不尽，用不完；太仓里的粮食每年都进得多、出得少，梁谷吃用不完而腐烂掉。天下殷富，粮食每石只能卖十余钱。人民安居乐业，"鸡鸣狗吠，烟火万里"，就连六七十岁的老翁，犹如孩童般游乐嬉戏。社会能出现《史记》这般记载，在中国古代封建历史上，实是极为少见的。

调整关系，镇压叛乱

"文景之治"的出现绝非"垂拱"而得，它伴随着血雨腥风。

首先得解决诸王的割据。诸王的割据，在"楚汉相争"时已存在着。当时项羽霸天下，封王裂土，刘邦与之争夺，投降过来的王都得承认，如九江王、燕王、衡山王都是归顺者。既然承认了归顺者，有功者也就得封王，韩信、英布、彭越、张敖、臧荼，吴芮等都是刘邦封的。次一等的都封为侯，萧何、曹参、张良、陈平、周勃以下数百人都封了侯。

诸王据地自雄，对于刘邦来说是"外托君臣之名，内有敌国之实"。封王完全是被迫的，是项羽作祟在先。战乱时还能帮助出力，建国后诸王封国制与郡县行政制产生了大矛盾。刘邦只好采取残酷的手段逐一除掉了这些成为"敌国"关系的异姓王，韩信被杀时说："狡兔死，走狗烹；敌国破，谋臣亡。"（《史记·淮阴侯列传》）应该说，刘邦为消除割据而除异性王是正确的，这与大杀功臣不能等同视之。然而，他接着又犯了一个错误，除去异姓王而封同姓王，他以为自己的子弟总会是一条心，分封至周边作他的护卫者。主观想象"建同姓以制异"，规定"非刘氏而王，天下共击之"。当时封了荆、楚、齐、赵、淮南、梁、淮阳、代、燕、吴等十余王。领土大的齐王肥，领有六郡七十三县；吴王濞领有三郡五十三县；楚王交领有三郡三十六县。

同姓王和异姓王没有区别，都是各占一方与汉朝中央分庭抗礼。他们都有各自的纪元，自置百官，拥有军队，财政自主。他们不服从中央命令，多有取而代之意图。尤其汉文帝刘恒是由代王被拥立称帝的，其他王也有继承权，也都想称帝，这一点比异姓王还要严重。汉文帝三年（前17年），济北王就举兵造反，很快被镇压。但诸王势力浩大，多不听朝命，蠢蠢欲动。汉文帝六年，为梁王太傅的贾谊给文帝上《治安策》，让文帝下令把大的封国再细分为小的封国，使各封国力量变小，就便于治理了（贾谊：《治安策一》）。文帝赞许，并下令让各封国把土地分给子孙，如齐分为六，淮南分为三。但诸王仇视贾谊，迫汉文帝疏远贾谊，致使贾谊失其志感伤而死。分小封国的办法告废。

景帝时，晁错建议强行削弱封国，指出诸王骄恣，公开"即山铸钱，煮海为盐，诱天下亡人谋作乱逆。今削之亦反，不削亦反。削之其反亟祸小，不削之其反迟祸大。"（《汉书·吴王濞传》）汉景帝采纳，首先将赵、楚、胶西三国土地强削部分，正待削夺吴王濞的封地，吴王便串通七国，起兵反汉，史称七国之乱。

吴楚首先发动。吴王令国之男子14岁至62岁者皆从军，起兵20万，西过淮河与楚兵会合，围攻梁国都。汉帝国派大将军周亚夫迎敌，周亚夫采取坚守的战略，吴王濞不听谋士的建议。久之，吴粮尽而气衰，周亚夫派轻骑绝吴楚兵粮道，吴楚封国大攻。吴王濞败逃至越，为越人捕杀，七国之乱很快被平。

此后景帝夺各封国大权，规定各封国无权治民，虽有少量官吏也都由皇帝任免。虽有封国之名，实为食国家薪禄的一般地方官而已，封国割据问题得到解决。

汉惠帝即位时，因性格懦弱，大权落在母后吕雉之手，他曾想杀死那些对她不利的大臣。因陈平、灌婴、樊哙、周勃等大将还健在，又都握有重兵在全国各要区，他与亲信商量，皆怕事不妥时反遭祸害。吕后只好停止其阴谋。

因刘邦晚年曾有废嫡立庶的想法，即欲立戚夫人所生之子如意为太子，吕雉坚决反对而未成功，封如意为赵王。吕后诛杀大臣未成，即用极为残酷的手段杀了赵王如意，又把其母戚夫人手脚砍去，挖去眼珠，割去耳朵，再用药毒成哑巴。然后置入厕所，称为"人彘"（即人猪），令惠帝观看，把惠帝吓得大病，从此不敢再理朝政，大权完全落入吕后之手。

惠帝做了七年挂名皇帝死去，吕后又做主立过两个不懂事的小皇帝，吕后又操纵大权八年。她大封吕氏，把侄子吕产、吕禄都封为王，排斥朝中大臣，掌控汉政府的军政大权。公元前180年，吕后死。按照她的安排，要由吕氏取刘氏而称帝。当时的周勃、陈平、刘章等人当机立断，把诸吕一网打尽。重大臣议定，迎刘邦之子代王刘恒入长安称帝，是为汉文帝，西汉帝国的"文景之治"从此开始拉开帷幕。此点为补充叙述。

第六章 雄居东方——武帝时汉帝国的鼎盛

史书上有"汉唐盛世"，"康乾盛世"之谓，而"康乾"是清政府的康熙、乾隆，以前大家不愿称呼。说得多的还是"汉唐盛世"，汉盛世主要指汉武帝时代。汉武帝依托"文景之治"，时内罢黜百家，统一思想；改革政治，实现中央集权；发展经济，实行盐铁专卖，使国力再度加强。对外则目光高远，开拓进取，北击匈奴，通使西域，穿越河西走廊，开创丝绸之路，联系西方诸国，开疆万里，把汉帝国推向鼎盛，成为东方最强盛、在世界上经济文化最发达、军事力量最雄厚的国家。

宫廷争斗，刘彻得储位

汉武帝，被赞为"千古雄主"。有作为的皇帝都被传为"受天之命"的真龙天子，都有许多与龙有关的神话传说，汉武帝被传为"天彘"下凡的真龙。传说其母王美人夜梦红日入怀，而与之同房的汉景帝刘启则亲见一条"赤彘"（即猪龙）飞腾而下，左右也说看到一条赤龙盘旋飞舞。

据史料记载，王美人有孕历 14 个月未产。相传古圣王唐尧，其母怀孕也是 14 个月不生。景帝元年（前 156 年）农历七月七日，王美人生下一男孩，这是景帝的第九子。因有"赤彘"降临的传说，便取名为"彘"。

景帝登基，由汉高祖之夫人薄太皇太后做主，立她的内侄孙女薄妃为皇后，但薄皇后却不能生养，景帝此时宠爱栗妃，栗妃已生有三子刘荣、刘德、刘阏。次子和三子分别封为河田王和临江王，长子刘荣准备立为太子。

然而，自从王美人入宫，景帝便移情别宠，而王美人生下彘儿后，又有真龙降临的哄传，栗妃感到自己和儿子的地位有了严重威胁，对王美人母子恨之入骨。但栗妃却趁刘彘尚幼，而景帝宠爱他时，曾与她约定立其子为太子，况且景帝诸子中，栗妃长子刘荣也是最长者，栗妃极劝景帝立刘荣为储君。景帝思前想后，于景帝四年（前153年）立刘荣为太子，封四岁的刘彘为胶东王。

　　母因子贵，刘荣立为太子，栗妃是自然的皇后。但因长公主的出现，栗姬的美梦破灭。长公主刘嫖是景帝的胞姐，是母后窦太后的掌上明珠，景帝也十分敬重这位姐姐。她嫁给堂邑侯陈午，仅生一女取名阿娇。他一心想让女儿阿娇做皇后，见刘荣被立为太子，便想把女儿嫁给刘荣。谁知栗姬心胸狭窄，平日见长公主常出入宫闱，景帝对她有言必听，宫中众妃无不争先奉承，栗姬心生忌恨。自己仗着是景帝的宠姬，又是太子之母，便对长公主看不惯，还想找机会给他点颜色看。长公主也依自己的身份，直接向栗姬示意。不料，这正是栗妃要找的羞辱她的机会，断然拒绝了长公主的要求，还说了些难听的话。长公主何尝受过这般羞辱，从此与栗姬结下了深仇。

　　相比之下，王美人却是个极有心机的女人，刘荣被立太子，她不甘失败。平时却不露锋芒，还在宫中广施恩惠，格外谦和，使六宫上下皆赞其贤德，景帝闻听宫中的赞美，认为王美人宽厚，有母仪天下之德。听说长公主被栗姬羞辱，便登门劝慰，顺便说自己无福，得不到阿娇佳妇。长公主知景帝最爱彘儿，便与王美人密谋，私下结成姻亲，伺机夺储。

　　随后，长公主便带着阿娇见景帝。恰在此时，王美人与彘儿正在景帝的身边，这或许是长公主与王美人的计划。于是，历史上刘彻"金屋藏娇"的戏剧题材便在这里上演。长公主把彘儿抱置膝上，问："彘儿想不想要媳妇？"彘儿回答："想要媳妇！"长公主开玩笑地指着一边的宫女问："要不要她们做媳妇？"彘儿摇头说："不要！"长公主又指着阿娇问："阿娇好不好？"彘儿高兴地回答："阿娇好！阿娇好！我要阿娇做媳妇！我要做一个金房让阿娇住！"大家听得拍手大笑。长公主也半开玩笑地让景帝答应，景帝既尊重姐姐，又宠爱王美人母子，以为小儿不欺，能说出这样的话，便真的点头答应了这件亲事。

　　此后，长公主与王美人便合谋寻机搞掉栗姬。以栗姬那般火爆性格，长公主与王美人又都是景帝尊宠的人。不久，宫中便产生流言：栗姬毒辣凶暴，她若当

49

了皇后，"人彘"的惨祸又要发生了……景帝自然知道"人彘"的故事，他不要让那般惨剧再度发生在自己的朝堂后宫中。他越想越觉栗姬就是当年的吕后，栗姬如绝对得势，王美人必将成为第二个戚夫人，爱子彘也就要跟着倒霉。于是，景帝便放弃立栗姬为皇后的念头。

恰在此时，有人上奏景帝应册立太子母栗姬为皇后。这或许是不知深浅的栗姬着急，暗中使人上疏，企图赶快让景帝册封，以免夜长梦多，后位落到王美人头上或许是王美人等故意让人上疏，以此激怒景帝，罢斥栗姬。无论如何，景帝当即大怒，遂将上疏者处斩，又不顾周亚夫等人谏阻，下诏废皇太子刘荣为临江王，并废栗姬入冷宫。景帝七年（前150年）四月，景帝立王美人为皇后，随后立七岁的胶东王刘彘为皇太子。景帝又改刘彘之名为刘彻，他从此便成为大汉帝国皇帝继承人。

独尊儒学，统一思想

一种思想的产生或被社会接受，往往是因社会的需要；如果社会不需要，那种思想也难以立足。汉初黄老思想被推行，是长期战乱，社会需要安宁，来恢复生产；人心也厌恶动荡，亟待一个安定平和的社会秩序，休养生息。因此，上下皆欢迎黄老治术，也的确发挥了极好的作用。

汉帝国建国七八十年后，国力强大，清静无为已不再适应社会发展。尤其是匈奴连年入侵，清静无为在外交上的表现是屈辱投降。这时，正需要一个有开拓思想和作风的统治者，借数十年发展的国力，积极向上，奋发有为，让华夏文明更加辉煌。

汉武帝便是应运而生的有为皇帝。

其实，汉景帝虽然执行"无为"治术，但一个国力强盛的帝王，总向匈奴屈服，加之国内诸侯作乱，他已深知"黄老治术"不能再维持。所以，他在为皇太子选老师时，偏选了精通儒学的卫绾为太子太傅。卫绾时为河间王刘德的太傅，以儒家的礼乐、仁德、勤政教育刘德，使他成为一个德才兼备的皇子。卫绾虽是儒者，但文武兼备，在吴楚七国之乱时，他参与平叛，立有战功。他做太子太傅，又推荐儒家学者王臧为太子少傅，刘彻身边便围绕一群儒家学者。刘彻作为东宫太子从7岁到16岁，一直在儒家的培养熏陶下成长。16岁时，景帝为他主持成年冠礼，典礼举行后仅10天，48岁的汉景帝驾崩，刘彻于柩前继皇帝位，前140年为建元元年，汉武帝的时代开始。

这位血气方刚的少年天子，御政之始即下诏举贤，命各郡县及封国推举贤良方正之才来京师。不久，一大批各类被推举的人才集于京师。汉武帝策问他们治国之道，命令大家上疏建言。汉武帝亲阅上疏，所言多宗黄老，几十年以黄老选官制策，天下知识分子自然以黄老为进阶，武帝阅之皆不满意，唯广川（今河北枣强）董仲舒所上宗儒术而斥百家的文章，令他大感兴趣。于是，钦批董仲舒为"贤良之首"，令其进见，面问治国策略。

董仲舒在当时与众不同，悉心研究儒家经典，治学于《春秋公羊传》，在学术界成为儒学公羊学大师。他以孔孟之学为核心，糅合阴阳五行，成为适应新时代治术的儒家学说。对策中他以"大一统"思想解释春秋，强调孔子作春秋，意在建立"一统天下"的国家政权，此乃"天地之常经，古今之通谊。"《公羊传》强调"诸侯不得专地"，"大夫不得专势"，主张消灭分封的诸侯王割据，实现权操天子一人。取消割据，实现中央集权，首要在思想统一，他向汉武帝提出了"罢黜百家，独尊儒术"的建议。他说："今师异道，人异论，百家殊方。旨意不同，是以上无以持一统，法制数变，不知所守。臣愚以为诸不在六艺之科，孔子之术者，皆绝其道，勿使并进。邪僻之说灭，然后统纪可一，而法度可明，民知所从矣。"（《汉书·董仲舒传》）

同时向武帝阐述了《天人三策》思想，即"天人合一""天人感应""天不变道亦不变"学说。统而言之，他认为君权天授，皇帝是代表天统治臣民，"天人合一"而没有分别。人君必须按天意行政，人君无道，天必降灾谴告。人君有道，上天必降瑞兆，统治平和，风调雨顺，此即"天人感应"。皇帝统治应效法天道，"天道大者在阴阳，阳为德，阴为邢"，皇帝统治就要阴阳相兼，德刑并用。德者，指仁义礼乐、人伦纲常而言。君臣、父子、夫妻乃"王道之三纲"，犹如天地、阴阳、冬夏相当，永不能变，此即"天不变道亦不变"。

从此以后，汉武帝利用董仲舒的学说进行统一的集权统治。董仲舒的"天人三策"为皇帝专制统治找到了神圣的永久不变的哲学根据，用"独尊儒术"统一了思想。还把神权、君权、族权、夫权紧密结合，实行四权统一的封建专制统治。

汉武帝是个有能力的专制皇帝,在他五十多年的统治下,儒学成了一统天下的统治思想,从此结束了"百家争鸣"的学术自由发挥局面,儒家学说和孔孟思想被神话,成为封建统治阶级的统治工具。有人提出,汉武帝以前称儒学,汉武帝以后称"儒教",或许有一定道理。

加强中央集权,巩固统治地位

汉武帝继位之初,曾受到老祖母窦太皇太后的严重压制,施政曾一度中断。

起因是窦太皇太后尊崇黄老,与尊崇儒术发生矛盾;再是窦太皇太后原先曾让景帝立她的小儿子梁王刘武为皇储,受到堂侄窦婴的反对。景帝传位于儿子刘彻,她就不高兴。刘彻又大搞儒学,魏其侯窦婴和武安侯田蚡(王太后的异父同母弟)也崇尚儒学。因此,窦太后干政,罢免了卫绾的丞相之职。汉武帝提拔窦婴为相,田蚡为太尉。二人又推荐儒士赵绾为御史大夫,太子少傅王臧为郎中令。窦太后则寻隙迫武帝将赵绾、王臧免职下狱,在狱中自杀。窦婴、田蚡被免职以列侯家居。

窦太后死后,汉武帝大政复归,任命武安侯田蚡为相。田蚡又借太后势力和百官之首,作威作福,成为汉武帝推行新政的阻碍,还迫令汉武帝杀了魏其侯窦婴和老将军灌夫。窦太后死后,虽然搬掉了绊脚石,但窦婴却因此失去靠山,官吏们都趋附新相田蚡。

田蚡傲慢,不把皇帝放在眼中,独揽官吏任免大权,从中收受贿赂。家中金玉、美女胜过皇宫。豪宅、田园不亚帝王。他仍不满足,还企图夺取失势窦婴的田地。一位老将军灌夫心中不平,大骂田蚡。田蚡串通太后,捏造罪名,迫令汉武帝处死了窦婴和灌夫。

董仲舒"君权神授"之说,要求汉武帝必须驾驭百官,掌牢对百官的生杀大权,绝不许旁人干预和剥夺。汉武帝归政后,便削弱丞相、集权于皇帝。丞相是百官之首,处于皇帝一人之下,百官之上。君主能控制住丞相,便是得力助手;控制不了,便成政治敌手。如秦相赵高,权势失控,即立二世为王,又弑二世而窃国。

汉武帝另组"中朝"(或称内朝)以削丞相之权,即由他钦选有才能的一般官吏,充当侍从之臣。加他们以侍中、常侍等头衔,见他们出入皇宫,侍从皇帝左右，参与军国大政方针。于是，在皇帝左右的一些心腹官，便组成一个"内廷"或曰"中朝"；而"内廷"之外以丞相为首的执行政务的百官便组成了"外廷"、"外朝"。此后，一切政令皆由"内廷"发布，百官之首的丞相不过奉旨执行而已。而"内廷"官员秩位低，又是皇帝钦选的心腹，易于驾驭。汉武帝不仅设"中朝"分丞相之位，还经常借故打压罢斥丞相，甚至处死，以提高皇帝的权威。从汉朝开国至武帝70余年共有丞相13人，无一人因罪被处死。而在武帝统治50余年中，共有12人任相，有半数被杀或被迫自杀，做丞相如上刑场。公孙贺在武帝为太子时就侍从左右，继位后升为车骑将军、南窌（jiào，音叫）侯，一直受武帝宠信。当丞相石庆死，武帝想用他为相。公孙贺吓得痛哭流涕，哀求另选。武帝把印绶授给他，他跪地不起不要接。武帝把相印丢给他，他才被迫就任。他接任后日夜忧惧，生怕办错事。可仍然没逃劫数，因受儿子犯罪牵连，死在狱中。

汉武帝时，诸侯王国仍然是破坏统一的大问题。对储侯王国汉武帝则采纳主父偃"推恩削藩"建议，继续推行前代使诸侯王在国内分封子弟为侯的办法，颁布"推恩令"，进一步细分各诸侯国的土地，使他们势力分散，无力与中央抗衡。"推恩令"下达，各诸侯王只得报呈"推恩"，前后共分封小侯国178人，有的一国被分为33国，一般也被分为十余国。昔日诸侯王"连城数十，地方千里"的局面不复存在了。

在削藩过程中，淮南王刘安、衡山王刘赐叛乱。汉武帝平叛后又发布一系列命令，进一步削弱诸侯王势力。

刘安、刘赐是亲兄弟，其父刘长是刘邦的小儿子，封淮南王，拥有九江、衡山等四郡。文帝时刘长造反，被发配绝食自尽。文帝把淮南藩王一分为三，封刘安为淮南王，刘赐为庐江王，刘勃为衡山王。后改封刘勃为济北王，刘赐为衡山王。

刘安爱读书，广招文人于门下。数千宾客谈学论道，与门客合著《淮南子》，极为著名。武帝即位时对他非常崇敬，曾迎他入朝，拜读其文章。然而，刘安内怀野心，觊觎皇位，与时任太尉的田蚡勾结，密谋篡权。又与其弟刘赐秘密联络，私造玉玺、印信、符节，准备武士、兵甲，侍机发动。后因泄密而被搜查，刘安兄弟自杀，参与谋反的豪强、列侯、地方官数千人，皆被分别治罪。江都王刘建也牵连淮南王谋反，被捕自杀。叛乱平息后，汉武帝发布"左官律""附益法""阿党法"，限制诸侯国和诸侯王的行动。

同时利用"酎（zhòu）金"（汉制，皇帝每行祭宗庙大礼，令诸侯国贡献黄金）机会，以藩王献金成色不足为由削其领地或除其爵位。仅元鼎五年（前112年），就一次性废除106个诸侯王，夺其领地，占当时列侯的一半。那年丞相赵周因未察酎金成色不足，被下狱治罪，死在狱中。

为加强集权，巩固统治地位，武帝还对豪强地主进行严厉打击。汉朝开国数十年，由于经济发展，地主阶段中的恶霸势力膨胀起来。他们多是强宗大姓，占有大量土地，还经营冶铁、煮盐等大型手工业，有大量依附人口，"富可敌国"。豪强地主依靠经济实力买爵纳官，招揽游侠，广收死士，众其奴婢，对抗官府。如颍阴灌氏，有田千顷，家资千万，纳资得到将相等官职，结交朝中官员，其宗族势力横行颍川，无恶不作。当时歌谣曰："颍水清，灌氏宁；颍水浊，灌氏族。"人们盼着"颍水浊"，即灌氏发生大变故，遭到灭族。豪强地主的势力发展，对中央集权统治和社会安定起着极大的破坏作用。豪强兼并土地，农民破产，或变成流民，或沦为奴婢，社会不再安宁。豪强称霸一方，破坏了国家权威，践踏法律。

武帝打击豪强采取不断强行迁徙的办法，把各郡国的豪富之家徙往京师附近各皇帝的陵区，从而剥夺了他们原有的土地和手工业、商业。使他们远离世代生活的地区，失去了社会基础，置于中央政府的监视之下，再难以产生危害。

对恶霸地主，汉武帝还派出官员前往查办。如武帝曾派出信任的义纵去河内郡、南阳郡查办恶霸地主。义纵办事不宽纵、不包容，敢作敢为。任长安令时，连皇亲国戚也不包容。武帝的同母姐姐修成君的儿子犯了法，义纵也毫不宽恕，逮捕法办，武帝对他十分赞赏。于是升任他为河内郡都尉，去查办豪强张氏。义纵到任即对张穰进行调查，依其各种不法行为，将其灭族，受到当地人民的高度赞扬。不久又派他去南阳，惩处了南阳豪强宁氏、孔氏、暴氏等。

与此同时，汉武帝分天下为十三州，向各州派出刺史，代表中央监察地方官，控制豪强势力。各州刺史隶属御史大夫，与地方官无垂直关系，仅代表皇帝监察，当时皇帝颁布"六条"，刺史以"六条"问事于地方官。"六条"内容要点是：地方官和豪强是否"田宅逾制""以强凌弱"；是否"不奉诏书""聚敛为奸"；是否滥用刑罚或豪强私设公堂；是否任用私人；地方官和豪绅子弟是否接收贿赂，"恃怙荣势，请托所监"？地方官与豪富是否互相勾结，违中央法令，做不法之事？各州刺史常年监察，随时向中央回报，年终回京作一年的总汇报，皇帝根据刺史的汇报，决定地方官的奖惩升黜。刺史秩位低，办事不敢懈怠，绝对听命皇帝。但又是代表皇帝，位低权重，对地方官是以小制大。刺史制度是汉武帝的一个创造，对加强中央集权，控制地方，管理官吏都曾起到过积极作用。

直接控制军队，增加兵员，为打击匈奴做准备。

为强化皇权，加强中央对地方的控制；同时为打击匈奴的侵略，汉武帝改革了旧军制，增加兵员、增强兵力。从高祖刘邦到武帝登极，汉帝国采取征兵制，七十多年来的承平年代，兵员无扩建。男子 23 岁至 56 岁，为国家服兵役两年，服徭役一个月。有钱者可以纳钱代役。

服兵役两年，一年在本郡；一年去京师或去边疆。这就组成了汉朝的地方军、中央军和边防军，当时分别称"正卒""卫士"和"戍卒"；而服徭役称"更卒"。

中央军驻守长安，分为北军和南军两支。北军保卫京城，负责守城和城内防务。因营垒在未央宫之北，故称北军。共计二万人，由中尉（后改名执金吾）统领。南军是皇帝的扈从军，负责保护皇宫和皇帝出行。因驻地在北军之南，故称南军，也是两万人，由卫尉统领。

地方军由各郡或各封国的中卫统领，平时在各地训练，战时由皇帝委派将帅，出兵作战。战事结束，将帅回朝，兵卒回各郡、各封国。

兵种因地域不同分为步兵（时称材官）、车兵（时称轻车）、骑兵和水兵（时称楼船）。

由于军队是农民服兵役组成，而且在本郡、国一年，去中央一年，所以兵员训练尚不娴熟便复员还乡。而中央军也要经常被派往战场，一有战事便会"内无重兵"，京师和皇帝的守卫空虚，"或至生变"。

此前，皇帝实行"清静无为"，因为日久和平。汉武帝要派出大兵与匈奴作战，要开疆拓土，原有的兵员和兵制皆不适应形势。因此，汉武帝改革军制、增加兵员，增强军队的战斗力。

首先设立期门军、羽林军。期门军是皇帝的警卫军，因这支军队是"执兵送迎"皇帝，要先期待于殿门准备，故称"期门军"。兵员来自西北边疆六郡，勇猛善战。"羽林军"同样选自西北六郡，也是皇帝的近卫军。汉武帝还特选战死者的子孙组成一军，称"羽林孤儿"，战斗力极强。

这三支军队都是"长从军"，要受极严格的军事训练和思想教育。在战场上有汉武帝钦派的军官和精锐指挥参与作战，这些军官便是从这三支军队中选派的。如大将军卫青、赵充国等都来自羽林军。

汉武帝还建八校尉，分领八支军队，也是"长从军"，一生以当兵为职业，年老才退休。八校卫领屯骑、步兵、越骑、长水、胡骑、射声、虎贲、中垒八支军队，武帝又设"京辅三都尉"和城门校尉，把保卫京城、皇宫的军队牢牢控制在皇帝手中，免得失控生变。同时扩大兵员，以适应大规模的战争需要，期门、羽林、八校卫、京辅三都尉、城门校卫所统领的军队，已经是扩大的军队，也由一年一退的兵员变成长期从军。这些仍不能适应与匈奴战斗，动辄几十万军队的出关作战。汉武帝经常在边区征发少数民族的青壮年入伍，他们勇敢善战，不用发自内地，而是就地征发，节约开支。还征发刑徒、亡命、"谪民""恶少"等上战场，也都为打击匈奴发挥过不小的作用。

汉武帝正是凭借自己新建的多种强大部队，主宰天下，抗击匈奴和开疆拓土的。

第七章　北击匈奴——汉武帝的反入侵战争

匈奴是汉帝国北部的强悍民族，殷周以来一直侵扰边境。秦时遭到打击，被迫北徙。秦末汉初，匈奴的冒顿单于乘中国无力顾及，迅速发展起来，组织三十余万强悍的骑兵，四面征伐，统一了大漠南北。其疆域东起朝鲜边界，横跨蒙古高原；西败楼兰、乌孙等二十余国，抵祁连山、天山一带；北败浑庾、丁零，拓土至贝加尔湖；南降楼烦、白羊，进犯燕、代。

白登之围，汉与匈奴的"和亲"

匈奴的强大威胁着汉王朝，北部边疆连年遭到侵略，财物被大量掠夺，人口被掳为奴隶。刘邦于建国的第七年（前200年），亲率大军32万攻击韩王信，韩王信勾结匈奴在平城白登山（今山西省大同市东南）以40万铁骑把汉军包围，七日七夜才得解脱逃走。刘邦认为当时无力对抗匈奴，决定采取妥协的"和亲政策"。

此后，汉政府将宗室女送给匈奴单于，同时奉送大量丝绸、酒食，屈辱求和。高祖死后，冒顿单于还致书吕后，加以羞辱。说什么"陛下独立，孤偾独居，两主不乐，无以自虞，愿以所有，易其所无。"意思是来中国做皇帝，以吕雉为后。如此挑衅，吕后自度不敌，只好忍辱回信，称年老色衰，配不上单于，希望得到谅解，以忍受屈辱换取和平。

"和亲政策"并未解除匈奴的犯边，文帝时曾大举入侵，深入至甘泉（今陕西省淳化）。雍（今陕西凤翔）、云中（今内蒙古托克托）、上郡（今陕西榆林），所过之处被洗一空，村落、城邑成为废墟。

武帝继位后，国家经济实力增强，他也准备了反击匈奴的军队和武备力量。继位的第二年即派公孙弘出使匈奴，了解敌情；第四年派郎官张骞出使西域，目的是联合大月氏为盟国，实现东西夹击匈奴。元光元年（前 134 年）任命李广为骁骑将军，驻守云中。中尉程不识为车骑将军，驻守雁门，增强边境兵力。

第二年（前 133 年）雁门郡马邑人聂壹献策，因多年去匈奴通商，与匈奴上层有交往，诱其来马邑，汉军埋伏于四周，可一举生擒单于，败其军队，武帝将聂壹的诱敌之策交群臣商议。

外交官王恢主战，说出了战的理由；御史大夫韩安国主和，也说出了不战的根据。但汉武帝却已决心不再屈辱，遂采纳王恢的意见，进击匈奴。

马邑之谋，绝和亲反击匈奴

汉武帝下诏：令聂壹去匈奴诱敌；韩安国为护军将军，统领步骑 30 万，任总指挥；李广、公孙贺率军在马邑山谷中设伏；王恢和李息率军三万插匈奴军后路。

聂壹依计往匈奴去见单于，诈称有同伙数百混入马邑城，待单于率兵进去，里应外合可得马邑城。匈奴单于听信聂壹之言，率十万骑兵前往马邑。元光二年（前 133 年）六月，匈奴军行至武州（今山西左云），距马邑一百里时活捉了雁门尉史，尉史供出了聂壹诱敌的实情，立即传令退兵。

韩安国、李广、公孙贺各率军追击，匈奴远去而罢兵。王恢和李息见匈奴军未中计，整军而回，认为寡不敌众，未敢出击，眼看着敌军撤走。马邑伏击未成，武帝大怒，令廷尉将王恢治罪。丞相田蚡请为开脱，武帝不准。认为王恢首倡征讨，却临阵不战，罪当诛。王恢被迫，只好自杀。此后，汉与匈奴关系破裂，汉初以来的"和亲"断绝，拉开了两国大规模战争的帷幕。

"和亲"断绝后，匈奴愤恨不已，不断派兵侵扰汉境"杀掠吏民甚众"，汉武帝则派出大军出击，从公元前 133 年到前 119 年十余年间，汉军出塞作战九次，关系战局的大战役三次。

卫青大败匈奴，收复河南

元光六年（前129年）春，匈奴骑又犯上谷（郡治在今北京怀来地区）。武帝取分兵出击战略，命太中大夫卫青为车骑将军，出上谷；公孙敖出代郡；公孙贺出云中；李广出雁门。四支军队各万人。

匈奴见汉军兵力分散，乃集中兵力打击公孙敖和李广军。公孙敖大败，损失七千骑兵；李广被重重包围，负伤遭擒，押送途中夺马逃走，几乎全军覆没。公孙贺一路未见敌军，听说两路军大败，害怕被包抄而退回境内。只有东路的卫青因敌军放弃攻击，得以乘虚而进，直捣守卫空虚的龙城（今蒙古和硕柴达木湖附近），杀死、俘获七百多人，凯旋得胜。李广、公孙敖按律当斩，武帝允其纳金赎为庶人。而卫青一路取胜，展现出杰出的军事才能，被封关内侯。卫青是河东平阳(今山西临汾地区)人，其父郑季，是平阳县吏，奉调在平阳侯曹寿府中供职，与平阳侯家奴卫姓女生下一子，取名青。卫姓女是个奴隶，养不起青儿，只好送给已回平阳的郑季。青儿在郑季家中受苦，郑季妻子儿女一家视其为奴。青儿却茁壮成长，15岁便勇猛刚毅，力大如虎。他不甘在郑家受辱，回至生母处随母姓，即为卫青。平阳侯之妻平阳公主是武帝的姐姐，她见卫青高大英俊，聪明厚道，便用他当了一名护身勇士。后来卫青的姐姐卫子夫被武帝相中又得宠，卫青被任为侍中，升为太中大夫。

卫青为人谦和，从不以姐姐受宠而傲人，上下无不称赞。他武艺超群，又长于谋略，深受武帝器重。元光六年（前129年）冬，匈奴又犯上谷、渔阳，武帝派韩安国领兵抵御。匈奴大败韩安国，侵占渔阳，大举进犯辽西、右北平、雁门，杀掠边民数千，韩安国退至辽西病死，京师为之震动。

元朔元年（前128年）春，武帝派卫青率军三万出雁门，李息出代郡，起用李广为右北平太守，防御东边。这是武帝的"东守西攻"战略，战略目标夺回河南，即今黄河河套地区。

李广去右北平接管韩安国的部队，匈奴最惧这位"飞将军"，闻之纷纷远遁。《水浒传》中的花荣神箭、铁枪具皆了得，外号"小李广"。可见西汉的真李广武艺如何了。他早在文帝、景帝时已经名扬天下了。他相继任陇西、雁门、云中等边郡太守，与匈奴战斗数十年，因其精骑善射，被称为"飞将军"，匈奴闻名丧胆，不敢轻与交战。以其威名震慑匈奴，使之不敢向东部边疆用兵，有力支援了卫青等军的作战。

而卫青的出师则采取声东击西战术，先向东北方向进发，匈奴以为必然去争夺渔阳、上谷，忙调兵去东北方。不料，卫青出云中后却沿黄河西进，潜到千余里，突袭阴山山脉缺口要塞高阙，接着又折而南下，直达陇西（今甘肃临洮），出现在匈奴的后方。屯居河南地区的匈奴楼烦王、白羊王措手不及，急忙率部渡黄河逃命。卫青、李息挥军掩杀，歼敌数千，获牛羊百余万头，收复了被匈奴占领八十多年的河南地区。此战扭转了大局，解除了匈奴对长安的威胁，并为汉军大举反击匈奴创造了条件。

恰在此时，卫青的姐姐因生子被立为皇后。卫青率师还朝，因战功被封长平侯。武帝在河南设朔方、五原两郡，并迁民十万户屯垦，以充实边塞。

元朔五年（前124年），武帝派出十万大军由卫青、苏建、李沮、公孙贺、李蔡等将军，大举讨伐匈奴。此战，卫青以主力三万奇袭匈奴右贤王大营，活捉副王十余名，俘匈奴兵一万五千人，夺得牛羊数十万头。武帝闻捷报，立即派使带印绶赶往边塞，在军中宣诏，拜卫青为大将军，地位与丞相相当。回朝后，武帝又封卫青三个儿子为列侯，随战诸将也皆得封侯。

霍去病远征河西，打通丝绸之路

汉武帝夺取河南地区后，又把眼光投向更远的大西方，他要探求西域的神秘，更要探求神话传说中的遥远。打败匈奴是实现他向西探索的先决条件，而霍去病帮他扫除了障碍。

霍去病的事迹比卫青、李广还要传奇，他也是打击匈奴战场上最年轻的将军，他立有奇功，二十多岁便病逝，如同耀眼的流星，在历史的长空中一划而过。

霍去病是卫青的外甥，他的母亲卫少儿是卫子夫的姐姐。少年时，他和母亲、妹妹、弟弟都是平阳公主的家奴。他的身世如同卫青一样，也是一个私生儿。县吏霍中孺在平阳公主家当差，与婢女卫少儿生的霍去病。因卫子夫得幸武帝，姐姐卫少儿改变了女奴的身份，嫁于詹事陈掌为妻。霍去病和卫青同样也是卫子夫地位变化，身份也得变化。霍去病少年时也同卫青一样彪悍，骁勇超群。18岁为侍中，扈从汉武帝，武帝甚为喜爱他。元朔六年（前123年）四月，武帝又遣大将军卫青北击匈奴，任命霍去病为票姚校尉，特拨八百骑兵由他率领，随大军出征。结果他勇冠诸军，以八百骑杀俘敌人两千余，活捉匈奴相国和单于的叔父罗姑比。此次作战，卫青率主力虽斩敌近两万，但却损失两军，赵信降敌。

打击匈奴的实战，让汉武帝深信霍去病是个大将之才，于是大胆任用。元狩二年（前121年）春天，武帝以霍去病为骠骑将军，率精骑万余去河西作战。

所谓"河西"即今天说的河西走廊，因位于黄河以西，故有此名。河西走廊是通往西域和远去西亚及欧洲的交通要道，它是青海高原和蒙古高原之间的通道，东西两千余里，南北两百至四百里。河西走廊是长安通向西域的生命通途，其间虽有戈壁，但绿洲相间，水草肥美。祁连山下，草木茂盛，河湖交错，是个天然牧场。先秦时乌孙、月氏、楼兰等民族一直在此放牧、生息。汉文帝时，匈奴人进入河西走廊，灭掉此处的26国，控制这一咽喉地带。匈奴昆邪王在酒泉、休屠王在武威各建王庭，成为威胁汉帝国的强敌，尤其阻断了汉帝国与西域各国的联系。因此，汉武帝决心夺取河西走廊。

20岁的年轻将军霍去病从陇西出师，像一把尖刀，又像穿越大漠的狂风，让匈奴不及做任何作战准备。万余精骑兵经金城（今兰州西北）、令居（今甘肃永登西），越过乌鞘岭、乌戾山，跨狐奴河，六天扫荡五个匈奴营垒。马未卸鞍，急越焉支山（今甘肃省山丹县的祁连山一峰），前驰千余里，在皋兰山与匈奴大军交战，斩杀、俘虏敌人九千，杀死折兰、卢侯两王，俘相国和昆邪王子及大小军官不计其数。

武帝闻捷大喜，但深知霍去病孤军深入，犯兵家大忌，如果敌军大军包抄，有全军覆灭危险。所以，武帝命霍去病、公孙敖为西路军；命李广为东路军，两军配合作战，共击匈奴。而霍去病则派公孙敖沿焉支山北路攻击昆邪、休屠王王庭，吸引敌人的注意力，自己向西直插居延海，然后由北向南，与公孙敖会合共击祁连山大敌。

然而，当霍去病如期临敌时，公孙敖因迷失道路，未能如期到达。面对匈奴大敌，霍去病势单力薄，毫无胜算。退避或坐待更易被敌军歼灭。霍去病则取孤军疾进的战术，涉钩耆河，渡居延海，再转向东南，在祁连山下与昆邪、休屠两王军血战。匈奴从未见到霍去病军队那般骁勇，一战大败两王军，单担王、酋涂王及相国、都尉等 2500 人投降。霍去病不给敌人喘息机会，乘胜扫荡敌军，大获全胜。共杀虏匈奴 3 万余，俘虏五个匈奴王及王庭、王子 59 人；将军、都尉大小军官 63 人。

霍去病的胜利，引起匈奴统治者上层的矛盾，匈奴单于要处死打败仗的昆邪、休屠两王。两王惊恐，派人去陇西与汉将李息联系投降。汉武帝令霍去病去接受两王的投降，休屠王中途后悔不降，昆邪王杀死了休屠王，率众投降。受降时匈奴将领煽动人马拒降逃散，霍去病追杀逃走的 8000 余人，受降成功。又使人护送昆邪王入长安见武帝，一面把投降的 4 万人安置，等候皇帝处置。

武帝在长安招降，恩封昆邪王等。令 4 万归降者分置陇西、北地、上郡、朔方、云中等五郡内，此五郡称"五属国"。匈奴失去十余万众和由他们控制的河西走廊，使他们唱出哀歌："失我祁连山，使我六畜不蕃息；失我焉支山，使我妇女无颜色。"（《汉书·匈奴传》）

汉帝国将河西走廊要冲，先后设置武威、酒泉、张掖、敦煌四郡，又迁内陆居民七十余万到朔方各地屯垦，河西地区成为汉王朝的领土，内陆与西域、中国与中亚和欧洲的交往从此开始。河西走廊成为丝绸之路开通的门户和通途，对后世的影响不可估量。

匈奴虽受重创，中部伊稚斜单于和东部右贤王单于力量仍很强大，于汉帝国占领河西的第二年又两路进犯，攻入右北平和定襄，杀死和掠走千余汉朝百姓。

汉武帝闻报大怒，决心彻底打败匈奴，使其无力侵犯。匈奴首领侵扰之后，便撤往大漠以北，以为汉兵不敢穿越千里大漠。而汉武帝与霍去病、卫青等大将商量出兵之计，大家商定，利用匈奴的错误估计，进行长途奔袭，去漠北与之决战。汉武帝为这次远征做了充分准备：选出精兵 10 万、战马 10 万匹，组成两个军团，分别由骠骑将军霍去病和大将军卫青率领，每军团 5 万人。官兵又自筹军马 4 万匹，以替换战马。又征集 10 万步兵，作两军的后备，为两军押运粮草辎重。军饷、粮秣保证供应。

霍去病由代郡出击，直取中部匈奴；卫青由定襄出击，攻向伊稚斜单于。卫青分兵两路，右路由前将军李广和后将军赵食其率兵迂回；自率主力，正面推进。卫青奔袭千里与匈奴军大战数次，斩杀俘获近两万，单于逃走，获得大批军粮和战马，补充了军队。然而，李广与赵食其行军途中迷失方向，李广甚感羞辱，自刎而死。后来，有人写诗："卫青不败由天幸，李广无功缘数奇。"意思是李广十几岁参加与匈奴的作战，经七十余战，获"飞将军"之名，但往往客观造成他无功。这次又因迷路不得与匈奴直接对仗，还要遭到谴责，这全是他的命运不好。

霍去病率 5 万精骑如暴风骤雨，一路斩杀，毫无阻挡，直袭两千余里，越难侯山、渡弓卢河，寻到左贤王主力。两军展开大战，匈奴军大败，左贤王大败逃走。霍去病领兵掩杀，斩杀、俘虏其部队 7 万余人，擒其王 3 人，将军、相国、都尉等官 80 余。直追至狼居胥山（今蒙古人民共和国乌兰巴托东德平山），在山上筑坛祭祀，庆祝胜利。接着大军北进至翰海（今贝加尔湖）。霍去病率众将士登山览海，大汉旗帜高高飘扬在蒙古高原之上。

经此一仗，强盛百年的匈奴元气大伤，只得远徙漠北，从此"漠南无王庭"。霍去病、卫青因功官拜大司马。汉武帝对霍去病及其部将皆大封赏，隆恩远超卫青。

汉武帝为霍去病特建一座豪华住宅，让他前往观看，霍去病辞谢："匈奴未灭，无以家为。"霍去病公而忘私的精神，让汉武帝非常感动，对他更加宠爱。不料，战后年余，即元狩六年霍去病病逝，年仅 23 岁（前 140—前 117 年）。武帝痛失爱将，极为悲痛，把他安葬在自己的陵墓——茂陵之旁（帝王皆在生前造陵墓）。把他的墓造成祁连山模样，其墓前有一群石雕，其中"马踏匈奴"以艺术手法概括了他一生抗击匈奴的丰功伟绩，值得永久纪念。

第八章 丝路开通——汉帝国与西方各国的 经济文化交流

所谓"丝绸之路"是19世纪70年代德国地理学家费迪南·冯·李希霍芬提出的，指中外商贸、文化的交流路线和通道。在中外商贸往来中，中国的丝绸为大宗商品，外国人也特别看好中国的丝绸，因此将中外交流的路线称为丝绸之路。中外交流的通道有多条，最主要的是陆路和海上路线两类，而大规模交流是从汉武帝时开始的。

张骞出使通西路

从汉朝的首都长安西行，入甘肃，过玉门关、阳关，进入河西走廊，再西行过葱岭达中亚细亚，至欧洲罗马（古称大秦）等国。这条路线便是德国人费迪南说的丝绸之路，是中国人说的西北陆路丝绸之路。

这条通道便是汉武帝时期开通的。前文已述，霍去病远征河西，已打通了这条路线的障碍。在霍去病出征之前，汉武帝已派出使者张骞去联系西域的大月氏，从东西夹击匈奴；更远的计划，就是要打通中国内陆与西域各国和西方各国的商贸及文化通道，发展中国的经济与文化。同时，实现他开疆拓土的雄心壮志。

张骞出使西域前，人们对西域几乎一无所知，传说那里的蚂蚁如大象，黑蜂如葫芦。还传说西方昆仑山，高两千五百里，上有西王母的瑶池，是太阳和月亮休息的地方。神奇的传说令汉武帝神往，建元二年（前139年）下诏募使去联络大月氏，同时探索西域，郎官张骞应诏前往。

此后，张骞两度去西域。首次是建元三年（前138年），张骞以匈奴人堂邑父为助，率百余人前往。在通过河西走廊时，被匈奴抓住送给单于的王庭（大约在今内蒙古呼和浩特一带）。匈奴单于扣留，并赐一女子为妻，还生了儿女。后来，他们趁匈奴不备偷出马匹西奔，经过西域的车师、焉耆、疏勒、龟兹，翻过葱岭，到了大宛。大宛王派人把他们送到康居国，康居人又把他们送到大月氏。汉武帝将张骞派为使节，要大月氏与汉朝联合打击匈奴的计划向大月氏女王说明后，女王虽热情接待他们，但毫无联合与匈奴作战之意。她也不相信大月氏与汉朝相隔万里，能够联合夹击匈奴。

元朔元年（前128年）张骞等人只得返回，归途中又被匈奴抓住。在匈奴又过了两年，因他们发生内讧，张骞带着妻子同堂邑父逃走，一路赶往阔别十三年的长安。同行百余人全部死在去西域的途中，只回来他们二人。

汉武帝听说张骞回到了长安，立即召见他，拜他为太中大夫、堂邑父为奉使君。张骞虽然没能完成联络大月氏的使命，但是十三年对西域各国的了解，讲起来让汉武帝十分兴奋，增加了他打通西去通道的决心，并从神话中走向现实。

元狩二年和四年，汉武帝对匈奴两次用兵，扫清了河西走廊中匈奴的阻碍，汉王朝达到鼎盛，武帝决定再派张骞出使。于是，封他为中郎将率领三百人，每人两匹马，万头牛羊。丝绸、金币不计其数，浩浩荡荡西行。因匈奴被战败驱走，使团很快到了乌孙，张骞见乌孙王，派众多副使去了大宛、康居、大月氏、大夏、安息、身毒、于阗等国，与各国沟通。

元鼎二年（前115年），出使西域四年的张骞回到长安。原来，乌孙王想派人去汉朝看看，便派出数十名使者，带上数千匹乌孙良马回赠汉朝。张骞让众多副史和随行人员仍留西域，自己陪着乌孙使臣返回长安。

汉武帝十分高兴地接待乌孙使者，尤其看到数十匹高大的宝马，更是喜悦异常。汉武帝给乌孙马命名"天马"，拜张骞为大行令，位列九卿。

汉武帝先是派霍去病、卫青等打败匈奴，扫清去西域的道路。又两次派张骞出使，于是打通了东起长安，经河西走廊，穿塔里木盆地，过帕米尔高原，通向中亚和西亚，直达地中海东岸的中西通道，全长七千多公里，这便是后人所说的"丝绸之路"陆路最早的一条。这条通途的开辟，首先是汉朝声威远播西域，西域各国逐渐臣服，逐渐纳入中国版图。中西方商贸和文化交流逐渐繁荣，中国大量丝织品通过这条通道，远销大秦（罗马）及中西亚和欧洲各地。中国养蚕缲丝术、铁器和漆器制造术及桃、杏、梨等农副产品陆续西传。西方和西域的葡萄、苜蓿、石榴、核桃、芝麻、胡萝卜、胡瓜、胡豆及玻璃等也传入中国。张骞还从西域带回"横吹"乐器和名叫摩诃兜勒的曲子，汉乐府因胡曲造新声二十八解，汉武帝把它用作军乐。

遣使夜郎，开通西南路

为开通西南与西域及印度等国的通道，同时经营"西南夷"，汉武帝曾向夜郎等国派出使臣，沟通关系。

汉武帝在建元六年（前135年）接到出使南越的唐蒙奏疏说：南越王公开乘坐只有皇帝才能坐的车，名义上是朝廷的藩属，实则与汉朝天子等同，应发兵征讨。可是，如果就近由长沙封国和豫章郡出兵，水路皆难通行，陆路也多淤塞。但附近有个夜郎国，可出十万精兵，如果派使说服夜郎出兵，那是很方便的。武帝看后很高兴，决定就派唐蒙出使夜郎。

武帝封唐蒙为中郎将，率兵千余和运输大队万人，浩浩荡荡前往夜郎。原来，包括夜郎在内的"西南夷"是指今天云贵和四川西部，南部大小数以百计的部落小国。较大的国家有夜郎（今贵州省桐梓一带）、滇（今云南昆明一带）、邛都（今四川西昌地带）、巂（云南保山地区）、昆明（今楚雄地区）、筰都（四川汉源）、徙（今四川天全地区）等等。这些部落小国"散在溪谷，绝域荒外，山川阻深，生人以来未尝交通中国"（《汉书·南蛮传》）。因此，夜郎王见到汉使及其带来的丝绸等物，极为兴奋，居然不知汉朝在何方，亦不知汉与夜郎孰大孰小，此即"夜郎自大"典出之处。唐蒙说服了夜郎王，夜郎国在当地诸小国中最大，于是又去串联诸小国，都愿臣服于汉，汉武帝便在夜郎一带设犍为郡（《史记·西南夷列传》）。

为开发这一地区，武帝命唐蒙修筑这里的通道。汉武帝令巴蜀地区士兵前往筑路，因工程艰巨，大批士兵死亡和逃走。唐蒙为制止逃走，便杀死长官，从而激起兵变。武帝闻讯，又派司马相如前往安抚，从而又得到邛、筰等国的欢迎，愿意如夜郎那般臣服。司马相如向武帝汇报后，武帝以司马相如为中郎将，持节前往"西夷"，收服了邛、筰等国。司马相如代表皇帝开发扩展边界，西部达大渡河、雅砻江，南至牂牁江（今北盘江上游）。开通了大渡河通往西昌平原的大道。汉武帝在这里设立了一个都尉，十几个行政县，隶属蜀郡（《资治通鉴·汉武帝元光五年》）。

元狩元年（前122年），曾出使西域的张骞向汉武帝提出打通往印度（当时叫身毒）的建议。

他说自己在西域大夏国时，曾经见到蜀地出产的细布和邛山出产的竹杖。经反复寻查，方知此物来自印度，而印度的这些产品又是来自蜀郡。既然蜀与印度能互通商品，肯定相距不远。当时张骞只想与大夏交往，走北路有匈奴阻挠；走中路要经过羌人的地盘，羌人也会拦阻。所以，他建议从蜀地前往印度，从印度再去大夏，一定更为方便。

汉武帝根据张骞的建议，便派出四路使臣，去探索蜀地到印度的通途。这四路使臣分别到达筰、于氐、巂、昆明、滇等国。只有滇国王热情款待汉使，滇王表示与汉交好，还派人帮助探路。其余小国和部落皆阻止汉使通行，昆明一带还曾劫杀汉使。

这四路使臣虽未完成使命，但是却对西南国家进行了探索，让汉武帝进一步了解西南的情况，决心进一步经营该地，并从西南向印度开出通道。

由于昆明曾劫杀汉使，汉武帝计划讨伐。那里有方圆三百里的滇池，武帝也专门在长安修"昆明池"，令楼兵练水战。因当时四处用兵，能征调者不多了，武帝下令凡不努力工作，玩忽职守的官吏，一律发配去长安挖掘昆明池。然而，不待征讨昆明，且兰国（今贵州贵定县东北）首领先叛乱，杀死汉朝使者。原来是南越的吕嘉叛乱，武帝兵力不足，派使征调"南夷"各国军队前往助剿，且兰国首领不愿派兵，遂举兵反叛。汉武帝派中郎将郭昌、卫广率八校卫部队前往镇压，汉军一战击败叛军，杀死且兰国首领。其他小国首领见汉军如此强硬，都表示归顺。汉武帝在西南地区设置了越巂郡。沈黎郡、汶山郡、武都郡、益州郡、牂牁郡、犍为郡、零陵郡。西南各部落和诸国成为汉朝的版图，中国西南向印度、阿富汗等国的商贸通道打开。

平定两越，开通海上丝路

汉初，我国东南沿海居住着东越和南越两部居民。东越在今浙江、福建沿海，是战国时越国的后人；南越指岭南两广和越南部分地区，原为秦始皇征服，建立的南海、桂林、象郡之地。

秦朝末年中原大战，南海郡赵佗割据三郡自立为王，汉初承认了赵佗的王位，成为汉的属国。吕后时，因禁止铁器卖给南越，赵佗断绝了与汉的关系，汉武帝元鼎四年（前119年）南越发生内乱，南越王和母后同意归汉，丞相吕嘉专权杀了南越王、母后和武帝派去的使节。武帝派大军十万征讨，攻破南越都城番禺（今广州），俘吕嘉等叛乱者。武帝在此设儋耳、珠崖、南海、合浦、苍梧、郁林、交趾（今越南河内）、九真（今越南清华）、日南（今越南顺化）、九郡（《汉书·南越传》）。

东越又分为闽越（今福建省）和东瓯（今浙江省南部），秦时设闽中郡。秦朝灭亡，闽越上层无绪和摇曾率兵帮助刘邦攻击项羽。汉统一后封无诸为闽越王，都东冶（今福州），封摇为东海王，都东瓯（今温州）。闽越和东瓯两王国同为汉的属国，他们经常互相发兵攻击。东瓯较为软弱，经常失败，后向汉武帝要求内迁。武帝同意，把他们迁往江淮，东瓯政权废绝。后来，闽越又发兵进攻南越，南越上疏求救，汉武帝派王恢、韩安国军伐闽越，闽越王之弟余善杀闽越王投汉，武帝封余善为东越王。后来余善勾结南越丞相吕嘉，帮助他们叛汉，自己刻"武帝"玺，自立为皇帝。武帝派四路大军进攻余善，促使其内讧，杀余善而降汉。武帝迁其民于江淮，东越故地划归会稽郡管理。

东南沿海内乱被平，开通了东南沿海的海上贸易通道。南洋诸岛国纷纷前来贸易；西洋洋面上的商贸船队也不断往返于东京湾、马来海峡。中国和南洋及西方诸国的海上交通拓开，加强了商贸和文化交流，而且海上通道逐步发展，超过了陆路交流。

同时，西汉政府向我国东北地区发展，乌桓、鲜卑、扶余、挹娄、高句丽、朝鲜等民族或国家，或接受汉的统治，或被征服，或受到影响，经济和文化都得到发展。从而又密切了与日本等国的关系，中国的许多手工业制品如铜镜、漆器等传至日本和朝鲜，汉文化对他们影响也很大。

第九章 历史的转弯处——说说王莽

历史像连绵起伏的山脉，从不断升高的山岭到一个万丈峰巅，而后便是激流直下的坡谷。如此峰谷相连，形成千山万壑的峥嵘山脉。

汉武帝做了 54 年皇帝，构成了一个时代。汉武帝的时代，不光是汉朝四百多年的巅峰，也是中国两千多年封建社会的一个巅峰，其他少有的几个峰顶，也很难超过他那个山头的高度。

历史又像一部机器，给了它足够的能量，就必然要工作，要宣泄。汉武帝的时代就是历史数百年，汉初数十年为之加足能量的大功率机器，那个时代产生的辉煌，就是那部储满历史能量的大功率机器超量工作的结果。

历史没有那么多能量可以发挥。所以，武帝之后汉王朝便陆续走入低谷。紧接着武帝的昭帝和宣帝借着武帝的余威，多少还有点作为，到汉元帝之后就不断枯萎，再无力走下去了，历史上称之为"元、成、哀、平，历史凌迟"。就是说汉元帝至西汉灭亡的末代几个皇帝，就是被凌迟割死的；或者说，这几个末代皇帝的时代，就是凌迟人民的刀子。西汉走向了灭亡路，但汉却没有灭亡，它转了弯，走出了死谷，进入了东汉，又前行了一段，那段历史也近两百年。

就在那个历史转弯处，出现了王莽。按历史常规，西汉末代时已没有了能量，已走入了"凌迟"。应该强调，是它规律性地自己走入了末路，不是南北宋外敌入侵造成的结果。为什么转个弯又走了那么长的路？

历史的转弯处出现了王莽，王莽之后大汉起死回生，走进了东汉漫长的两百年历史之路。是王莽给了将死的汉王朝历史能量吗？

研究这段历史的，都全盘否认了王莽，他是被咒骂的历史人物。

写作《汉书》的班固，最早也是最权威地论定王莽，说他是汉代中期长出的毒疮。意思是说，是王莽把汉朝斩为两段，汉朝本来该是完整的一个，不该是东西两段。班固痛诋王莽，"放纵邪恶而成篡盗之祸"，"穷凶极恶，毒流诸夏"，"自书传所载乱臣贼子无道之人，考其祸败，未有如王莽之甚者。"（《汉书·王莽传》）

班固写的《王莽传》很精彩，以欲擒故纵的笔法，写出王莽如何勤奋好学、艰苦质朴、谦虚谨慎、博得公众好评；登上高位后又如何关心下属、爱惜百姓。班固把尧、舜、禹、周公、文王身上的优点和溢美之词全部加到了王莽头上。而当王莽"篡位"之后，则笔锋突然翻转，如同把王莽一步步架上峰顶，凌空将他推下绝壁。班固如此用笔，是要造就出一个历史上绝无仅有的大阴谋家，留给后人借鉴。后世看了班固的《王莽传》无限感慨，诗人白居易则用深沉的诗句归结："周公恐惧流言后，王莽谦恭未篡时。向使当初身便死，一生真伪有谁知？"

白居易也的确为我们提出一个疑问，王莽"未篡时"数十年谦恭，做出班固所写的尧、舜、禹、周公都不到的好事，他是否为将来"篡位"而做伪？能做出这么多非凡业绩的王莽，该不该"篡位"？这些业绩是否又该因"篡位"而全部毁弃？

"终日乾乾，从穷书生到大司马"

"终日乾乾"是班固叙述王莽个人奋斗时的断语，语出《易经》，意为终日砥砺，自强不息。

王莽的家族虽是官僚大户，但因嫡庶和别的原因，他家却贫寒困苦。

王氏祖辈多为小官吏，其曾祖王贺做过绣衣史，祖父王禁曾是迁尉史。王禁子女甚多，有八子四女十二个孩子。王莽的父亲王曼是庶出，排行第二。王莽三岁时，祖父去世，世袭的官职被嫡出的长子王凤继承，王曼是个白丁，家境已变得艰辛。王莽十岁时，父亲又去世，家里的生活全靠哥哥王永在衙门做文书所赚钱米度日，他的收入极为微薄，经常无米下锅。不久，王永英年早逝，王莽的家庭真正到了绝境。

王莽在庶出的家庭里，遭人白眼；生活又极为艰辛。卑微轻贱的童年，使他自卑、内向、敏感、偏拗而又极为自尊。他内心极不服气，不动声色，发誓要改变自己的地位，韧劲很大。

毕竟是官宦之家，家里有的是儒家经典。他虽是庶出子孙，高门大户的男孩也有受教育的权力，表面上也是公子哥儿。如《红楼梦》赵姨娘生的贾环，同嫡出的贾宝玉一样读书接受教育。

他借着这个机会刻苦攻读。刚步入青年就读完了经书，名儒陈参格外喜爱他，陈参是《礼经》大师。他随师攻读《礼经》，对王莽的性格影响很大，王莽为何以"谦恭"著称，多是受陈参和《礼经》的影响，并非是"巧伪人"，等着篡位做皇帝。"篡位"对一个庶出的青年来说，如何敢想？又怎能想得到？

哥哥一死，他就得自谋生计。尽管他自家生活已很困难，由于《礼经》的熏陶，使他把寡嫂和侄儿们接到家中供养，犹如对待母亲一般。妻子在王莽的影响下，也对婆母、嫂子、侄子们无比温厚。王莽的行为受到师友、邻里们的交口称赞。

王莽平日为人也皆依《礼经》行事，班固引用后来大司徒司直陈崇上表称赞王莽的一段话：王莽平日"折节行仁，克心履礼，拂世矫俗，确然独立；恶衣恶食，陋车驾马，妃匹无二，闺门之内，孝友之德，众莫不闻；清静乐道，温良下士，惠于故旧，笃于师友。孔子曰'未若贫而乐，富而好礼'，公之谓矣。"（《汉书·王莽传》）

王莽的进阶得之于名儒陈参传授的《礼经》、个人的奋斗，也得之于王氏宗族的变迁。

汉宣帝五凤三年（前55年），太子刘奭的宠姬司马良娣突然死了，刘奭痛苦的失魂落魄，要死要活，从此消沉起来。宣帝和太后许氏为太子担心，大力选秀女入宫，让太子选出美姬，得到安抚。王莽祖父王禁的嫡出女儿王政君入选掖庭。刘奭仍处深切的痛苦之中，无意选妃，面对大群女子，随便举手一指便低头不语。选秀宦官按太子手指的方向，把王政君挑出。刘奭对王政君毫无兴趣，然而偏偏在五年之后，她却为刘奭产下一男。当时刘奭并无子嗣，王政君为皇帝产下龙种，在宫中是个轰动的大事。

王政君生子不到两年宣帝驾崩，刘奭即位，立王政君生的儿子刘骜为太子，王政君被册封为皇后。尽管如此，刘奭仍讨厌王政君，后来竟宠上了傅昭仪，王政君和太子地位发生危险，一旦傅昭仪生子，就可能取代他们。好在傅昭仪并未产子，17 年后刘奭死去，太子刘骜登极，是为汉成帝。刘骜大封王氏，封王政君的同母兄弟王凤为大司马、王崇为安成侯。异母的几个兄弟也都封侯，地位显赫。唯有王莽这一支，因王曼早死，未得任何封官和赏赐。那一年王莽 13 岁。

刘骜是个极为昏庸的皇帝，毫无作为，整日泡在酒色中。朝局被王氏把持，政局乌烟瘴气。王氏集团自身钩心斗角，各树党羽。阳朔三年（前 22 年），执政的大司马大将军王凤病重，王氏族人恨不得他快死，以便取而代之，平日的党羽也以为他必死，赶紧去攀附他人，弃之不顾。只有王莽见到失势的王凤无人照顾，这与《礼经》格格不入，他主动搬到王凤的房中，小心侍候，煎汤尝药。一连数百日，衣不解带，几乎累死。如何努力也难起死回生，王凤病情加重，很快就要命归西天了。

直到弥留之际，王政君才来看看同母兄弟。那时王凤口不能言，只是极为动情地目视憔悴不堪的王莽，对这个侄儿表示出痛切的感激。

王莽数百日照顾必死的王凤，让王政君对这个不起眼的侄儿刮目相看了。王凤死后，便让王莽做了黄门郎，又把他母亲接到宫中照顾，这是王莽进阶的起点。

黄门郎品位极微，但王莽努力去做。他克己奉公，诚挚待人。所得微薄俸禄多用来周济同僚。对抚养多年的侄儿王光，更是呵护有加，供他读书，每每带礼物看望王光的老师，那些有困难的学生，王莽也尽力惠顾。

王莽的微薄工资都花在别人身上，他个人和家庭生活就寒素不堪了。他的母亲病了，受他惠顾的同僚前往看望，见到王莽家只有一个身穿粗布的女子，以为是家庭仆女，当他们得知这是王莽的夫人时，无不啧啧。

王莽的清名流传开去。他的行为首先让王氏为官者感动，或者不堪。他的叔叔成都侯王商给皇帝上疏，要求把自己的食邑分出部分给王莽。另一个叔叔王音继任王凤的大司马高位，也极力向皇帝推举，要求提拔王莽。于是，王莽先后升迁校尉、都尉、光禄大夫侍中。

王莽得到大司马的高位，缘于宫廷的一次权力斗争。

汉成帝内宠成群，但始终没有子嗣。晚年专宠年轻貌美的赵飞燕姐妹，废黜了许皇后。王政君作为成帝之母，干预皇帝废后一事；而赵氏姐妹却去走王政君姐姐王君侠的门路。王君侠的儿子淳于长任职内廷侍中，便在内廷为赵飞燕姐妹斡旋，赵飞燕被册为皇后，淳于长受封定陵侯。

王莽通过姑母王政君了解到内情，他以《礼经》为标杆，认为淳于长之行极不合"礼"，乃大逆不道，无论如何不容于朝廷。他"替礼行道"，毅然投入那场关于朝局的斗争之中。

他不动声色，了解内情，拿到切实证据。经调查，发现淳于长在赵飞燕和许皇后之间，劣迹昭彰。在接触许皇后时，先与其姐私通；接受许皇后的大笔贿赂，也借机调戏了皇后，秽乱皇室。于是，罪恶被王莽揭露，淳于长以大逆论处，许皇后也被赐死，王莽以"首发大奸"，得到皇帝的赞许。此时，大司马王根病重，便向成帝推荐王莽辅政。王莽便于绥和元年（前8年）一跃成为大司马，开始他16年的辅政要职，这年他38岁。

辅佐汉室，托古改制

王莽在"未篡时"的16年，主要行为是忠心不二辅佐汉室。这16年仿效周公辅政，在班固的笔下确是一个周公形象。不过，班固认为王莽是在扮演周公，白居易的诗也是把周公与王莽相对仗。

王莽内心是怎么想的，人们很难猜知。但就那段史实而言，王莽书写的是忠于辅政的历史，同时是改革的历史。

古代社会的改革者往往是托古改制，原因是他们改革腐败的政治，找不到新的理论和方法，只好借助古人。

王莽辅政的16年，经历了四个皇帝。是西汉末世极端腐败、没落、混乱的年代。像王莽那样清贫，严格按《礼经》处世的人，他与当时的腐败格格不入，他要拯救那个没落的王朝，不做改革，绝无出路。他如当年的周公一样，制礼作乐，宣扬教化，也确实让社会一度好转，出现多年没有的稳定局面。

他上台辅政不久，成帝就病死了，由于他没有子嗣，继统问题出了乱子。最后，定陶王刘欣角逐得胜登极，是为汉哀帝。他的祖母傅氏和母亲丁氏入宫揽权，定陶派和外戚涌入朝廷，王莽被傅氏集团看作王氏集团的代表，把他罢免一切职务，发配去南阳。

哀帝无德，宠养男色，还把少年男宠董贤封为大司马，取代王莽的位子。朝廷上下，后宫内外，乌烟瘴气。百官再难容忍，又想起了被发配的王莽。纷纷上疏，要求王莽还朝辅政。哀帝只要上朝，就有数百官员跪在朝门前，苦苦请命，不允许就不退朝。哀帝迫于压力，于元寿元年（前2年），召王莽还京。未几，哀帝崩逝，王政君召王莽料理皇帝丧事，百官要求王莽继任大司马，惩办男宠董贤。董贤畏罪自杀，王莽复职。

王莽一边料理哀帝丧事，一边迎中山王刘衍入朝继位，是为汉平帝。接着清洗定陶外戚和赵飞燕一族势力，昭雪了很多冤案，使多年的混乱政局得到稳定，受到百官和地方称赞，颂扬的奏章如雪片一般。百官议论，王莽之功高过周公、霍光，联衔上奏要求加封王莽，遂封为"安汉公"。又奏称当年霍光辅政得封三万户，也应封王莽三万户。皇帝和太皇太后王政君都一一批准。但是，王莽坚决不受。皇帝赏给他的百万钱和30顷良田，他也捐给大司农，让他转赏对国有功的老臣及其后代、退休无俸的官吏、孤寡老人、穷苦百姓。在王莽的带动下，百官和地方都纷纷捐款献田，做扶贫和地方的安定工作。

王莽看到当时外戚乱政严重，把平帝的外戚卫氏封为中山王后，让卫氏居住中山封国，不许擅自入京。这一措施，引起政治风波，连王莽的儿子也搅了进来。

王莽的儿子对父亲的一些做法很有意见。例如：二儿子王获杀死了一个家奴，王莽认为家奴也是一条人命，自己做大官也不能徇私，便迫令王获自杀抵命。王莽令外戚卫氏住中山国不许入京，大儿子王宇私自去了中山封国，怂恿卫氏不听王莽的命令，要求回京居住。王莽自然不会同意，王宇就找到老师吴章和大舅哥吕宽，串通一起反对王莽。王宇还在深夜里，把狗血泼到王莽的门上，狗血泼门在封建社会是对人极大的侮辱，是把人看成了妖孽。王莽调查此事，露出了中山卫氏几个王爵秘密反叛的案情。王莽平定了中山卫氏的反叛，杀死了长子王宇。而后流着泪写了八篇文章，为子孙作戒律，表达迁徙中山卫氏、平定其叛乱，皆为国家安全，为卫氏安宁，绝无私心。子女犯了法，也应根据法律处置。王莽被百官颂扬，认为是大义灭亲，公而忘私，建议把这八篇文章列为选孝廉方正的必考文章。

王莽灭了中山卫氏后，便模仿周公在京师建明堂（宣讲教化之所）、辟雍（官办学校）、灵台（天文台），宣传礼乐教化。他认为，人犯罪多因为无知识、不知法、自私自利、不懂礼。所以，他要让社会普遍知礼懂法，尊师重教。他在京师盖了很多房屋，宣布天下，凡能通一经，如《逸礼》《尚书》《毛诗》《周官》

《尔雅》，或通天文、月令、兵法、音乐者，皆迎入京师，在官办学校讲学，去明堂宣讲礼乐，去灵台观察天文、司历法。在增加五经博士名额之外，又加《乐经》博士。一时间，大批知识分子入京，公车府人才济济；京师和地方一派文教昌盛景象。

元始五年（公元 5 年）正月，王莽召开祫祭明堂大典，宣讲礼乐。千名诸侯王、列侯、宗室参加助祭。会前，朝廷收到 50 万件赞扬王莽的上书；会后，百官和王侯又联名上书，集体跪拜请愿，要求给王莽最高封赏。但是，这次封赏又被王莽谢绝了；此前，加封的钱财，他已全部转赏给贫苦人了。

王莽还派出大批官员，到全国各地宣讲礼乐，督促地方对百姓加强文化教育，观风整俗。官员回京，带来无数颂扬朝廷、称颂王莽的文章和诗歌。王莽用礼仪文化教育社会，多少对汉末腐败之风有所扭转。百官那样歌颂他，如果他做不出成绩，光靠假意"谦恭"是不可能博得赞誉的。

建立新朝，改革失败

元始五年，王莽宣传礼乐，百官万民上表称颂之时，汉平帝生了病。王莽又学周公，写一篇祷文，表示自愿代平帝生病、代平帝去死。然而，六岁的小皇帝病入膏肓，不几天便死了。平帝死，继位人是两岁的刘子婴。此时，让王莽取代王位的舆论掀起，人们对刘氏王朝失去信心，末代的几个皇帝不成样子，一代不如一代。早在元帝初年，"易姓受命"之说已出现，哀帝怕丢掉皇位，祈请上天"再受命"，搞了几个月"再受天命"的迷信活动。

平帝夭折，汉室没有了合适的继承人选，王莽辅政造成的气候已定，拥护王莽的人便为他取代皇位造舆论。如制造"白石丹书"，即掘地出石，上有丹书"告安汉公莽为皇帝"，这一套做法虽瞒不住明眼人，可在封建社会，在小皇帝夭折的当口，还很起作用。当时朝堂上下，百官文武无不三呼，请求王莽代汉做皇帝。王莽自然在这时被拥戴，那好比把他抬到火炉上烤死。

但是，百官万民不许王莽辞让，只好做了"摄皇帝"，立刘子婴为太子，等太子成年再去掉封号，让子婴独立，这也是当年周公曾做过的事，王莽仿效而已。那是公元 6 年，改元居摄。

王莽摄帝位，是官员的拥戴，刘氏宗室也皆拥护。但少数刘氏宗室成员，开始造"篡位"舆论，并组织夺权活动。居摄元年四月，安众侯刘崇在南阳起事后，但响应者极少，很快便被地方官镇压。翌年九月，东郡太守翟义宣布立严乡侯刘信为天子，举兵暴动。以王莽害死平帝篡夺皇位号召，此说果然奏效，连京师附近也有了响应，赵明、霍鸿等聚众造反，打的旗号就是"清君侧"，要清除王莽，还政汉室，但因力量太小，未形成气候便被镇压。

经此变故，拥戴王莽者认为，做摄皇帝不如真做皇帝。于是，又造王莽是真命天子的舆论。造了"天帝行玺"铜匮，送到高祖刘邦的庙里，铜匮上有"赤帝行玺，某付予黄金策书"的字样（《汉书·王莽传》）。意思是王莽是天帝受命的皇帝，由汉高祖把皇位禅让给他。第二天早晨，百官便拥着王莽去高祖庙接受禅让，回宫后便宣布即位改元，改国号为"新"，那是公元8年，第二年元旦开始，为始建国元年。他与秦始皇的想法相类似。

王莽建立新朝后，进行了全面的改革，他比谁都清楚，西汉末的政治经济，不改革必然灭亡。

首先改革土地问题。土地是中国的第一大问题，它是封建国家几乎唯一的生产资料。而出现的问题也几乎只有一个，就是土地集中在大豪绅手里，广大农民失去土地，社会矛盾尖锐，生产力遭到破坏。王莽对这一问题认识深刻。辅政期间，他曾把自己的封地多次无偿捐出；也曾建议王氏大家族把"非冢茔"的土地拿出来分给贫苦百姓。两千多年的封建社会里，能这么做的大官僚，王莽是独一无二的。只有个人做了才有决心让别人照着做，当时也确实有不少官员"慕效"，也把自己的土地捐出一些，让王莽分给穷苦者。那只是自动捐献，同土地改革不能同日而语。

王莽执政后立即下诏进行土地改革，核心是限田和均田。诏书历数汉武帝之后"豪党"兼并土地，强凌弱，富役贫，贫苦百姓无以为生。"兼并起，贫鄙生，强者规田以千数，弱者曾无立锥之居"。王莽认为，土地集中的原因之一是自由买卖，如果国家不许买卖土地，再有钱也买不到土地，也就无法集中了。他强行命令，土地都是"王田"，不许买卖；豪绅富户要把兼并的土地无偿献出，由国家分配给无地的农民，名曰"受田"。具体规定："男口不盈八而田过一井（九百亩）者，分余田予九族、邻里、乡党。故无田今当受田者如制度。"王莽进行土

76

地改革，又找不到理论根据，只好搬出西周的井田制为名目，把自己的改革称为"井田圣制"，强调"敢有非井田圣制，无法惑众者，投诸四夷，以御魑魅"，即谁反对就把他流放到边塞充军。（《汉书·食货志》）

论者以为王莽的土地改革是"复古倒退"；或曰，即使实行起来也不过是把土地"冻结"，不会改变土地的占有状况，此说全不符合史实。王莽的土改方案实行起来很困难，但其内容和目的都非常明朗。八口之家，如果土地超过九百亩，"余田"就得收归国有，分给少田和无田的农户。这是剥夺大地主、大豪绅的土地，分给农民，以实现"限田""均田"，这显然与西周井田关系不大，那只是复其名目而已。

正因为王莽的土地改革沉重打击了大地主，当时拥有成千上万亩土地的大地主无不拼死命反抗，王莽就严厉处罚他们，获罪受罚的越来越多，而反对者仍不见减少。土地改革不到三年，因反对者太多，便中途废止了。

王莽的第二项改革方案是废除奴婢制度。具体内容是不买卖奴婢，提高奴婢的社会地位，把家庭奴婢升为"私属"。诏令谴责人口买卖，把人"与牛马同栏"，"逆天心，悖人伦"，缪于"地天之性人为贵之义"。王莽出身贫苦，家中养不起奴婢，而自身等同奴婢。所以，他同情贫苦，更同情奴婢。他要废除奴婢制度，是发自内心，也有利于下层奴婢的解放，有利于生产力的发展和社会进步。他的做法也受到官僚地主们的激烈反对，没有人帮他去认真做，因此也很快失败。

王莽的第三项改革是关于国家税收和商业管理的，即"五均赊贷"和"六筦"法，目的是阻遏大商人对农民的盘剥，制止高利贷的猖狂活动，平抑物价，以利民生。始建国二年（公元十年）颁布实行。

王莽在全国大城市设置"市令"和"市司师"，让他们负责管理市场、向商人征收商业税。每个季度的中月评定本地主要商品的市场价，定出相对合理的价格，称"市平"。商人贩卖商品时，价格低于"市平"者一般不管；而高于"市平"了，市官一般做法是向市场抛售这种商品，按"市平"出售，抵制商人的高价盘剥；商品滞销了，市官就收购这些商品，使商品照常流通。平民百姓想做点买卖无本钱的，市官借给他们，只收3%的低息；而大天灾人祸、丧葬祭祀百姓需要钱时，市官则无息借予。这便是"五均赊贷"。

"六筦"法是指盐、铁、酒、钱、五均赊贷这五种重要事业，不许私人经营，一律由国家控制。"筦"，是现代字的"管"，就是国家管理这六项事业。

"五均""六筦"的社会意义毋庸置疑。但是，到了后来，当其他的改革遭社会上大地主、大官僚、大商人反对而失败后，"五均""六筦"，也实行不下去。那些"市官"也"趁机求利，交错天下，与郡县通奸，百姓愈病"。

王莽的改革中失败最彻底的是货币改革。当代研究王莽货币改革者多认为他是"复古狂""好大喜功"，甚至说他是"精神病"，这些评论未能切中要害。他最主要的目的是看到大官僚、豪绅地主、大商人把国家的钱弄到他们的钱库中，完全改变了汉初时国库富足的现实。王莽要夺取富人的货币太困难了，他和他的智囊们突发奇想：用国家的权力宣布现行货币一律作废，另造货币，一下子就把富人的钱废掉了。

如果国家有力量，像汉武帝那样有力量，这种方法不是不可以。当年汉武帝需要大量货币与匈奴作战、搞国家各种建设，就曾使用"算缗"和"告缗"法，把天下的大商人、大富户的货币、土地、奴婢、房屋几乎全夺归国家，使豪富者"中家以上大抵破产"，解决了对外战争、对内建设的经费。

但王莽的力度太差，他空有一个好愿望，没能搞出结果。公元7年，王莽仅在当时通行的五铢钱外，另造值五十重十二铢的货币，值五百的契刀和值五千的错刀，与五铢钱并行。8年，则把旧钱全废，另造新钱行市。10年，则统筹货币曰"宝货"，凡六名（金、银、龟、泉、布、贝）二十八品。他们认为仅一种五铢货币通行不足用，用大小不等"子母相权"的多种货币，市场交易方便。可是他们并未深究，货币的品种不能太多，多了便使市场混乱，货币反而难以流通。而金属货币的自身价值与面值要大致相等，如果不等了人们会毁重钱造轻钱，造成私毁私铸的祸乱。

28种货币上市，人们搞不清它们之间如何"相权"，市场交易一下子乱了起来。同时私铸之风猛烈刮起，每天都抓出成千上万的私铸犯人。家藏万贯的富商大吏们因旧钱作废了，更激烈地反对新币。王莽的货币改革，几乎无人不反对，失败得极惨。

王莽被彻底否定，根本原因是当年的史官站在"正朔"立场上写历史，刘氏天下不能变成王家天下。不要说王莽，武则天那样的有作为皇帝，因取代李氏王朝，又是女人，也曾被根本否定。这种唯心主义历史观，影响既深又远，至今评论历史，仍然受到影响。

从王莽自身而言，他对社会贫富悬殊很反感，他的土地改革，改变奴婢地位，把富人的货币宣布作废等，都是同情穷苦、打击豪富为目的。从社会角度说，当时的政治腐败，阶级矛盾尖锐，他做了统治者，通过改革缓和矛盾，维护统治。

王莽的一系列改革，矛头都针对地主豪绅，而封建王朝的基础正是他打击的对象，这哪有成功的可能？历史上的改革家只要把矛头指向封建势力，成功的可能也太小了。著名的王安石、近代的康有为、唐朝的王叔文等等，都失败了，而且发生流血事件。就是先秦改革的成功者，本人也还是被旧势力粉碎，商鞅等人的被车裂就是明证。

王莽的执政实际上是文武百官和社会势力把他推上去的。一次，汉平帝赐给他 2.5 万顷土地，被他推辞，朝廷上下就有 487572 人上书颂扬他，要求他管理朝政。但是，一旦他真的做了皇帝，刘姓天子成了王姓天子，那些拥戴他的人就马上翻脸，开始攻击他。原来，大家是看到刘姓皇帝不成样子了，是让王莽为刘姓打理朝政，但不能取代。当时，遭受打击的官僚、地主、富商、豪强，一致反对王莽，支持他改革的只有无能为力的知识分子，因为知识分子在王莽时代最受尊重。上层乱了起来，下层社会也跟着乱，当时南方荆州、北方青、徐，北方河洛，皆发生暴动。内地一乱，边外的匈奴也借机发动。内忧外患一起袭来，公元 23 年王莽在农民起义的战火中，被商人杜吴杀死，最终死在被他改革的对象之手，死时68 岁。

王莽代过，拯救了汉朝，才有东汉

若是再换个历史角度，从西汉末年的历史状况观察王莽，不难看出恰恰是王莽"篡位"改革失败，拯救了汉王朝，又使之延续了近两百年。

西汉末年的几个小皇帝，已腐败荒淫到极点，"民有七死七亡"而无一生路，灾祸、重役、贪吏、豪夺、盗劫、酷吏、病疫一齐涌来。死亡线上的农民、手工业者不断暴动，反抗的烈焰正腾腾烧起，起义的矛头直指汉朝的腐败统治。

王莽 16 年的辅政，便是想方设法缓解社会矛盾，拯救将要灭亡的西汉王朝。上述种种办法，也的确做到了。但是，当他取代汉朝，自立为皇帝时，又进行了针对豪绅、富商、大官僚的改革，便遭到了普遍反对，下层社会也开始鼓动大起义，即赤眉、绿林大起义。

本来，起义的矛头是指向汉王朝的，而王莽的"新"朝是统治者，于是当时反抗的矛头也只能指向王莽。

王莽成了汉王朝的替罪羊。更有趣的是，起义者们都把"光复汉室"作为旗帜，推翻王莽的新朝，"光复"正在走向灭亡的汉朝，中国历史出现了当时的奇怪现象。农民起义者没有政治头脑，若有正确的理论指导，一眼便可以看出，无论是王莽，还是汉朝，都是革命对象。"光复汉室"有什么好的？那是腐朽的汉室，"文景之治"和汉武帝的时代永远都不会再来了。

也难怪当时的农民，即使又过将近两千年的大清王朝，连有头脑的知识分子反抗清政府，打的旗号也是"反清复明"。连清末的文化大师章太炎们反抗清朝政府，喊的仍然是那个落后口号。真是可悲，明王朝有什么好？那是中国数千年专制统治，最腐败荒唐的王朝，西汉末年王莽辅佐的那几个小皇帝，也是在"最"腐败之列。

总而言之，王莽成了起义者的攻击对象，而汉宗室大地主势力刘玄、刘秀等加入起义军的队伍，被起义军拥戴，刘秀最终称帝建东汉，回头又消灭了起义军。

第十章　豪族腐朽的政权——东汉

东汉政权与西汉政权有所不同，刘邦是布衣出身，他在萧何、曹参等人的支持下，打败了代表旧贵族势力的项羽，建立起汉王朝。他们对社会下层有所了解，因此能照顾到百姓的利益，才有汉初的"与民休息"政策。逐步积蓄起社会力量，才有了汉武帝的"盛世"，有了中华帝国的强大，出现影响世界和历史的光辉。

刘秀建立的东汉王朝，是在西汉末年本来就已走向灭亡的基础上，借着起义军的错误，投机而再度死灰复燃。社会腐朽力量就是西汉末已经膨胀起的豪强地主和官僚集团力量，王莽看到了他们的破坏性才实行改革，刘秀则代表这些腐朽力量重新登上历史舞台的。既然是社会腐朽的代表，就不可能有什么成就，这犹如夏、商、周的奴隶制社会，即使有些成绩也是前朝留下的余热，推动着社会文明的前进，因为历史总在进步，就像行星们围着恒星转动，外力推也推不动，阻也阻不住一样。

历史翻了个跟头，刘秀成了当年的项羽，等于是项羽上来当了皇帝。刘秀本人是腐败的豪强大地主，他取得政权的"中兴二十八将"和三百六十五功臣无一不是豪强地主，他朝堂上官吏，再没有出身布衣和市井者，全是来自豪族集团。如南阳豪族邓禹，是南阳首富地主，李通是南阳大商人，邓晨出身"世吏两千石"。刘秀建立王朝，进一步累封之，如邓禹一家被封侯者29人，位至三公者2人，大将军13人，两千石14人，列校22人，州牧郡守48人。豪强大族之间又经宗族联姻，从中央到地方，各级政权皆被他们控制，形成东汉的豪族政治。

刘秀很尴尬

刘秀依靠农民的力量推翻了王莽政权，又依靠豪强势力镇压了农民起义。他的政权需要豪强势力的支持，但豪强势力的极度膨胀又威胁着他的统治地位。他仇视农民的力量，但必然要有农民为其政权服务，劳动生产。如何处理这些矛盾，刘秀很尴尬。封建政权多数都遇到这些问题，但是不是所有的皇帝都像刘秀那样尴尬。汉武帝对豪强地主采取高压态势，严厉打击他们，不断剥夺他们的权力，让他们拿出钱来反击匈奴、开疆拓土，他们不敢不拿，也不敢反目。汉武帝是被歌颂的皇帝，他做的事业都很辉煌，当他发现自己有害百姓，耗丧资财，便立即改弦更张，采取惠民政策，而且他敢于在百官面前公开承认错误。例如：征和四年（前89年）三月末，武帝至泰山封禅，到明堂召见群臣，在大庭广众面前道："朕自即位以来，所为狂悖，使天下愁苦，不可追悔。自今事有伤害百姓，靡费天下者，悉罢之！"（《资治通鉴》卷二十二）。后来他多次反省自己好大喜功、迷信神仙、巡游无度等错误，尤其发布著名的《轮台罪己诏》，向天下百姓公开检讨，决定悬崖勒马，改变那部分弊政，推行"禁苛暴、止擅赋、力本农"，恢复汉初"与民休息"的治国方针。他发布"罪己诏"后，马上提拔田千为相，封为"富民侯"，"以民休息，思富养民"（《汉书·西域传》）。又任命农业科学家赵过为"搜粟都尉"，赵过发明耦犁和耧车，使用"代田法"，都是当时最先进的农业工具和农耕方法。像汉武帝这么有作为，又敢于承认错误、幡然悔悟的皇帝，不要说刘秀做不到，在千古帝王中也少而又少。

面对矛盾总得处理，东汉始建国面对生产凋敝状况，发布"务用安静，还汉世之轻法"主张，宣布"务从简寡，劝课农桑"政策。为解决劳动力不足问题，他不得不效法王莽，释放奴婢。建武二年（公元26年）下诏："民有嫁妻卖子欲归父母者，恣听之。敢拘执，论如律。"（《后汉书·光武帝本纪》）之后又五次下令释放奴婢，凡有伤害，拘留奴婢者，一律治罪。

对豪强大地主，他鼠首两端，难以措手。豪强大族不仅占有大量土地，还有自己的武装，抗拒政令，刘秀对他们不知如何处理。战乱之后，国家必须重新丈量土地、核实户口，以便征收赋税徭役。建武十五年（公元39年），刘秀下令度田和核实户口，实际上这时才去查田已经太迟了，始建国就该做的工作，他所以迟迟未做，就是害怕查到豪强地主头上，生出事端。

果然未出刘秀所料，在度田时便出了问题。查田过程中，地方豪绅勾结地方官，隐瞒土地，敷衍塞责，随意登记个数字，根本未去查实。

对自耕农则苛以度田为名，巧取豪夺，连庐基、场院、里落都划入土地范围，致使百姓"遮道啼哭，苦不堪言"（《后汉书·光武帝本纪》）。对这种"优饶豪右，侵刻羸弱"的"度田"，当时有人揭露："河南帝城（指东汉都城洛阳）多近臣，南阳帝乡多近亲，田宅踰制，不可为准。"（《后汉书·刘隆传》）是说，洛阳周围、南阳地方都是刘秀的近臣和亲戚，查田也不查他们，只是这里农民遭了殃，矛头直指刘秀本人。

老百姓深受其害，各地公开反抗废田。而地方豪绅大户，也借机闹事，一方面阻止查田，另一方面借机劫掠，向刘秀政权示威。刘秀则把借废田之机，贪赃千余万的大司徒欧阳歙下狱，同时把河南尹张伋和诸郡守十余人，以杜田不实下狱处死，以平民愤。而又下令反抗的农民"听群盗自相纠摘，五人共斩一人者除其罪"，让农民的反抗力量自相残杀，分化瓦解。对豪绅的武装反抗，把俘获的"魁帅"，迁移到别处，妥为安置，"赋田受禀，使安生业"（《后汉书·光武帝本纪》）。

刘秀的度田未能坚持下去，豪强大地主便无限制地占有田地。刘秀的大将吴汉，身在军营，其妻在家大量购买土地。济南王刘康私田八百顷，奴婢一千四百人。外戚窦宪，其妹为皇后，他看好了沁水公主的园甫，以贱值夺之，公主惧怕窦献势力，只好让予。刘秀死后，汉章帝说："贵主尚见枉夺，何况小人哉！"（《后汉书·窦宪传》）。由于地主豪绅的兼并土地，大量农民破产，社会动荡。刘秀死后的明、章、和帝时，国家把范围和郡国公田租借给无地的流民，并贷给种子和农具，五年不收租。从明帝到和帝四十年间，皇帝曾发布二十多次诏书，把公田召流民垦种，以免流民无法生存，发动反政府的暴乱。所以如此，其根源是刘秀对豪强地主抑制不力，造成土地集中，大批农民破产。

大地主的田庄经济

东汉和西汉的经济大不相同，西汉时农业经济的发展，社会物质财富大部分作为赋税流入了国库，最终表现为封建国家的强大和统一。国家强大了，才有力量战胜侵略者，开万里疆土，成为东方最强大的国家，并影响了全世界。东汉的财富大部分为豪强地主们摄取，它表现为国家的贫弱和政治的不稳固。

豪强地主势力的基础是他们的田庄。刘秀的母亲南阳樊氏"治田殖至三百顷，广起庐舍，高楼连阁，波陂灌注，竹木成林，六畜放牧，鱼赢梨果，檀枣桑麻，闭门成市，兵弩器械，赀至百万"（《后汉书·樊宏传》）。大地主庄园多是综合农业经济体系，农业之外，又有煮盐、冶铁、贸易等大型手工业和商业的综合。

崔寔所著《四民月令》一书，生动细致地描述了东汉大地主庄园的经营情况。该书记述庄园就是个微型国家，农业方面的谷物、蔬果无所不有；手工业则有煮盐、冶铁、养蚕、缫丝、织缣、染色、制服装、酿酒、作酱、酿醋；林业、畜牧、渔业等皆十分发达。大地主田庄里都养有私家武装，他们为庄园警设守卫，这些私兵、武士"缮五兵、习战射"，时刻准备镇压农民的暴动。豪强地主的庄园不断扩大，私人武装力量在不断增强，它又是豪强割据的基础，成为统一国家的对立。

《四民月令》介绍了大地主田庄对农民的沉重盘剥，不仅大量的破产农民进入田庄为庄园艰辛劳作，而且用繁复的经济实力垄断市场，贱卖贵买，盘剥田庄以外的自耕农民。收获季节购进收获物，四月里青黄不接时，以昂贵的价格向农民出售种子和口粮。五月天暖时购进农民御寒用的敝絮，十月天寒时卖出，从中牟取血汗高利。

《四民月令》描述的大田庄在东汉大量存在，所谓"百夫之豪，州以千计"。这些"豪人之室，连栋数百，膏田满野，奴婢千群，徒附万计，船车贾贩，周于四方，废居积贮，满于都城"（《后汉书·仲长统传》）。

世族（或称士族）地主的兴起

随着豪强地主势力的膨胀，世族地主的势力也日渐兴起。世族地主多以读经起家。

汉武帝罢黜百家，儒家地位独尊，经学盛行起来。地主阶级的士人多以"经明行修"入仕。夏侯胜说："士弊病不明经术，经术苟明，其青紫（高官的服色）如俯拾地芥耳。经术不明，不如归耕"（《汉书·夏侯胜传》）。刘秀开国即着手建立太学，设置博士教授经学。刘秀死后，继位的汉明帝刘庄更重视办学读经，由中央到地方郡国的学校陆续建立，出现"四海之内，学校如林"的局面。太学生年龄在六十岁以上的就有百余人，皆得到郎中和太子舍人官职。弘农（郡治在今河南灵宝一带）杨震，从小跟太常伯桓郁读《尚书》，因"明经博览"，被称为"关西孔子"。入仕州郡，后迁升司徒、太尉，位列三公。其子孙曾传家学，相继入仕，不断迁升。其子杨秉、孙杨赐，曾孙杨彪都位至三公。杨氏四人为三公，时称"四世三公"，成为东汉著名的世家大族。汝南袁安，自幼随祖父习《易经》，历仕郡右守、太仆，后也升至三公高位。其子孙皆习《易经》，其子敞、孙汤、曾孙逢和隗，四世有五人升至三公，"自安以下四世居三公位，由是势倾天下"（《后汉书·袁安传》、《三国志·袁绍传》）。

这些世家大族，"名望倾天下"，其子弟在选士中，地位优越，凭着门第就能平步青云。当时社会风俗是，选官只论世族门阀。世族地主累世居高官，许多官员又都是他们的门生、故吏。历代相传，世族地主形成庞大的政治势力和官僚集团，他们足以左右国家政治，也是影响国家统一的重要因素之一。

世家大族兴起后，中央的恶势力如把持中央政府的外戚和宦官都要同他们勾结。而在地方上他们又垄断政治，太守莅郡，都要依靠本地的门阀士族，地方官成了挂名者，连中央的政令、皇帝诏书也像耳边风。例如宗资（南阳人）为汝南太守，依靠本郡的门阀大地主范滂；成瑨（弘农人）为南阳太守，依靠本郡的岑晊。于是有歌谣讽刺此事："汝南太守孟博（滂），南阳守资主画诺；南阳太守岑公孝（晊），弘农成瑨但坐啸。"（《后汉书·党锢传序》）崔寔在《政论》中也记述一个歌谣："州郡记，如霹雳，得诏书，但挂壁"（崔寔《政论》，见《太平御览》卷496引），说明地方门阀士族的势力多么强大。

外戚与宦官交替乱政

东汉末年的政治极为腐败，表现突出的是外戚与宦官的争夺，交替专政，封建统治更加黑暗。

章和二年（公元88年），汉章帝刘炟死，年仅十岁的和帝刘肇即位，窦太后控制朝局，窦氏外戚专权。太后之兄窦宪为侍中，窦氏兄弟窦笃为虎贲中郎将，窦景、窦瑰并任中常侍。后来又因窦宪在战争中立功，拜为大将军，位在三公以上。其窦氏一族皆得升官，朝中高官十几人，州郡官非其族人即其门下。

汉顺帝时，梁太后临朝，外戚梁高、梁冀父子为大将军。梁氏把持朝政，选后选立冲帝、质帝和桓帝。大将军梁冀十分跋扈，年仅八岁的质帝口无遮拦，只说一句"跋扈将军"，便被他毒死。梁冀比皇帝还威风，四方进贡先由他选为己用。从荥阳到弘农，都是梁氏的林苑，"殆将千里"。他营建一个兔苑，有人误伤一兔，被株连而死的有十几人。梁氏一门，先后七人封侯，出了三个皇后，两个人将军，其他高官57人。梁氏专权20余年，汉书评论之曰："穷极满盛，威行内外，百僚侧目，莫敢违令，天子恭己而不有亲豫"（《后汉书·梁冀传》）。

外戚们是豪强大地主与皇室联姻而形成的，东汉后期和西汉末年一样，皇帝都很年幼，寿命又短，朝廷大权自然被母后把持，从而以其父兄临朝主政，大权在握，专擅朝局，皇帝是傀儡，百官俯首听命。安帝时的邓太后、安帝死后的阎太后都是这种情况。

外戚执政妨碍皇权，等皇帝稍大就不甘心做傀儡，要夺回权力。因百官已被外戚控制，皇帝的夺权斗争便依靠身边的宦官，随之又出现宦官的专权。

窦宪专权时，和帝于永元四年（公元92年）依靠宦官郑众掌握的一部分禁军，诛杀了窦氏势力，恢复了皇权，郑众因此封侯，参与国政。安帝延光四年（公元125年）宦官孙程等19人杀死专权的外戚阎显，拥立顺帝，孙程等19人皆封侯。桓帝延熹二年（公元159年），梁太后死，桓帝与宦官单超等五人合谋剿灭了梁氏外戚一党。单超等五人同时封侯，这便是历史上著名的"五侯"。五侯位高权重，平日又接近皇帝，传达诏命，较外戚倾权尤甚。人们当时指出，宦官"窃持国柄，手握王爵，口含天宪"。歌谣曰："左回天，具独坐，徐卧虎，唐雨坠。"这四句歌谣指单超以外的"四侯"左悺、具瑗、徐璜和唐衡四个宦官。宦官专权是皇权与豪强大族矛盾斗争的产物，他们当权后改变了皇帝的家奴地位，跃居封建集团的上层。

宦官专政的残暴较外戚有过之而无不及。宦官单超等不仅揽朝政，害忠良；他们的宾客遍天下，四处盘剥，鱼肉郡县，犯下无数令人发指的罪行。汉灵帝时的大宦官侯览，先后夺人良田四百余顷，夺人宅三百八十余处，建起宅第十有六区，"高楼池苑，堂阁相望"。其兄侯参被封益州刺史，凡殷富者则诬为大逆之罪，财产皆为之占有。前后勒索敲剥的财产以亿计，仅金帛珍玩就有三百余车。

宦官的恶行，引起士人的激烈反对，也引发大规模的政治斗争。

当时的士人（知识分子）主要是太学生和各郡国生徒，他们对宦官当政极为不满，这些宦官皆阉割刑余之人，即使做了高官也让士人鄙视。而宦官当权后见士人不耻为伍，也仇视起士人。

士人们原可通过察举而进入仕途，宦官们把持政局；控制了察举，士人不屑向他们请托，对宦官更增加了仇恨。因此，士人们攻击已被宦官把持的察举制度："举秀才，不知书，察孝廉，父别居；寒白清素浊如泥，高第良将怯如鸡。"朝廷中也产生一批敢于反对宦官的官员，如太尉陈蕃、校尉李膺、南阳太守王畅等都因与宦官作对而出名。大宦官张让之弟张朔暴虐，残杀孕妇躲进张让家里，李膺派人将他搜出杀死。士人们编文颂扬他们说："天下楷模李元礼（李膺），不畏强御陈仲举（陈蕃），天下俊秀王叔茂（王畅）。"（《后汉书·党锢列传》）

李膺等人的行为引起宦官集团的愤恨。延熹九年（公元166年）宦官集团诬告李膺与太学生和郡国生徒"共为部党，诽讪朝廷，疑乱风俗"。在宦官们的控制下，汉恒帝获执李膺，诏令郡国逮捕李膺"党人"，先后下狱两百多人。第二年把他们赦归田里，禁锢终身，不许出仕为官。史称"党锢"。

不久，恒帝死。灵帝继位，窦太后临朝，其父窦武为大将军辅政，他代表外戚欲从宦官手中夺取政权，并消灭他们。于是，起用陈蕃、李膺等人。但因事机不密，宦官先发制人，杀死窦武和陈蕃，其门生、故旧尽行逮捕。随后，曾打击过宦官的张俭也被诬告结党谋反，继续捕其"党人"，李膺、杜密等百余人被捕，先后死在狱中。被牵连而死，或遭废禁、充边者达六七百人。各州郡继续追捕，凡上述人等的门生、故旧、父子兄弟和亲属，一律受禁。

谶纬神学、宗教与科学

东汉盛行的是谶纬神学，它是把儒家经典与封建迷信糅合一起的神秘文化。"谶"是伪托神灵，预言吉凶福祸和治乱兴衰，它往往附有图画，又称"图谶"。"纬"与"经"相对而得名，用神学迷信来解释儒家经典的书籍。

光武帝刘秀成天子之前，就有人散布"刘秀发兵扑不道，卯金修德为天子"

的谶语，"卯金"是繁体的刘字。刘秀得意于这种迷信，即位后发布诏书便引用了上述谶语，表明自己是真命天子，天神早已论定。

谶语是刘秀施政用人的标准，谶纬学是他的御用工具。刘秀看到当时的谶书《赤伏符》上有"王梁主魏作玄武"的话，就找人打听到魏地野王县县令王梁提拔为司空，封"武强侯"（《后汉书·王梁传》）。建武中元元年（公元56年）光武帝刘秀"宣布图谶于天下"（《后汉书·光武帝纪》）确定了谶纬神学是东汉的统治学说。知识分子要做官，在策文应试时也得解说谶纬，为了功名利禄，都得学习它。

汉章帝建初四年，章帝在北宫白虎观会集群儒，让大家阐述"五经同异"，皇帝亲临裁决，此即著名的白虎观会议。会后，由班固把会议讨论记录整理成书，名为《白虎通》。该书完全按皇帝旨意整理加工，即以谶纬神学解释经义，进一步使神学迷信与儒家经典相结合，神话经书、神话皇帝，经书也更加荒诞不经。

光武帝迷信谶纬神学，不少学者反对。具有唯物思想的恒谭上疏说："巧慧小才伎数之人，增益图书，矫称谶记，以欺惑贪邪，诖误人主。"（《后汉书·恒谭传》）恒谭批评谶纬学说，让光武帝刘秀极为愤怒，便在灵台召见他。恒谭明白表示"不读谶书"，批判谶书不合儒家经典。光武帝要把他处死，最后被贬离开京城，死在途中。

佛教的传入中国

佛教传入中国有多种说法，《三国志》里说西汉哀帝元寿元年（公元前2年）博士弟子景卢受大月氏王使伊存口授《佛屠经》，佛教传入中国。

另一说法是东汉永平年间，汉明帝刘庄遣使去西域，在大月氏遇到印度僧人迦叶摩腾和竺法兰，邀请他们来洛阳，带来了佛经和佛像，使佛教传入中国。东汉政府还在洛阳建立精舍专供梵僧居住，并依照官方署衙称"寺"的命名习惯，把那处精舍命名为"白马寺"，因经书是由白马从西域驮着来的。白马寺是中国土地上最早建立的佛寺。

佛教宣传"三世转生"。人死神不灭，在转生来世时，本世的善恶都有报应。要免祸求福，就得多行善事。这种说法就能使现世的人安分守己，逆来顺受，都去行善修道，把希望寄托来世。于是，封建统治者多提倡之，以使社会安定，有利于统治。汉桓帝在宫中建立佛祠，把释迦与老子并列祭祀，以为都是清虚无为的。西域僧人高世安等相继来到洛阳，翻译了很多经书。汉人严浮调受佛学于安世高，参与译经，佛经的翻译工作，正式开始。汉献帝初平四年（公元 193 年），丹阳人笮融为徐州牧陶谦督运漕粮，在徐州建寺，"上累金盘，下为重楼，又堂阁周回，可容三千许人。"该寺招致信徒五千余人，还施舍酒饭于路，人们前来就食多达万人，是我国大规模招致信徒的开始。（《后汉书·陶谦传》）从此，佛教在中国迅速发展，魏晋南北朝时，出现了盛极一时的局面。

道教的形成

道教是中国土生土长的宗教。开始时道教与佛教互相依附，老子和浮屠往往并祭，东汉还有"老子入夷狄为浮屠"的传说。（《后汉书·襄楷传》）以前的黄老学说为西汉初年所信奉，又有春秋道家学说流传下来。于是，有人就把老子《道德经》与流行的黄老学说糅合巫术，形成一宗教派别。顺帝时，琅玡人宫崇到了京师，称他的师傅于吉在曲阳泉水，得到神书一百七十卷，他把此书献给顺帝，这套书名曰《太平青领书》。顺帝将此书给朝臣阅看，朝臣们多说此书"妖妄"，"其言以阴阳五行为家，而多巫觋杂语"（《后汉书·襄楷传》）。于是，顺帝没有相信其说，只把此书收藏起来。

到桓帝时，桓帝奉事佛道，在"宫中立黄老浮屠之祠"，把顺帝时收藏在宫中的《太平青领书》引为道家的主要经典。今存《太平经》残本，就是从《太平青领书》演化而出的，留有该书的主要部分。《太平经》尊崇谶纬，以阴阳之道推演治国之道，还夹杂着佛学理论。其中也宣扬散财救穷、自食其力，易为穷苦农民接受。东汉后期不断发生农民起义，他们多用道教作为组织形式，被统治者诬为"妖贼"。

汉显帝时，巨鹿人张角组织发动黄巾起义，就是采取道教的组织形式。张角奉《太平青领书》在冀州传教，号称"太平道"，自称"大贤良师"，以符水咒语疗病号召农民。并广派弟子到农民中"以善道教化"，发动起义，起义群众便是道教的徒众。

张角的"太平道"在河北、西南蜀地产生了道教的另一支派"五斗米道"。

顺帝时，张陵在蜀地鹄鸣山中学道，以符书招信徒，信徒出米五斗，称作"黄金买道"。病者前来，令他们喝符水，自首其过，据传便可除病。张陵、张衡、张鲁三代传道，张鲁利用传教发动起义，建立了汉中政权。

唯物思想与神学迷信的斗争

东汉神学迷信盛行，遭到儒家学者桓谭、尹敏、张衡等人的反对。桓谭反对精神虚妄不可信，它必须依附物质而存在。他举出烛光离不开蜡烛，蜡烛熄灭，烛光随即消失。所以"精神居于形体，犹火之燃烛也"。由于他反对汉光武帝提倡的谶纬神学，被迫害致死。

桓谭之后，在反对神学迷信的斗争中，产生了杰出唯物思想家王充。王充生于建武三年（公元27年），卒于和帝永元年间，出身于"细族孤门"，会稽上虞（今浙江上虞）人。年少时曾去京师太学读书，因家贫买不起书，常去洛阳书铺里博览各种书籍。他仅做过郡吏，不久便居家教书，专力著述，终生"贫无一庙"，"贱无斗石"。他写成《论衡》八十五篇，表达了他反对神学迷信的唯物主义思想和无神论观点。

王充继承荀子的唯物思想，又从老子天道由自然立论。认为天地万物都是由物质"气"构成。气有各种形态，扩散时如太阳之气、天地之气；凝固如五行之气。他批判儒家的"天命"观，认为人是吸收了天地的物质而"自生"的；不是天神造出的。天没有意志，日月星辰的运行，有其规律，云雨霜露都是自然现象。他批判董仲舒提出的"天人感应"说，认为是"动言天意，欲化无道，惧愚者之言"，是故意为妄言神道，以维护其统治。

王充与桓谭一样否定离开形体而存在的精神，反对"神不灭"和鬼神论，认为人死血竭，竭而气灭，灭而形体朽，朽而成灰土。他否定"生而知之"的先验论，举例说孔子也"每事问"，别人笑话他无知，他说："不懂便问这是知礼的表现。"（《论语·八佾篇》）这说明圣人也不能先知先觉，智能之士，正是由于他们勤学习、勤思考才成了聪明人。

王充的唯物主义思想在我国历史上占有重要地位，由于他批判东汉朝廷提倡的谶纬神学，他的《论衡》一书被视为"异端"，直到东汉末年，国家无力控制社会局面了，才被公之于世。

科学成就

由于两汉生产力的发展，促进了科学文化的进步，到了东汉，产生多项世界瞩目的科学成就。

在天文学方面出现了杰出的科学家张衡，他发明制造出浑天仪和候风地动仪。浑天仪用铜铸造，以漏水转动球体，球面刻有南极、北极和赤道，还刻有28宿等星座，随球体转动，星宿出没，和实际观察一样准确。

张衡研制的地动仪是世界上第一架测量地震的仪器，制作十分神奇。他的候风地动仪，比欧洲的地震仪早1700多年。

数学方面的重要成就是汉和帝时问世的《九章算术》一书。该书分为方田、粟米、衰分、少广、商功、均输、盈不足、方程、勾股九章，汇集二百四十六道算术命题和解法，还应用了开平方、开立方、二元方程、三元方程等计算方法。在世界数学史上，《九章算术》占有重要地位。

医学方面的重要成就有张仲景编著的《伤寒论》《金匮要略》两书，在医学理论与临床治疗多方面皆有重大成就，被后世称为"医圣"。

纸的发明

我国"四大发明"之一，纸在东汉由蔡伦发明制造。《后汉书·蔡伦传》："自古书契，多编以竹简；其用缣帛者，谓之为纸。缣贵而简重，并不便于人。伦乃造意，用树肤、麻头及敝布、鱼网以为纸。"

中国古代的书写材料有竹木简和缣帛，以简联为册的书籍称编，以缣帛曲卷成书，则称卷。简编笨重，缣帛价贵，都不适合书写。

东汉和帝时，蔡伦总结了前人的经验，用树皮、麻头、敝布、破鱼网等废物造纸，价格低廉，方便书写。以后普及开来，人们称之为"蔡侯纸"。中国的造纸术逐步传入朝鲜、日本和中亚各国，又经阿拉伯传入欧洲，对世界文化的发展起到重要作用。

第十一章　数百年乱世——三国两晋南北朝

从东汉末年黄巾大起义，到隋朝统一，将近400年，是我国历史上最混乱的时期。人们熟知的20世纪前期的军阀大混战，已经是让人怨咒的时代。而魏晋南北朝近四百年混乱，国家就出现几十个，什么五胡十六国、南朝北国，更替交织，历史混乱，民不聊生。有人说这是一段"斯文丧尽"的历史。此说自然太夸大，但也说出了这段混乱对中国古代文明的破坏。

乱世根源

所以会产生乱世，其根源还是东汉政权是豪强地主的代表。两百年任由豪强地主、士族门阀势力发展，国家根本控制不了局面。黄巾起义前豪强地主武装割据，已经是坞堡垒壁遍及各地。而在镇压黄巾起义过程中，他们借机扩大自己，或控制州县，或占据郡境，豪强势力急剧发展形成的分割局面已经明朗化。

豪强割据势力的大混战，也是外戚和宦官斗争的膨胀。中平六年（公元189年），昏庸的汉灵帝死去，少帝刘辨继位，外戚何进为大将军，执掌朝政，但实权却控制在宦官之手。为夺取实权，打倒宦官，何进把"四世三公"人物袁绍引为外援，还密谋召并州牧董卓入京。

由于事机泄露，宦官张让等首先下手杀死何进，袁绍入宫把宦官的武装力量两千余人全部杀死。宦官与外戚拼力厮杀时，董卓率兵开进洛阳。他原是凉州（今甘肃）陇西的豪强地主，在镇压人民起义的过程中扩大了武装，为人极其残暴。进京后便诛杀朝臣，废掉少帝，另立陈留刘协为帝（即汉献帝），逼走袁绍等人，独揽朝廷的军政大权。董卓专权，引起各地的割据势力前来争夺，他们推举袁绍为盟主，进兵洛阳。

为躲避兵锋，董卓挟持汉献帝迁都长安，迫洛阳附近人民一同西迁，并纵兵掠杀、焚烧洛阳，把繁华的洛阳变成废墟。初平三年（公元 192 年），董卓被部将吕布和汉朝大臣王允等合谋杀死。但董卓的部下李傕、郭汜又率兵入长安，杀死王允，吕布出逃。李、郭二人又互相火拼，直到同归于尽才结束战争。西都长安又遭洗劫，人民死亡流散，行旅断绝。

从此之后，豪强地主的割据势力展开争夺地盘的大混战。经过几年混战，出现了几大股割据势力：袁绍占据冀、青、并三州，即河北、山东、山西大部地盘；曹操占据兖、豫两州，即山东西南、河南大部和安徽西北部；公孙瓒占据幽州；陶谦、刘备、吕布相继占徐州；袁术占扬州的淮南地区；刘表占荆州（今两湖和河南西南部）；孙策占江东（长江以南的东部）；张绣占南阳（今河南南阳一带）；刘璋占益州（今四川、云南、贵州各部分地区）；韩遂、马腾占凉州；公孙度占辽东。割据势力连年混战，烧杀抢掠，社会生产受到严重破坏。

摭评三国

一本好小说的宣传力度比一部好正史不知要强多少倍。陈寿的《三国志》也是中国的史学名著，与《史记》《汉书》《后汉书》合称四史，是正史先头的四部。但《三国志》与罗贯中的《三国演义》相比较，前者的大众知名度简直无法和后者相量衡。尤其是戏剧作者根据《三国演义》把其中的重要情节和人物搬上戏台后，那简直让国人无人不知了。其中曹操奸绝，关羽义绝，孔明智绝的"三绝"形象，已经是活灵活现了。《借东风》《回荆州》《单刀赴会》《长坂坡》《定军山》《英雄会》等剧目，中国人哪还有不知刘备、曹操、关羽、张飞、孔明、赵云、黄忠、周瑜的？

罗贯中的《三国演义》主要写刘备和曹操，立场站在刘备一面，他拥刘反曹。

小说故事允许创造，不创造就不是小说。但与其他小说相比，《三国演义》的历史真实性强。就说四名著吧，《西游记》仅有一个唐王李世民派玄奘西行"取经"是真的，别的全是神话；《水浒传》的众多英雄上梁山聚义，受招安又去打方腊等等，基本都是虚构的。就一点史实：折可存镇压方腊起义，而后又去镇压宋江，"不逾月继获"。就是说不出一个月便镇压了宋江数十人（多记为三十六人）的聚众闹事。《红楼梦》主题大、艺术性、思想性高，但要去到历史上找史实，那也太难。因此，比起来《三国演义》写的是东汉末（汉灵帝中平元年），到西晋武帝（司马炎）太康元年（公元280年），近百年的军事斗争和政治斗争。人们评论《三国演义》是"七分实事，三分虚构"，可以这么说，《三国演义》是艺术性的《三国志》，书中多数情节是可信的历史。

写史作书都允许作者有自己的喜恶，有个人的观点和立场。但是，你的立场和观点是否正确，也得允许批评。

我们不难看出，罗贯中拥刘反曹，他是站在汉朝刘氏王朝的立场上，偏向那个刘皇叔，否定那个曹阿蛮。

在罗贯中笔下，曹操杀后逼帝，穷凶极恶。他屠杀徐州无辜百姓，向仓官"借头示众"，以怨报德杀害吕伯奢全家。揭露曹操"宁教我负天下人，休教天下人负我"的极端个人主义思想。就连曹操家庭也是极为阴暗，曹丕、曹植兄弟"萁豆相煎"，曹后痛骂汉献帝，都在痛诋曹操的阴险奸诈。曹操这奸恶形象历代相传，深入人心，直到今天，河南、山东、安徽、苏北人要说某人奸诈恶毒，只用一个字"曹"！

值得永久纪念的政治家曹操

曹操在我国当代的历史研究中得到一定的肯定，不再是封建社会和旧中国时全盘否定，但在戏台上一点也没变化。实际上他不仅是三国时期，就是中国全部历史上，都是少见的大政治家。

曹操（155—220年），字孟德，沛国谯县（今安徽省亳县）人，出身官僚，其父曹嵩曾任太尉，曹操任骑都尉。董卓之乱时，他在陈留（今河南开封东南）起兵，参加讨伐董卓联军。初平三年（公元192年），他打败进攻兖州的黄巾军，收编起义军三十余万，许褚等多支地方武装也投入其军中，成为当时足以与袁绍抗衡的军事力量。建安元年（公元196年）他把汉献帝迎到许昌，取得"挟天子以令诸侯"的政治地位。建安五年（公元200年）在官渡（今河南中牟东北）大战中，打败当时最强大的武装力量袁绍，先败响应袁绍的刘备，斩袁绍名将颜良、文丑，这就是中国历史上著名的官渡之战，《三国演义》刘备兵败逃走，关羽降曹操战袁绍故事发生，是该书的一个高潮。曹操相继占领幽、冀、青、并四州，降服割据辽东的公孙度，攻灭袁绍残部，打败为袁绍勾结的乌桓匈奴部，统一了北方。

曹操有统一中国的大志向。经几年准备，于建安十三年（公元208年），曹操率30万大军南下，进行统一中国的战争。结果，遇上诸葛亮、孙权、周瑜等人组织的刘备、孙权联军。赤壁一战，孙、刘不足五万军队，战败曹操。主要原因是曹军不习水战，远道跋涉，军中流行时疫，遭到周瑜的火攻而失败，《三国演义》一书又一个高潮出现，戏台上产生许多为大众喜爱的剧目《借东风》《回荆州》《群英会》等。

赤壁之战让曹操无力统一中国，只好进兵关西，打败割据凉州的马超、韩遂；再南下袭取汉中，张鲁投降，统一了北方。

曹操是一位卓著的大政治家。他远见卓识，洞察时弊，厉行法治，善于用兵，知人善任。他对东汉末年的政治腐败、经济凋敝、人民痛苦的现状深有感触，他进行的兼并战争就有统一中国、结束战乱、发展生产、让人民解除苦痛的意义。

曹操是一位杰出的大诗人，他的许多诗篇充满对人民的同情，反对"劳民为君，役赋其为"，希望通过"王者贤且明"，达到人人富足的"太平盛世"。他对当时的军阀混战，造成的灾害很是厌恶，对饱受离乱的人民深表同情，显然他率兵进行的战争是要消灭这些军阀，结束战乱。他写的《蒿里行》《薤露行》就表达了这种思想情感。"铠甲生虮虱，万姓以死亡。白骨露于野，千里无鸡鸣。生民百遗一，念之断人肠。"没有目击白骨盈野，千里无人战场的实景，没有产生对人民同情，对现实出现的真情实感，是写不出这样的诗篇的。

曹操在统一北方的战争过程中，就实行屯田，把因混战而荒芜的土地由部队和招民垦植，既解决了军粮问题，也部分解决了农民的苦痛，对社会的恢复和发展也起了一定作用。曹操在洛阳、弘农、颍川、睢阳等区域搞了二十余处屯田。

曹操在统一的北方实行"唯才是举"的选官制度，严惩士族官僚，打击地方豪强。他先后杀掉一些依仗高门大户、狂妄自傲的士族官僚如孔融、杨修、崔瑛、魏讽等。他把"才能"作为选官标准，以"信赏必罚"精神整顿吏治。对地方豪强毫不留情的打击，把东汉凭借势力和门第垄断选举的局面完全打破。曹操之子曹丕继位，仍能坚持曹操"唯才是举"的原则，建立了"九品中正制度"，由中央选择贤能的地方官为本州郡的"中正"，让他们根据人才的优劣分为三军九品，作为选拔官吏的依据。从而把有才能的人选到适合位置。

由于曹操的努力，使他建立的魏国力量远超吴国和蜀国。虽然魏的政权因统治者的腐败落入司马氏之手，最终仍是司马氏的政权消灭吴和蜀，建立了统一的晋王朝，其基础自然是曹魏政权所铺设。

蜀的灭亡因孔明走的是回头路

诸葛亮的智慧是古今少见的，《三国演义》把他写为"智绝"。他忠心耿耿辅佐蜀国，但最终还是没能实现统一愿望，病死在北伐途中。

诸葛亮的失败为历史提供了一个典型范例：历史没有回头路，走复旧老路必然失败，连诸葛亮这般"智绝"人物也做不到。

诸葛亮为什么对刘备那般忠心？如果他能去辅佐曹操，就不会有赤壁之战曹操的大败，那么中国也许不会有近四百年的大分裂、大混乱，中国的历史将要被改写。诸葛亮明知刘备，尤其刘备之子刘禅无能，没有统一中国的可能，魏和吴的力量远超蜀国，那两个国家统一的可能性更大。那么他为什么偏要去扶植弱小的刘备和后主刘禅？原因最主要的一个是刘备是汉王朝的直接后人，汉景帝子中山靖王刘胜的后人，按辈数他是当时皇帝汉献帝刘协的叔辈，因此《三国演义》只称为"刘皇叔"，而称曹操为"曹阿蛮"。

不管是《三国演义》小说，还是历史事实，三国中的蜀国，曹、孙、刘三个代表人物，只有"刘皇叔"是正朔的皇帝继承人。所以，诸葛亮才去辅佐他，知不可为而为之，他要把行将灭亡的汉朝再延续下去，由"刘皇叔"及其子刘禅延续下去。刘备的无能根本无法与曹操、孙权相比较，后主刘禅的无能也是一个历史典范，诸葛亮更是明知不可为而为之。那么一个无能的刘禅，诸葛亮非得把他扶上皇帝宝座，为他鞠躬尽瘁，死而后已，还要让他做统一中国的皇帝。诸葛亮为自己创造一个愚忠的典型，实质上也是一个对历史极不负责任的典型。

好在历史不会让人走回头路，就是"智绝"的诸葛孔明也无法让历史倒退，腐败到极点的刘汉王朝是必然要灭亡的。

《三国演义》把刘备写成一个忠厚、仁义、大公无私，宁愿牺牲个人利益而为民爱民的光辉形象。他在新野被曹操打败，他带着十万难民，一天才走十里路，有人劝他丢弃难民，轻骑前进，免得被敌人赶上，遭到更大牺牲。他断然拒绝这个建议，还派关羽保护难民。作者写了刘、关、张结义及他们生死不渝的兄弟友情，是打动读者（或戏台下的观众）最动人的情节，"桃园结义"成了以后千百年异姓兄弟友谊的楷模。人们喜爱刘备、讨厌曹操，多因《三国演义》中描述的刘备忠义、曹操奸诈的众多故事使然。

实质上哥们儿"义气"在政治斗争和利害冲突、个人恩怨相比之下并不十分可信。"莽张飞"毫无心计，忠于哥们"义气"。而关羽对刘备、张飞讲"义气"，对本营垒的其他同志如黄忠、马超等就不讲"义气"；在华容道上，他私放了曹操，反映出个人恩怨超过了"义气"。刘备更是假仁假义，为了争权做皇帝，他的"义气"与张飞相比怎能同日而语，"义气"是难超阶级属性的。后来，百姓有一句口头语："刘备摔孩子"，注脚是假仁假义，邀买人心。在《三国演义》故事里写的是赵云舍命救下刘备之子阿斗，刘备当着众人的面把孩子摔在地上，意思是为了救他差点赔上一员大将，宁要大将不要孩子。听书看戏的百姓就发现他是假仁假义。

乱世中的几处记忆

士族门阀制度在这数百年中发展到极点。司马氏建立西晋后就完全改变了曹魏九品中正制的选举制性质，只靠门第高低定官位品级，出现了"上品无寒门，下品无世族"的局面。政权世袭、等级森严是东汉以来世族门阀发展的高峰。东晋时期的琅琊王氏、阳夏谢氏门阀势力登峰造极，当时流行"王与马（司马），共天下"，又有"敦总征讨，导专机政，群众子弟，布列显要"说（《资治通鉴》卷九十一）。指的是王家的王敦控制了全国的军事，王导任宰相，王氏家族各子侄都进入了国家显要部门，身居要职。谢氏一族与王氏同等显赫，王、谢两家轮番执政（还有颍川庚氏、谯国恒氏皆著名豪强大族，也曾控制国家军政大权）。

东西晋的门阀地主官僚的腐败也著称历史。号称贤名之士的如荆州刺史石崇，靠抢劫商旅发了大财，他与王民斗富。晋武帝的舅父王恺用紫丝作步障四十里，石崇则用极为名贵的赤石脂作墙泥；王恺摆出晋武帝赐予的三迟高的珊瑚向石崇炫耀，石崇应手打碎，拿出高四尺的珊瑚七株让他挑选。太傅何曾"日食万钱，犹曰无下箸处"；其子司徒何劭"食必尽四方珍异，一日之供，以二万钱为限"（《晋书·何曾传》）。

佛教在这一时期兴盛起来。东汉后至魏晋南北朝战乱不断，中国人的思想迷茫，东汉末的儒学文化已被谶纬神学取代，到此更加无人信奉了。在中国人的思想迷茫中，佛学悄然走入，趁机兴盛起来。

佛教兴起后，西方僧人通过河西走廊陆续东来，如安世高、佛图澄、鸠摩罗什等；西行求经者也不断远行，如朱士行、竺法护、法显等。大量佛经被译出，达到千余部之多，还先后创立了多种教派。东晋、南北朝的皇帝和王公贵族、士族官僚无不信教。天竺僧人佛图澄、鸠摩罗什克后被后赵石民和前秦苻坚尊为国师。北魏时，佛寺多达三万余所，出家的僧尼达两百多万。南朝的佛寺、僧众只会比北魏多。梁时的建康（今南京）一地就有佛寺五百余所，僧尼十余万人。人们熟知的天才诗人杜牧《江南春绝句》写道："千里莺啼绿映红，水村山郭酒旗风。南朝四百八十寺，多少楼台烟雨中。"写的就是梁武帝时在建康造佛寺的盛况。

梁武萧衍宣布佛教为国教，还舍身同泰寺，出家为僧，后来由群臣出钱赎回。南朝士家大族官僚何尚之向宋文帝献策：提倡佛教可以"使民风淳谨"，"百家之方，十人持五戒，则十人淳谨；千室之邑，百人修十善，则百人和厚矣。传此风训，以遍宇内，编户千万，则仁人百万矣。夫能行一善，则去一恶；一恶既去，则息一刑；一刑息于家，则万刑息于国，即陛下所谓坐致太平矣。"（《广弘明集》卷十一）

佛教如此兴盛，迷信思想充斥南北朝思想领域，我国古代无神论者范缜则写出《神灭论》名著，同佛教宣扬的"神不灭论"展开针锋相对的斗争。

范缜（公元450—515年），南齐、梁时人。南齐时他和笃信佛教的权贵竟陵王萧子良展开激烈争辩，争辩内容是佛教因果报应是否正确。萧子良质问他："君不信因果，何得有富贵贫贱？"他回答："人生如同树上的众花丛开，风吹落地，有的落到茵席上，有的落到粪土中。人的贵贱虽是殊途，因果竟在何处？"（《南史·范云传附范缜传》）萧子良纠集众多僧人和文士与他争论，又许以中书郎之职，作为不反佛的代价，他都未改变主张。

梁武帝天监六年（公元 507 年），宣布佛教为国教时，范缜发表《神灭论》，严厉批驳"神不灭论"。他举出很多实例子说明形和神无法分开，形灭则神亦不复存在。还说："形者神之质；神者形之用。"精神是从形体生出来的，本质没有了，当然就没有派生物的存在。形和神犹如刀和锋利，没有刀子哪还有"锋利"的存在？（《梁书·范缜传》）

《神灭论》发表后，梁武帝为首的僧俗贵族视为洪水猛兽，必灭之而后快。梁武帝令大僧正法云组织长于佛理的六十四人，著出七十五篇论著围攻《神灭论》。范缜从容不迫，"辨摧众口，日服千人"，驳得皇帝、大臣和众僧个个哑口无言。

佛教石窟艺术的巅峰

评价两晋南北朝的佛教，是把石窟佛教作为艺术去瞻仰的。这也许很令人费解，本人已思磨多年，亦未想通。同是佛教建筑，石窟建筑竟如此被珍视。"南朝四百八十寺"，内陆平原的佛寺，皇帝可直接去参拜，群臣、百姓都能去寺里做和尚，连梁武帝也曾出家为僧。而石窟寺距离梁武帝太遥远，居住条件也很差，他无法说去石窟寺出家就能去的。也就是说，建造石窟寺不能如梁武帝时的一般寺院影响到国家政治。

再是建造石窟寺一般是就地取材，掘洞、塑像都是无名石匠、泥匠的事，浪费较小。即用较小的材料和人工，却建造、留下那么伟大的艺术品，故而值得赞赏。

然而，这又都不是充分的理由。我国三大石窟之一的龙门石窟，就建在洛阳伊阙的龙门山，是北魏迁都洛阳后，公元 500 年前后开始兴建的，总共修建了24 年之久，随时都得有 80 万人在劳动。隋唐时期，仍接着修建，这个石窟寺与深处河西走廊的敦煌石窟不能同日而语。它就在东都洛阳附近，它的工程浩大，不会比秦始皇修坟筑墓、建造阿房宫小些。

总而言之，中国的石窟寺艺术，的确是闻名全世界，流名万古的艺术珍品，是世界石窟艺术的巅峰，这是无须议论的事实。

石窟开凿开始于距今 2300 年前的古印度，那是孔雀王朝的阿育王时代。阿育王以"达摩"治国，大力弘扬佛法，建立佛寺。印度的夏季时间很长，又极为酷热。阿育王为了僧人修行避免炎热之苦，想出凿窟的办法，为僧人营建一个凉爽清静的空间，这是佛教石窟之源。自从阿育王开凿巴拉巴尔石窟开始，后来大刀开凿，印度现存石窟群达 1200 多个，佛教石窟占到四分之三。

释迦牟尼创教时代，释氏所居的舍卫城祇园精舍和王舍城竹林精舍是传教史上最早的寺院。因其建于平原，故称独立式平原寺院。它地近城镇，便于传教，也便于聚僧修行。中国南北朝时的内陆寺院，便是平原寺院，所以梁武帝和众多官民都出家为僧，无须远行，修行方便。后来，印度又兴起一种山地寺院，远离城镇，便于僧众静修；但爬山涉谷，行动已不大方便了。

公元前 1 世纪左右，印度的石窟寺院产生。它利用天然崖壁开凿洞窟，在印度潮热的气候环境中，具有冬暖夏凉、牢固持久、不易焚毁等优点，很快传播开来。印度曾两次掀起凿洞高潮，即公元前 1 世纪到 2 世纪；公元 5 世纪到 8 世纪。

自从印度出现石窟寺，随着印度佛教的四处传播，这种寺院也向国外传播。南面传入今天的斯里兰卡、东南亚诸国；北面传入今巴基斯坦、阿富汗等国；向东越过葱岭传入我国新疆和当时的西域各国。随后，石窟开凿步步东进，由河西走廊向中原的北部地区，再由北而南，形成了中华民族特色的石窟艺术。

中国千余年开凿石窟的历史，曾出现过北魏和盛唐两个高潮，构成中国石窟四百余年持续开凿的鼎盛期，就连印度也望尘莫及。中国的石窟艺术发展规模之大、分布之广，在世界上也令人瞩目。我国不仅具有闻名于世的敦煌、云冈、龙门三大石窟宝库，而且还有总数超过 250 处之多的大规模石窟摩崖造像，小型窟龛更是难以数记，仅四川就有数百处之多，遍及全省五十余县。中国的佛教石窟艺术具有中华民族的特色，其雕塑绘画皆具现实精神和艺术气派；石窟建制也由印度单一塔庙式，发展为殿堂特色的佛殿窟、大像窟、佛坛窟。它是在深度的民族土壤上长成，有着中华民族博彩雄丽的文化特色。

中国石窟寺开凿的第一个高潮是南北朝时期的北魏，北魏是中国北方的一个少数民族鲜卑拓跋氏建立的王朝。拓跋氏本不信浮屠，但因其汉化改革，不仅信了浮屠文化，还逐步强大，统一了我国北方。

北魏之祖原居大兴安岭地区，后逐步南迁。公元 386 年攻灭北方的代国，建立魏国，属于当时北方十六国之一国。在魏国发展过程中，逐步消灭北方诸国（多数是互相攻灭），完成了对北方的统一。到魏孝文帝拓跋宏统治时期（公元

471—499 年）实行了著名的"魏孝文帝改革"，丢掉了少数民族的特点，几乎完全汉化，中原文化被北魏接受。在孝文帝五岁时，他的祖母冯太后就开始了改革，孝文帝亲政后完成了改革。改革过程实行一系列措施，使我国北方经济、文化都得到稳定发展。

公元 494 年，魏孝文帝由都城平城（今山西大同）迁至洛阳，进行了革除鲜卑旧俗的汉化改革。例如：首先服饰改革，舍"胡服"，改汉装；接着"断北语"，"依正音"，即进行语言改革，一律学说汉语，30 岁之下仍说鲜卑话的一律免官；随后又改姓氏，如把皇族拓跋氏改为元氏，贵族丘穆陵民改为穆氏，步鹿孤氏改为陆氏，贺赖氏改为贺氏，独孤氏改为刘氏，贺楼氏改为楼氏，勿忸氏改为于氏等等。

鼓励鲜卑贵族与汉族士族通婚，孝文帝为五个皇弟娶了北方士族之女为妃。鲜卑兵士和人民，由牧民改为农民。如此，少数民族特点逐步消失，北方各族逐步实现了大融合。

历史上对冯太后和魏孝文帝评价颇高，认为是地主阶级杰出的政治家，对国家统一和民族融合，以及经济文化发展起到重大促进作用。

魏孝文帝汉化改革，使他们很快接受了汉文化。当时，中国正大力兴起佛教，北魏统治者一方面以佛教为工具统治、麻醉人民群众，这是统治者们的一贯做法。另一方面，从属于大气候，当时儒文化已被割裂、排斥，北魏统一北方，也只能接受当时兴起的佛文化，以此作为统治思想。何况，如佛祈福免灾，既是平民百姓的一般想法，而北魏统治者也想通过佛教，庇佑政权永久稳固。

北魏政权在平城（大同）奠都时，石窟寺正沿丝绸之路东来，从西陲凉州越千山万水直至晋北。北魏政府很快接受了石窟寺佛教，便开凿了中国三大石窟之一的皇家石窟——大同云冈石窟，创造了石窟寺文化的典型之一——平城模式。

魏孝文帝迁都洛阳后，进一步汉化，又在龙门和巩县开凿更大规模的石窟——洛阳龙门石窟。

我国河西走廊里的敦煌石窟正式开窟建寺是公元 420 年北凉灭掉西凉尽有敦煌之地时，而到公元 439 年北魏灭北凉，敦煌又归属北魏，北魏又把敦煌石窟推向一个开凿高潮。尤其北魏孝明帝时，在酒泉以西设瓜州，敦煌为其治所。王元荣出任瓜州刺史，当政 20 年，把莫高窟开凿推至第一个盛期。当时一大批官僚从洛阳来至敦煌，随行一大批洛阳工匠，他们把莫高窟从龟兹、凉州之风一变为中原汉风，无论是窟制、塑像、绘画都出南朝的新风貌。

三大石窟之外，北方的麦积山石窟、庆阳北石窟寺、宁夏固原须弥山石窟、陕西延安地区诸石窟、太原天龙山石窟等等，都经过北魏的开凿年代。

当时的寺庙、石窟兴起，必然要有绘画、雕塑和书法相配合，二者是相辅相成的。所以，魏晋十六国南北朝时期的绘画、雕塑、书法艺术成就突出。西晋的顾恺之是当时最负盛名的画家，现存《女史箴图》是他的一副名作。刘宋的陆探微、梁朝的张僧繇、北朝蒋少游和曹仲达、南朝的戴蓬、宗炳、王微、谢约等都是著名画家。

这个时期，书法艺术突出，工于书法的艺术家非常多。东晋王羲之、王献之父子，在中国书法艺术史上极负盛名。王羲之被称为"书圣"、王献之被称为"小圣"，后人把王氏父子的书法列入"神品"，可见推崇之至。王羲之书写的《兰亭集序》，是书法艺术中的极品之作。

科学技术方面，有几处走在世界的前列。如数学方面北齐时代的祖冲之，推算出的圆周率数值在 3.1415927 和 3.1415926 之间，在世界数学史上是一个重大发现，直到千年之后，西方数学家才打破这个数值，祖冲之的儿子祖暅之也取得突破性的成就，求出了球体积的正确公式，也比欧洲早一千多年。

天文历法方面，打破了以往天文学整日周岁说，确立了"岁差"。即天文学认为太阳从冬至日运行一周天，到第二年的冬至日，就是一周岁。东晋的天文学家虞喜发现，太阳运行一周天没有回到原点，并不等于一周岁。经过推算，他求得春分、秋分点每五十年西移一度，称为"岁差"。祖冲之修历法引用了虞喜的成果，把岁差计算在内，得出了比较精确的每年日数的数值，在世界天文学上也是最早的发现。

在农业科学方面，北魏贾思勰著《齐民要术》是一部总结农业生产技术和经验的名著。全书共九十二篇，包括谷物种植法、蔬菜瓜果种植法、种树法、饲养家畜家禽和养鱼法、食物粮食贮藏法、各种酿造法等，还介绍了中原以外和外国植物品种，价值很高。

地理学方面，北魏郦道元《水经注》和杨炫之《洛阳伽蓝记》同是地理名著。《水经注》注录全国水道千余条，引注书目四百多种，记载水道流域的山川名胜、风土人情，在地理、历史和文学上都有很高的价值。《洛阳伽蓝记》记述洛阳城的历史沿革、建制、寺塔建筑、经济文化状况，也是一部地理、历史名著。

值得一提的是，这数百年间，中外文化、商业等方面的流通往返不断。汉明帝时，曾派蔡愔等去天竺求佛经，天竺僧人摄摩腾、竺法兰等也随同东来；在洛阳翻译佛经。东晋末年的法显，西行求经，通过河西走廊和西域各国，越过葱岭，到达天竺，归途航海，经锡兰、苏门答腊等地回国，著有《佛国记》一书，是记载古代中亚、南亚、南洋最早的重要著作。

中国的所谓"丝绸之路"，陆海两途从未间断。从陆路通往中亚、西亚和大秦的商品以丝织品为主，养蚕技术也于公元四世纪传往欧洲，这些地区的商人、僧人不断东来，当时的平城（今大同）和洛阳聚集很多西方人，北魏政府设商馆供他们居住。海路开通后，我国和南洋诸国的商贸往来较陆路更加频繁，很多海外僧人也从海路前来中国。南洋诸岛国还派政府的使团多次前来，都受到中国的友好接待。

第十二章 "伟大的暴君"——隋炀帝

隋朝只有文帝和炀帝两个皇帝，不足四十年的王朝。值得注目的是隋炀帝，他是被历史研究和大众全面否定的人物，对他的记述和评论和商纣王、秦二世一般。近些年随历史研究的新史料发现和历史观的新变化，对隋炀帝的认识和评价也发生很大变化，认为他做出了很多"伟大"的事业，不能一笔抹杀。

率兵伐陈，实现南北统一

公元581年，隋文帝杨坚夺取北周皇位，建立隋朝。当时南北尚处对峙局面，江南的小朝廷是南朝宋、齐、梁、陈的最后一个昏君陈后主。隋文帝为讨伐陈朝做出充分准备，如大量积存粮食，以备军需；开通漕运道路，以便运军粮；统一币制，充实国力；命大将杨素在长江上游造战船等。

公元588年冬，晋王杨广统率50万大军，分五路攻向陈朝。新建的上游水师，也顺流而下，直趋建康。腐败的陈后主自以为有长江天险凭借，有建康的城高池守护，隋军无力攻破。然而，杨广率领的大军和杨素指挥的战船，一齐攻向建康城，一举攻破城垒，陈朝灭亡。

唐朝的诗人杜牧曾写《泊秦淮》，追溯此事："烟笼寒水月笼沙，夜泊秦淮近酒家。商女不知亡国恨，隔江犹唱后庭花。"说的就是陈后主荒淫好声色，自编《玉树后庭花》曲舞，终日在后宫与嫔妃宫女等饮酒歌舞，不理朝政，终于灭亡，《玉树后庭花》乃亡国之音，成为千古帝王的教训。

消灭陈朝后，杨广率军陆续摧毁南方各地分散的反抗势力，平定了南方全部州县。于是，历时数百年的南北分裂和混战局面结束，中国历史上又一个新时期开始了。

杨广为大将军率兵南下灭陈时，年仅20岁，此时虽是父亲文帝执政，但他已经参与政事了，隋文帝的多项改革措施也有杨广的参与。

例如：为发展生产，减轻农民负担，下令减轻农民的赋税征收，规定成年男子的岁数由18岁提高到21岁，每年服役期限由1月减为20天，调绢由一匹改为二丈，不愿服役者可收庸。丁男50岁，免役；农民18岁受田，三年不收田赋、不服徭役。

隋王朝出台几个重大措施，打击豪强地主。例如：中央设尚书、门下、内史三省，严密控制地方，把州、郡、县三级改为郡县两级，又把小的郡县合并，仅仅州一级就免去210个，加上"存要去闲，并小为大"，又免除了许多郡县的编制。这样做，把地方豪强把持的地方州、郡、县剥夺了一大批，节约了开支，加强了控制。

与废州郡相联系，又规定：凡九品以上的地方官，一律由中央任免，由吏部考核优劣；还规定：郡县官佐三年一任，到任后即下台，不得重任；还规定：地方郡县官不得用当地人。这样，地方豪强的垄断势力宣告结束。

同时废止九品中正制，设立郡县学。原有的秀才、明经两科经过中央的严格考试录用。到隋炀帝亲政时，一律改为科举制度，增加进士科。这就从根本上结束了豪强地主控制官吏的选拔制度，改为一律由中央控制，一般士人进阶的大门打开了。

军事制度也进行了改革，地方军队属郡县管辖，由军头率领。平日和百姓一样垦田劳作，立有户籍，同时保持军籍，战时则照常从军。这样既减轻了农民的负担，也增加了政府的收入。

多项改革，让逃亡在外的农民又回到家园，原属地方豪强的"荫户"脱离豪强控制，于是农户大量增加，建国不到十年，户口增加了两百多万。

公元605年隋炀帝亲政。上述各项措施，他继续坚持。同时进一步精减政府机构；增加科举考试进士科；恢复学校教育；设立"四方馆"，经略"四夷"，即对少数民族实行友好、优待、拜爵等团结政策；对外实行"无隔夏夷"的开放政策；重新整顿达于西海（地中海）的丝绸之路，保障丝路的通畅无阻。

隋炀帝时期的疆域之大、财富之多、储备之广、远超汉帝国。其人口增加到此前历史的制高点，超过 4600 万。仓储是"中外仓库，无石盈积"（《隋书·食货志》）。西京太仓、东京含嘉仓、华州永丰仓、陕州大原仓所存米粟，一仓可达到千余万石。长安、洛阳、太原府库所存布帛，各有数千万匹，加上全国各地的储积，可供隋朝支用五六十年。也就是说，隋朝灭亡后大唐又用了数十年。

有了上述统一国家的政治稳定和经济发展作基础，隋炀帝才有力量营建东京、开凿大运河，并亲临河西走廊的张掖，举办 27 国"万国博览会"。

营建东都洛阳和开凿大运河

在中国古代，洛阳的地位非常突出。北宋大政治家和史学家司马光有诗句曰："若问古今兴废事，请君只看洛阳城。"看看洛阳城的历史，便知古今天下兴亡之事，可见洛阳的地位多么重要。正因为洛阳的地位重要，所以古代王朝多在此定都，我国的七大古都洛阳、西安、南京、北京、开封、安阳、杭州，定都最多的便是洛阳，共有 13 个王朝定都于此。西安大约是 10 个王朝之都；南京也是 10 个王朝之都；开封是"七朝古都"；安阳也是"七朝之都"；北京城在元朝之前仅是方国之都，元朝开始才是全国统一政权的皇都；杭州仅是南宋偏安之都，他远在南方，不具备帝都的应有条件。

洛阳的建都不仅最多，也最早。早在我国第一个奴隶制夏王朝就建在这里，称为斟鄩；商汤王夏也建都于此，称作西亳；周公营建洛阳，让成王迁都于此；东周、东汉、曹魏、西晋、北魏、隋、唐、武周、后梁、后唐、五代的后晋皆在洛阳定都，历史上作为首都的时间长达 1200 年以上。

洛阳是古代文化中心，被誉为中国先民心灵思维最高成就的是《河图》《洛书》，即产生于此。周公"制礼作乐"，佛、道、经、理诸学都与洛阳有着密切关系。南宋著名诗人陆游有"永怀河洛间，煌煌祖宗业"，说明古代的中国都城洛阳的文化地位之重要。

洛阳的政治和军事地位更为历代政治家、军事家看重，我们说的"中国""中原"，最早指的就是洛阳一带。《史记·周本纪》载，武王灭商后曾"自夜不寐"，要为周朝建一个万年基业之地，他选的便是洛阳。他对周公说："我南望三涂，北望岳鄙，顾詹有河，粤詹洛伊，毋远天室。"于是，周公和召公共同主持营建工作，并让成王迁都于此。洛阳之险，北有黄河、太行为障；南有崇山峻岭，即武王说的"三涂"为屏；西东函谷、崤底二关；东有虎牢、成皋两关雄峙，其军事战略地位险要。大文学家张衡在其《东京赋》中，用优美而夸张的语言，描绘了洛阳披山戴河的雄峻。

隋炀帝正是看到了洛阳的战略地位，指出洛阳"水陆通，贡赋等"，是当时国家经济中心，各地运往贡赋方便；又说"南服遐远，东夏殷大"，"关河悬远，兵不赴急"（《隋书·炀帝纪》），以洛阳为中心，最便于控制全国。他的目光宏远，看到当时中国的政治经济中心向南转移，偏在关中的西安地区已失去了经济优势，所以才决心营建洛阳。大业元年（605年）他亲自为新都选址，并委派尚书令杨素和著名建筑科学家宇文恺设计营建。每月征调丁男两百万，经过十个月建成。新的洛阳在旧城以西，其地理位置较周、魏故城的确优越。它规模宏阔，周围55里。隋炀帝把旧城居民和各地富商，迁入洛阳居住。在洛阳兴建洛口仓、回洛仓，计3300窖，大量积存粮食，以供都城人口和军队。

与洛阳城配套的建设是开凿南北大运河。大运河是中国古代一个十分伟大的工程，它以洛阳为中心沟通南北水系，当时分四段开工建设。大业元年（605年），炀帝征发河南、淮北一百万民工开挖通济渠，由洛阳通至淮河。同年，又征发淮南十万民工并凿邗沟，从山阳（今江苏淮安）到扬子（今江苏扬州）入长江。渠宽四十步，旁筑御道，道边栽柳树。大业四年（608年），征调河北一百万民工开挖永济渠，引沁水南达黄河，北通涿郡（今北京）。大业六年（610年），继开江南运河，从京口通至余杭。大运河长达五千里，是世界上人工开凿的河道中，少见的伟大工程。大运河的开凿，沟通我国南北水道交通大动脉，适应了南北经济交流的需要，对祖国经济文化发展和祖国的统一，起到了伟大的作用。

丝绸之路上的"万国博览会"

北朝时，丝绸之路上出现"地方数千里，号为强国"的吐谷浑，其都城在伏俟城（今青海湖西岸）。吐谷浑的强大，控制了丝路贸易，并经常出兵攻击北周的边区。隋朝初年，因忙于南北统一等事业，尚无力照顾丝路问题。当南北统一和营建都城洛阳等大事告竣，便立即着眼丝路问题。大业三年（607年），隋炀帝派吏部侍郎裴矩前往张掖主持丝路"互市"，并命裴矩利用与西域商人接触机会，充分了解西域诸国的情况，裴矩听命之后便与各国使者、商人交流，一边了解实情，一边查阅资料，最终写成《西域图记》一书上呈。该书记载西域四十四国的翔实情况，并标绘成图，是一部了解西域的精美典籍。

隋炀帝决定亲征吐谷浑，重新开启丝绸之路，保证中西方交通无阻。大业四年，宇文恺召集能工巧匠，制造出炀帝西征的"行宫"。据《隋书》记载，宇文恺主持制造的"行宫"乃是几组活动板房，炀帝居住的称"观风行殿"，方126步，高四丈二尺，开四门。侍卫居住的称"千人帐"，可住卫士数百人。下装轮轴，由群马拉行，这种房屋可拆卸、安装。炀帝亲征吐谷浑西巡，都是在这个板房里居住和临朝处理政务军务的。

随后，炀帝命大将李琼、刘权等率40万大军对吐谷浑展开战略包围，进行大决战，历时一个月，隋军大胜，吐谷浑几乎全军覆灭，再也无力骚扰河西走廊，丝路全程再也无大的障碍。炀帝随之率百官和宫室，在卫队扈从下浩浩荡荡西行。队伍越陇山，经青海前往张掖。六月八日，入商都口要穿越六十公里长的险隘峡谷大斗拔谷，因峡谷路窄，十几万人排成一条长龙前行。这时，天气骤然变化，山路晦暝，不见天日。随之大风呼啸，气温骤降，下起大雪。在通过那条大峡谷时，被冻死一万余人，包括两名妃子和炀帝的亲姐姐。（《隋书·炀帝纪》）队伍继续前行，于6月11日到达张掖。

在炀帝西行过程中，裴矩听命炀帝在张掖召集"胡商"和各国使臣，宣讲大隋政策：凡入朝大隋者一律欢迎，给予优待条件；凡来张掖贸易，或去东都洛阳贸易者，给予优惠政策；"胡商"所到之处，有专门人员和场所接待；令中国商人在摊位上置酒食，让"胡商"随时吃喝。

为炀帝前往张掖召开"万国博览会"，有驻守武威的大将樊子盖为大会安排一切。

樊子盖和裴矩等人向炀帝奏报，盛会在河西焉支山下（属山丹县境）举行。山丹县在丝路贸易中是一个重要中转站，西欧、中亚、西域商队来山丹、张掖贸易者，络绎不绝。六月的焉支山，风景优美，木叶葱蔚，草长花繁。山脚下有一片开阔的大草原，是举行大会的住处。焉支山也是胜利的象征。西汉武帝派年轻大将霍去病千里奔袭河西，在焉支山大败匈奴。"失我焉支山，令我妇女无颜色"，原来焉支山又称胭脂山，是祁连的支脉，位于山丹县东南40公里处，山上长满红蓝花，也叫山丹花，山丹县因该花之名贵而得名。山丹花是天然颜料。又叫焉支花，花红鲜艳欲滴，匈奴妇女采之作化妆胭脂。汉将霍去病在焉支山大败匈奴，使他失去了美好家园，失去了焉支山上的焉支花，故有"失我焉支山，令我妇女无颜色"之叹。

6月17日，隋炀帝一行到达焉支山下牧场。高昌、龟兹、疏勒、于阗、契丹等27国国王和使臣"佩金玉，穿锦绸"，焚香奏乐，迎立道旁。武威、张掖十几万身着节日盛装的百姓夹道欢迎，"周亘数千里"（《资治通鉴》，卷一八一）。

6月18日，炀帝宣诏设西海、河源、鄯善、且末四郡，把青海全境纳入中原王朝的版图，司马光赞赏道："隋氏之盛，极于此也。"（《资治通鉴》卷一八一）

6月21日，"博览会"正式启幕。炀帝亲临"现风行殿"，同27国使臣一同观览国家文物，览后宴请使臣。宴会上，演奏来自印度、西域、朝鲜等地的《清乐》《龟兹》《西凉》等九部乐曲，并演出神妙的舞蹈《鱼龙漫衍》。

6月23日，隋炀帝宣诏大赦天下，免除陇右地区赋役一年，西巡所经之地免除两年。又在文武大臣和诸国王臣的簇拥下，效法秦皇、汉武封禅泰山的礼仪，登山焉支山峰顶，祭祀天地。

隋炀帝这次西巡，在中国历史上确有重大历史意义。他督师打败了吐谷浑，扫清了丝绸之路的障碍，恢复了中西方的商贸、文化和外交友好往来的局面。设西海等四郡，再度明确青海、新疆的中原版图。召开盛会，邀请西方和西域27国国王和使臣参加，有利于西陲的和平安定。此后，西域30余国的君王和使臣相继前往河西诸郡和东西二京及扬州、广州等经商、参观，促进了中西贸易和文化的交流，促进了中外友好往来。

隋炀帝一生曾八次巡狩，这次西巡并亲征吐谷浑，是意义最大的。皇帝的巡狩活动，包括秦始皇、汉武、唐太宗、康熙等著名君主，巡狩多伴其一生。对皇帝的出行，不能一概肯否，得分析其目的和结果。例如：康熙曾四次东巡盛京，六次南巡江浙，六巡山西，五上五台，数十次巡幸京畿。每年出巡两百多天。对他的每次出巡都该具体分析，但一般而论，他的出巡多与政治、军事、经济有关。

因此，康熙是位明君。而乾隆也四方巡幸较康熙只多不少，但他的出行多是为了玩乐，他自己老年时曾检讨："朕临御天下六十年，并无失德，惟六次南巡，劳民伤财，实为做无益害有益。"（梁章钜：《浪迹丛谈》卷三）因此，乾隆在历史上是个有破坏无贡献的皇帝。

所有皇帝巡幸价值，都没有隋炀帝的西巡张掖，召开"万国博览会"那次意义重大。

败亡原因

隋炀帝的败亡有客观原因，也有他个人的失德。

他南征陈朝、北击匈奴，营建洛阳、挖凿大运河等，都是为了统一国家和建设国家。但是南征北战，大型建设，要征调大量人力，花费物力，这些是必要的，连最伟大的皇帝如汉武帝的征战和建设都免不了用人用物。

但是，炀帝的许多活动，却是过了头。例如：他曾三次征高丽，动用100多万人，一次造车5万乘、造船300艘。结果，全部以失败告终。大业八年二月到七月那次出征，陆军113万人进攻辽东和平壤，远征军逃散、死亡，回归祖国的已所剩无几了。造战船的民夫，终日站在水里，腰以下都生了蛆，死者十之三四。

他的几次巡游，的确劳民伤财，对国家有害无益。如大业三年的出巡，士兵、官吏、宫女随行者50万人，沿途供应，使很多郡县强迫农民交纳几年的租税。因此，迫使农民发动反隋大起义。大业十四年（618年），隋朝禁军将领宇文化及在江都发动宫变，弑杀炀帝，隋朝也宣告灭亡。

炀帝的"伟大"，是指他的历史功绩，用"伟大"去形容，亦不为过。"暴君"是说的劣庸，贪暴，似乎也不能、不必否定。只是，如果全盘否定他，就不公道了。

历史评论有种偏向：好则全好，否则全否。或许这是中国人的通病。其实，炀帝和秦始皇很相似：都统一过中国；都修过世界出名的大项目（长城、运河）；都常出巡，但秦始皇出巡的历史功绩没有炀帝那么"伟大"；都是"二世而亡"；秦始皇的焚书坑儒，炀帝没做；都出征匈奴……但是，秦始皇尚被肯定部分；而炀帝几乎都被否定了。

我们再把炀帝与武帝等相比较，似乎汉武帝做出的功劳，炀帝都去做过，有的成绩很突出，不比汉武帝差些。而炀帝出巡、修宫殿、享乐的一面，汉武帝做得比炀帝还过。这一点是皇帝的通病，汉初文景之时，社会破坏严重，还没有条件享受。大唐时也是，唐初君臣互相提醒，莫忘炀帝失国的教训。但是贞观后期，唐太宗也开始"锦绡珠玉，不绝于前；宫室台榭，屡有兴作；犬马鹰隼，无远不致；行游四方，供帐烦劳。"至于开元、天宝后，唐明皇虽很有名，那是他与杨贵妃的"爱情"故事出的名，他又有什么历史功绩？

唐太宗曾说过："炀帝恃此富饶，所以奢华无道，遂至灭亡。炀帝失国，亦此之由。"但晚年的唐太宗，也一样奢靡、一样贪婪，为了出游方便，光是离宫就修造九区……

既然封建皇帝性格本质没两样，我们只能就其功过而评价。如此，秦始皇、隋炀帝、汉武帝、唐太宗，他们都曾是有过历史功绩的皇帝，也都一样贪婪、图享受、爱游乐。历史把他们分为暴君和明君，全盘肯定和否定，就不公允了。

或许，是由于秦始皇、隋炀帝一瞬间就灭亡了，人们才多去总结他们灭亡的教训，从而否定了他们。如果唐太宗和汉武帝完成他们的历史功绩之后，晚期腐败了，便也失国了，灭亡了，历史也不再会说他们是明君，也会说他们的昏君、暴君的。

历史评论还把隋文帝与炀帝分开，认为文帝的统一中国、恢复生产、积累财富，对历史有功；而炀帝利用文帝的积累去挥霍，造成国力衰败，乃至灭亡。

如此评论不仅失误，而且表现出历史知识不足，很幼稚。实际上文帝所为，炀帝大都参与。炀帝20岁率兵下江南消灭陈朝，统一南北，在这之前他已经参政，到他亲政为止，又与文帝一同治国17年之久，他即位至618年被宇文化及弑杀，执政14年，前后参政、执政30年。这30年正是大隋一统，达至极盛时期，根本离不开炀帝的作为，谁又能把隋文帝与隋炀帝分得开。

隋文帝也曾大修宫殿，开皇十三年（593年）文帝令杨素负责营建仁寿宫（在陕山千阳），工程浩大，工役严急，丁夫死者以万计。

对高丽的战争也是文帝先行，炀帝随后。开皇十八年（598年），文帝以水陆军30万入侵高丽，因远征困难，高丽军队据地坚守，勇猛抵抗；加上军中病疫流行，以失败告终，战士生还者无几。

不仅文帝与炀帝分不开，从历史的高度看，秦与汉分不开、隋与唐也分不开。

历史发展，兴衰、治乱规律前进，所谓治乱、乱治坡谷相连；"分久必合，合久必分"。春秋战乱数百年，必然出现秦汉的大治大统一；三国两晋南北朝战乱数百年，隋唐的大治大统一也是历史必然结果。所以，历史以"秦汉""隋唐"称呼。没有隋的统一和建设，唐朝的"贞观"之治不那么容易出现。因此，历史是连续发展，波浪前进的。只肯定某一段，轻易否定某一段，都是历史唯心主义在作怪。

有些国家对自己历史的尊重，应该令我们效法。如俄国的历史上出现的叶卡婕琳娜女皇，是个妓女出身，彼得大帝是个沙皇。但他们在历史上对俄国的发展都有大的贡献，所以到苏联共产党执政时，仍宣传历史上这些有功的皇帝，没有什么顾忌，没有因为出身不好而否定，因为是沙皇而非难。

我们评判历史往往有很多包袱，会绝对肯定或绝对否定。例如：多少年代中，我们不承认清政府是我国的一段历史，称为"满清政府"。到了 20 世纪初，革命派仍称清政府为"鞑靼"，把它与"中华"对称，即清政府不是中华，把推翻清政称"民族"革命。孙中山先生倡导"三民主义"，为的是组织民众，推翻清政府，我们可以接受。但是，到了新中国成立后，又有很长一段，仍沿继此论。而且，养成了全盘肯定与否定之习惯，至今此习惯仍大有影响。例如：我们全盘否定"孔孟之道"；全盘否定历史上和现实中的某段历史，某些有影响的人物。有些有影响的政权人物，一句话把历史全翻过个来，不加任何分析，用"运动"去说历史、说历史人物，都很难实事求是。

评价隋炀帝，也是没有把握住历史史实，没有正确的思想认识和客观标准。

第十三章　世界文化的中心——大唐帝国

历史合力铸就大唐帝国的辉煌

历史是峰谷迭走，波浪前进。

大唐帝国是一峰顶。这个峰顶较汉武帝时还要高远。这个高大的历史之峰是历史的合力造就，并非一人一时而能为。它首先是隋王朝数十年打好的基础，杨广虽可争议，但他和文帝数十年的开疆拓土，数十年的经济建设，积累的财富仍够唐太宗数十年之用。焉支山下的那场盛会，27国前来拜会，那种光辉也留给了大唐。

大唐帝国的峰顶，自然有唐太宗的治理，才出现"贞观之治"，这是大唐盛世的象征，在历史评论中，比汉初"文景之治"、比清初"康乾盛世"都要响亮。这自然是唐太宗君臣的功劳，也属于唐太宗那个历史时期，属于那个历史时期的人民群众。

但是，历史更不该忘记，也是女皇武则天的努力。这一点历史学家们多不承认，文学家们也多不承认，造成历代不知历史事实的百姓们也不承认。直至今天，饭后茶余聊起大唐，百姓们只知有唐太宗、杨贵妃；也知道武则天，但却认为她是电影电视里的那个女妖精，那个妲己一类的"贼后""妖后"。

武则天死后，首先是李氏王朝不承认她曾做过皇帝。开始时承认，后来坚决否认她的是唐玄宗李隆基。延和元年（712年）八月，李旦（唐睿宗）传位给太子李隆基，在传位前月余李隆基曾称武则天为"天后圣帝"（《旧唐书·睿宗纪》）；而他登基后立即把"圣帝"丢弃，只写"圣后"（《资治通鉴》卷二一〇，玄宗先天元年八月壬寅）。开元四年（716年），则去掉了"圣"字，只称"天后"。

113

天宝八年（749年），李隆基追尊"则天顺圣皇后"，遂成定制。

如果按李隆基的本意，连"后"都不愿称，所以称过"帝"，又称"后"的混叫，是因为武则天的女儿太平公主在为母亲争位子，武则天的亲生子睿宗李旦也为母亲争帝号。后来太平公主被李隆基杀死，李旦也病死，才被丢掉"帝"号，只承认"后"号。当时还有拥护武则天的大臣们在，如果不在，李隆基就连"后"也不承认。

李隆基做过四十多年大唐天子，在他的定论下，史官们在大唐正史里为武则天立"本纪"，立的就不是皇帝本纪，而是《则天皇后本纪》（《旧唐书》）、《则天顺圣武皇后本纪》（《新唐书》）。史臣们不承认武则天做过皇帝，只是"顺"皇后，她只是老李家的媳妇。

然而，武则天在历史上毕竟做过20多年皇帝，还辅佐极无能的高宗30年。根据史学研究的断限，大唐前期共有高祖、太宗、高宗、武则天、中宗、睿宗、玄宗七个皇帝。开始的七年是混战，到天宝十四年（755年）安史之乱，共有130年时间。其中五分之二是武则天当政，而武则天的生命占去了其中三分之二。正是这段时间，被后世史学研究称封建社会的鼎盛时期。新旧史学家们又把唐的强大归功于唐太宗的"贞观之治"和唐玄宗的"开元盛世"。就是说唐太宗、武则天、唐玄宗分别代表了唐代前期的恢复、发展、鼎盛三个阶段。如果只承认唐太宗的"贞观之治"和唐玄宗的"开元盛世"，把武则天的五分之二的历史割了去，那么"贞观"和"开元"如何能连得起来？

如果说"贞观之治"是建设，"开元盛世"也是建设，而武则天之五分之二在破坏，"贞观之治"早被破坏净尽，何有"开元盛世"的存在？问题出在哪里呢？还是那句话：皇帝的位子上不许有女子，或说女人不许做皇帝。如果武则天是老李家的男皇帝，一点儿问题也不会有，会说他承继唐太宗的"贞观之治"，把大唐天下推向了"开元盛世"的顶峰。

历史也的确如此，无法否认。

她承继"贞观之治"，重视农业生产，关心民生。尽量减赋轻役，天册万岁元年（695年），下令免除全国赋税和徭役，洛川两年不收赋税。为应付边疆的战争，推行均田制度，几年积蓄的军粮，十年的军需也用不完。在武则天的年代里，中国人口由贞观年代的380多万户，升至615万多户，人口升至3714万。

女皇执政期间，是唐代疆域的顶端。军事成就远超贞观年，四境争端被解决。中原和边区各民族之间经济、文化交流更密切。

她是新兴中小庶族的代表，一生打击腐朽的士族势力。魏晋以来的门阀制度扫地以后，是社会生产力发展的保证。

她打破贵族门户，用人唯才。她的自荐制度很有特色，任官不嫌出身低微，即使农夫走卒，凡有长处者，皆能破格任官。如对官僚掌控力度强，打击贪侵力度大，敢犯规章的官员轻则罢斥，重则斩杀。她选官虽有过滥之失，但及时考查，适时罢免，弥补了失误。

他把隋朝和唐初实行的科举制度化，贞观年共举进士 205 人，武则天举进士之余，她首创殿试，由天子面选人才。她首行官员试用制度，试用不合格者或降级使用，或不用，保证了官员的质量。

她有政治风度，乐意与下属和百姓相处，从谏如流，鼓励当面提意见、当面批评。然而对"牝鸡司晨"之类伤害妇女的恶意攻击，也严厉回击，提高了妇女地位。

她是具有创新思想的女皇帝。她的许多创造打破陈规，影响千年。她是唯一突破陈腐礼制，呼唤妇女解放的女皇，在数千年男权传统社会中，她的呼唤响彻云霄，影响极大。

她在文化上建树突出，她主持编撰了世界上第一部大型农书《兆人本业记》和《国家药典》及《大百科全书》，她主持编写的其他书籍数量很大，约有数十种，2000 多卷。他个人的文集 120 多卷，在女人的写作中，数量最大，当然这和她做女皇有关。

她首倡进士科考诗文，直接影响了唐诗的发展，没有武则天的倡导，很难有唐代诗人的大批量出现和诗作的集萃产生。

她喜爱书法艺术，曾求得宰相王方庆祖传书法撰法十卷，召集天下书画家整理内库书画，她的飞白、行书皆工，很有特色。她撰写的《升仙太子碑》，迄今仍立于河南偃师县之缑山，别树一帜。由于女皇的影响，使大唐书法家辈出。

唐太宗与"贞观之治"

唐初李渊和其子李世民称帝，一生只用过一个年号，李渊用的是"武德"，到武德九年就不得不让位给儿子李世民。李世民一生只用一个"贞观"年号，到贞观二十三年病死，他做了 23 年皇帝。到李世民的儿子李治做皇帝，就改用了多年号，李治用过"永徽""显庆""龙翔""麟德""轮封""总章""咸亨""上元""仪凤""调露""永隆""开耀""永淳""弘道"14 个年号，总共做 34 年皇帝。

"贞观之治"，是说唐太宗做皇帝达到了"大治"，这是后世史学者不绝于书的。

隋朝末年天下又乱了起来，这时候成了后来写小说的材料，如极为热闹的《隋唐演义》《说唐》《瓦岗军》《响马传》等，写的就是隋末农民起义，群雄并起，李渊父子建唐朝的热闹故事。

故事好听，但社会混乱，百姓遭了殃。唐初的户口仅还有 300 万户，才是隋朝的三分之一不到。这三分之一的户口里，人口数量自然更少。这是个平均的约数，而在战乱频发地区的黄河下游河南、山东、河北三省，直到贞观中期，户口数目才是隋朝的七分之一。唐朝初年，那里是"崔莽巨泽，茫茫千里，人烟断绝，鸡犬不闻"。（《贞观政要》卷二《直谏篇》）

古代中国，每逢战乱，全是这样。曹操曾在《蒿里行》描写东汉末年就是这样。

唐王朝不得不采取措施，促进生产的恢复。

例如：因战争土地主人逃散，出现大量无主荒田，唐政府发布占田令，让农民去耕种这些荒田，政府发给证明，成为农民的合法土地。

正当李渊发布占田令和赋役令时，他的几个儿子开始了争夺皇位的斗争。武德九年（626 年），李世民在长安宫城的玄武门发动政变，杀死了他的兄弟太子李建成和齐王李元吉。唐高祖也在李世民的逼迫下"禅让"皇位，李世民遂继立为皇帝，改元贞观。

李世民接着干他父亲发展农业生产的事。而且，唐太宗有几位好宰相，如魏征、房玄龄等，能不断提醒他，帮着他如何做个好皇帝，做老百姓拥护的天子。

载舟覆舟之教训

例如："载舟覆舟"之说，唐太宗和魏征等人就反复议论过。这句话原是荀子说的："君者，舟也；庶人者，水也；水则载舟，水则覆舟。"（《荀子·王制篇》）据《贞观政要》记载，李世民多次与魏征议论此事；他也在百官面前讲

116

述如何用这个道理教育太子李治。

李世民和他的大臣魏征等，都多年在战乱中生活战斗过，许多起义军都被他们君臣镇压。贞观年的许多大臣本身就是起义军中的干将，贞观24名功臣中，魏征、李世勣、秦叔宝、程知节、张亮参加过李密组织的起义，虞世南参加过窦建德的义军。18名学士中，李玄道、许敬宗、蔡元恭也是农民起义军的骨干。隋末农民起义军如山洪暴发，让拥有百万军队的隋朝顷刻瓦解。李世民君臣先参加起义，再瓦解镇压起义。他们虽然侥幸胜利，但农民的反抗浪潮让他们刻骨铭心，载舟覆舟的认识永矢难意。太宗又曾说："天子者，有道人推而为主，无道则人弃而不用，诚可畏也。"（《贞观政要》卷一《论君道》《论政体》；卷四《论教戒太子诸王》）

唐太宗君臣对他们与"民"的关系认识正确、深刻，这是他们的长处。首先，他们认为老百姓生产衣食，供养了他们。因此，老百姓是让稷之根本。太宗与房玄龄谈到此说："朕与公等，衣食出于百姓。"又和大臣们讲："国以民为本。"他把治国比作栽树，把百姓比作树根，只有树根牢固，大树才能枝叶繁茂。

李世民君臣有如此清楚的认识，他们对百姓首先考虑到如何保护他们，如果损害百姓，就如同割自己的肉吃，等到吃饱了，人也就死了，这便是首先"养民"。魏征不止一次规劝李世民，君主是百姓的父母，应爱护百姓；自古明君都是把百姓的心愿作为自己的心愿。君主住着楼台亭榭，就该想着百姓是否有房屋住；君主吃着美味，就要想着百姓的饥寒；君主与嫔妃一起生活时，也该想着百姓是否安居乐业、娶妻生子。

轻徭薄赋

皇帝爱百姓叫"爱民如子"，真做到"爱民如子"了，其直接的做法是"轻徭薄赋"。"贞观之治"的内容里确有这一条，这也是乱世之后的君主都能做到的。《贞观政要》上记述，魏征等大臣不断劝谏，唐太宗也多次向臣下表示要学习汉初的"清静无为""不扰民""不生事"，给百姓充足的劳动时间。同时，尽量减免、减轻徭役和赋税，据统计，太宗共下令减免过十三次之多，这在一朝天子统治中是少见的。贞观三年，唐太宗应武官要求，要把18岁以上的男子抽丁入伍。

117

魏征、王珪等坚决反对，辩论很激烈。最终，太宗认为魏征等说得有理，不仅听了二位的劝谏，还赐他们物品，表彰他们能坚持劝谏。

贞观十四年十月，唐太宗要去栎阳打猎。县丞刘仁轨说："目今秋收正在进行，皇帝带人去打猎，是要破坏田里的稼禾的。"唐太宗听到后马上就停止打猎了。农忙时太子要举行加冠礼，太子少保萧瑀打算为太子举行仪式，太宗却下令到农闲时再做，否认了阴阳先生的标忌说，推迟了举行期。

唐朝法规中有《营缮令》，是太宗制定的营造城郭、堤防等规定，必须准确统计出用工、用钱、用人明细，等着批文下来再动工。统计不准确、多用工和资金，或不等批复就开工，按贪赃减一等论罪。还有《非法兴造》条文，即没有按法律批准的建造，或者是农忙时建造，都算是"非法兴造"，皆按贪赃论罪。(《唐律疏议》卷十六)

节私欲，尚勤俭

贞观之初，太宗与大臣们就议论，大禹兴工治水，工程那么大而民不怨；秦始皇营造宫室工程不比治水大，人们都反对。关键是为公还是为私。即使是有功于国家和百姓的大臣或皇帝，也不能因满足私欲去搞营造。贞观二十年之内，的确没有发生私欲营造之事，而且社会风尚简朴，也没发生灾疫。老百姓都说是唐太宗带头节约，老天也帮着他。

贞观二年，大臣上奏：《礼记》上说，夏季最末的一个月，可以在高台上建筑楼榭。现在正是这个时日，皇宫低洼潮湿，夏热不退，正好筑个楼阁乘凉。太宗听了回答："你们说的虽然有道理，但筑个楼阁花费良多，现在国力并不宽余，我不能带头搞浪费。汉文帝要建个露台，为爱惜相当十户人家的费用，就不去兴建，我的德行远不如文帝，我怎能为满足私欲浪费国家的资财呢！"于是，坚决拒绝了臣工们的奏请。

不久，有人奏报说，地方官在搜集珍品上贡。太宗听了马上召见朝集使说："地方贡献，早有典制，本州县物产，上贡国家是应该的。各州官员为追求名声，四处搜集珍品上贡，应赶快煞住这股恶风，绝不能让它蔓延！"

贞观四年，又有官员上奏修建宫殿，唐太宗和魏征议论上来的奏折。他们君臣说，孔子有句话："己所不欲，勿施于人。"建造宫殿是百姓是反感的事，劳民伤财，以前的秦始皇、隋炀帝都因此惹老百姓反对，不久就灭亡了。我们要避免百姓的反感，这样的事怎能轻易去做呢！

贞观七年，唐太宗要去蒲州观察，刺史赵元楷大修宫室迎接唐太宗，还准备礼物送给前来的亲贵。唐太宗知道后把他找来斥责，赵元楷私心太重，受不了皇帝的斥责，竟然吃不下饭，几天就死掉了。

贞观十一年，唐太宗下诏严禁丧葬浪费。指出，现在丧葬风气不正，把修建高大的坟墓当成孝道，把浪费金银玉器互相炫耀。这对死者无面，对社会风气有害，应立即制止。凡为官者犯禁按规定制罪；地方财力大的也应给予约束。

倡廉反贪

由于贞观年间从太宗到大臣，都注意勤俭，所以官风比较好，贪侵者不多。尽管如此，唐太宗仍不断告诫百官，倡导廉洁之风；对于贪官，则严惩不贷。

唐太宗与臣工聊天，以往的贪求玩乐者都不自知，小河小溪自有乐趣，何必远涉江海呢？宫殿园囿足可乐目，何必去山川原野呢？有良友可以聊天，何必去追求海上神仙呢？抛弃质朴，追求奢华，损害百姓，放纵私欲，扰害大道，君子认为是耻辱的。

臣工在他的不断教育下，都勤勉自持。但毕竟私欲难扼，官员贪侵，太宗则严厉惩罚。例如太宗堂弟，礼部尚书，江夏王李道宗犯了贪罪。太宗立即下令逮捕，他趁机教育臣工："朕富有四海，想要四处游玩，能办不到吗？可这要劳扰百姓，朕不能这么做。江夏王的俸禄这么高，还要贪污，人心还有休止吗？"于是，下令免去一切职务、爵位。

贞观十九年正月，太宗亲征辽东，派太常卿韦挺为运粮官，崔仁师副之。韦挺到了幽州，因天气严寒，漕渠堵塞，以为一时间无法出师。便买木料造船，等天气和暖再运米往前线。安排就绪后，天天喝酒，打发时光。太宗闻奏大怒，派人顶替韦挺，把他逮捕除名，以士兵的身份从军。

贞观年不乏廉吏。户部尚书戴胄，临终时住宅破烂连祭祀的地方都没有，太宗命人为他现建住房，还为他造个家庙祭祀，表彰他的清廉。尚书右仆射同样住处太简陋，临终无正房停灵位，太宗听了十分感慨，派人给予办理一切。魏征贵为宰相，家中也没个正堂。病重时，太宗才命人为他造个正堂，但赏赐的布料子都很粗糙，这是满足他一生崇尚俭朴的志向。岑文本任中书令，住宅低矮，连掩饰的帐帷也没有，有人劝他别太寒酸，岑文本说："我家本是普通百姓，凭着做点文墨工作，做到高官，这已是太过分了，恐惧之心经常袭来，哪里还有什么寒酸可言呢。"

听得进最难听的谏言

唐太宗仪表威武，面容严肃，一般官员见了他都举止失措。然而他却能从谏如流，甚至最难听的谏言也能听得进去，对的也马上改正，这也是"贞观之治"的难得条件。如果皇帝不听劝谏，我行我素，甚至对劝谏的大臣加罪，无人敢谏了，哪还有大治天下？

例如：贞观四年，唐太宗已下诏书征调夫役修理洛阳乾元殿，用作行宫。给事中张玄素上疏劝阻："阿房宫修成，秦人离散；章华台筑成，楚国众叛亲离；乾元殿竣工，隋朝解体。今天我国国力远非隋朝可比，役使饱受战争创伤的百姓，耗费亿万钱财，承袭百代帝王之弊，从这说起来，陛下的过失已超过隋炀帝很远了。"

当时隋朝灭亡不久，满天下都在咒骂隋炀帝，张玄素敢把当今天子与亡国之君相比较，换个皇帝，怕是人头落地了。太宗虽也很生气，但却笑着问："卿以为我不如隋炀帝，与夏桀、商纣相比又如何呢？"张玄素立即回答："如果陛下坚持兴修乾元殿，陛下将与桀纣一样昏乱！"太宗绝未料到张玄素敢说这样的话，敢把君王与桀纣相比，怎么说也犯了"大不敬"之罪。但他却高兴地说："张玄素以一个低级官员敢于直言劝谏，不怕冒犯帝王，没有忠诚之心，怎么能做得到呢！"于是，下令停修工程，并赐给五百匹绢。魏徵在一旁叹息道："张公竟有扭转天地的能力，仁人之言带来的利益该多大！"

后来，太宗又要修洛阳宫，中牟县丞皇甫德参上疏阻止："修洛阳宫，是劳忧百姓；收地租，是增加百姓负担；妇人都喜欢高髻，大概是受内宫影响。"唐太宗看罢大怒，对房玄龄等人说："皇甫德参是要国家不让一个百姓服役，不收一斗租，宫女最好都剃光头，才符合他的心思！"魏徵马上劝说："贾谊曾向汉文帝上疏说：'有能令君王痛哭的事，有令君王长叹的事。'自古上书多是激烈迫切，不如此怎能打协君王？即使是狂夫之言，圣人可能选用，激迫之言很似诽谤。希望陛下能细细考察。"太宗想了想说："如果治了他的罪，谁还敢再说话呢？"于是，按皇甫所谏下旨，还赏赐了不少东西。

作黄门侍郎的王珪随驾太宗，宴席上太宗指着侍候他的一个美妇人介绍："这个人原是庐江王李瑗的爱姬，庐江王无道，杀害了她的丈夫将她占有。李瑗如此残暴，怎能不灭亡呢？"王珪立即站起来向太宗介绍《管子》中的故事：郭国国王贤明，可是不能远离邪恶的人，终究还是灭亡了。陛下既知李瑗邪恶，而又如李瑗一样收留了这个美人，陛下与李瑗相差也无几了。太宗称赞王珪敢直谏，下令把美人交还给他的亲属。

贞观二年，隋朝通事舍人郑仁基的女儿选入宫。这是个绝代美女，年方十六。太宗已下诏书，聘封了此女。但魏征听说此女已聘陆家，急忙进宫劝说太宗将女子送出宫。太宗闻言，写诏书将女子送走，并检讨自己粗心大意，将已聘之女选入宫。但是，房玄龄、王珪、韦挺、温彦博等重臣都说，此前已认定身份，此女并未聘陆家，要求如礼举行仪式。而且，陆女之父陆爽也是本朝官，也上表说："父亲陆康在世时，与郑家过从较密，虽有相互馈送，并无姻亲之说。"太宗狐疑，又问魏徵，陆爽为何这么强辩。魏征才说："陆爽是把陛下当成太上皇了。"随后讲述唐高祖李渊曾得到辛处俭的妻子，辛处俭正任太子舍人，李渊宠爱辛妻，就把他调离京城，任万年县令。辛处俭虽被调离，仍怀恐惧之心，害怕生命不保。如今陆爽也是害怕与陛下发生郑女的争端，会遭到不测，才再三表示与他无瓜葛，实际上郑女早已许配陆家了。太宗闻言郑重发布诏书："郑家女儿已接受了别家聘礼，朕对此事缺乏审查，犯了重聘的错误。是朕的不是，也是有关署衙的失误，现停止诏册的执行。"太宗明发诏书，官民无不称赞。

唐太宗如此，是他向魏征等人学习的结果。他曾问魏徵，如何做圣明君主，而免为昏庸君主。魏征回答："偏信则暗，兼听则明。明君兼听，昏君偏信。"然后他举出古今的明君，如尧、舜广开言路，天下事都无不知晓。秦二世躲在深宫，只信赵高一人的话，天下都背叛了他都还不知晓。梁武帝只信佞臣的话，重用侯景。侯景率叛军攻打台城，梁武帝还不知道。国君只有广泛听取不同意见，才不能让别有用心的权臣堵塞下情、蒙蔽君主。哪怕是最难听的话、辱骂君主的

121

话，也要听完再说。唐太宗非常赞成魏征的意见，对许多不顺耳的谏言也都听得进去，对的马上照做，自己有错也当众承认，不以为羞。

劝课农桑

中国是个农业国家，封建社会的生产资料主要表现为土地。国家兴衰治乱，也主要表现在土地的分配和经营方面。

唐太宗重视农业生产，也取得了很大成绩。

关于土地的分配，唐太宗没有颁布新法，是按武德年间颁布的"均田令"推行下去的。不过，有些官僚非法占田，他就夺回重分。例如长孙顺德任泽州刺史，揭发前任张长贵、赵士达占地数十顷，太宗就把多出的部分追夺分给贫户。由于太宗没搞清田，估计这种情况还很多。好在当时荒田有的是，足够当时的农户分配使用的。地主占有土地多一些，只要不隐瞒，好好组织生产，按时向国家交赋税，一样发挥土地的作用。

贞观十一年暴雨成灾，洛阳宫的十九座宫室被冲毁。洛水暴涨，决堤淹没六百多家，淹死六百多人。水落后太宗下令平毁被水冲坏的宫室，夷为平地，分给受水灾的农户耕种。

当时政府把地区分为宽乡和狭乡，宽乡指人少地多的地区，有的地区土地大量过剩、荒芜。唐太宗发布了迁移令，鼓励狭分农民迁往宽分，政府负责安置，并给优惠：迁往千里外的，免三年徭役，五百里以外的免两年徭役，三百里以外的免一年徭役。有关的政府地方官，都要负责到底，不好好执行者夺官，还要受徒刑两年。事后，太宗亲自巡视，情况大都很好。

为劝课农桑，太宗还亲自耕作（更称籍田）。按古制天子也要亲耕垄亩，天子千亩、诸侯百亩，春耕时天子或诸侯亲手扶犁耕田，叫做"籍礼"。后来，千亩、百亩田不存在了，天子也不再搞"藉礼"了。大约已数百年停止，到唐太宗时又搞起来。贞观三年，太宗亲耕垄亩，观看的文武和百姓很热闹，岑文本撰写了《籍田颂》，加以赞扬，（《旧唐书》，卷二十四，《礼仪志四》）

唐太宗也真的亲自种了点地，他曾与州县考查官谈及自己耕种的事，说除苗不到半亩就疲劳得干不动了，可见农民经年劳作之苦。强调去各州县劝农的官员，

122

不许让地方迎送，不听令者要受到惩罚。

旧中国的水旱灾很多，据统计贞观年间，旱灾共有 9 年，水灾是 11 年，灾情都很严重。太宗积极组织抗旱，抗水，总计修了 24 项水利工程。

为了解决劳动力不足问题，太宗曾召集外流人口，前后召回塞外人口 200 多万。发布命令，鼓励早婚多育，贞观年比武德年增加了 180 万户。太宗还两次放出宫女 300—500 人，听任她们自找家庭，鼓励参加农业生产。

为了备荒，下州各州县备义仓，每亩田交义仓二升粮，每逢水旱灾，义仓放粮都发挥了不少作用。

平定突厥与西域

中国边区的民族，尤其是强悍的北部和两部民族，与中原的关系总是时好时坏，中原王朝强大了，或将他们威服或征服；中原发生战乱，无力照顾他们，则变成了敌对者。

隋炀帝时，亲去河西走廊召开"万国博览会"，27 个西方和西域国家前往参加，表示了友好。隋末战乱发生，这些少数民族国家又开始分裂，乃至攻击内陆边陲。

唐时的北边兴起了突厥，北齐、北周讨好他们，靠着向他们送礼维持关系。隋朝派兵打败了突厥，把他们赶到漠北。隋唐之际，突厥再度强大，威胁着新生的唐帝国。

武德七年，突厥颉利、突利二可汗率兵入侵，唐高祖派秦王李世民领兵迎战。李世民作战一向有勇有谋，时因大唐国力尚不完足，李世民以智取胜，那次仗没打起来，以相互"结盟"为约，各自退兵了。

武德九年八月，突厥人二度入侵，进到了渭水桥北了。太宗只带房玄龄、高士廉六骑，出玄武门，到渭水桥头，与颉利可汗对话，责备他不讲信义，员约来侵。经三天周旋，终于再度和解，突厥退兵。当时，"玄武门之变"发生不久，朝内尚待整齐，无力与之大战。新即位的李世民，以六骑制敌十万，一时传为奇闻，太宗也确有胆略。

贞观三年来，四年初，唐朝兴兵大战突厥。李世勣为通汉道行军总管，李靖为定襄道行军总管，率军十万，分道出击。

结果，李靖攻破定襄，击溃颉利可汗，使之败逃阴山。李世勣、李靖合兵战突厥，在白道大败之，斩首万余，俘十余万。李世勣再度前行，在大漠口败敌，俘兵五万，突厥再无力南侵。太宗下诏置燕然都护府和瀚海都护府。

西域各国在隋唐时基本平靖。隋末，被炀帝大败的吐谷浑及高昌、焉耆、龟兹等，又兴风作浪。太宗对他们多以礼相待，但终究未能臣服，终于发生了战争。

贞观八年，太宗派段志玄、李靖、侯君集、李道宗等进攻吐谷浑。经一年苦战，打败吐谷浑，把发动侵略战争的伏允可汗赶到大漠，直到伏允被部下杀死，继位可汗成降为止。

高昌是汉人建立的政权，在今新疆吐鲁番。伊吾国向隋朝臣服，高昌王麴（qū，音曲）文泰便伙同西突厥进攻伊吾，阻止西域各国与唐朝通好。

突厥被打败后，麴文泰招降突厥官，接受其属民。太宗不忍心攻击他，也怕远途劳师，多次招他来京师会面，他一直不来。贞观十三年末，太宗令侯君集、薛万均率兵前往讨伐。麴文泰听说唐朝发出大兵，竟怕得发病死了。继位的麴智盛拒战，侯君集兵进高昌都城，同时攻下高昌22城，麴智盛投降。

焉耆是今新疆焉耆地区少数民族建立的政权，与突厥通好，表示对大唐反叛。贞观十八年九月，太宗派郭孝恪率兵讨伐，打败焉耆王，其弟栗婆准投降，留治其国。

龟（qiū，音丘）兹是今新疆库车地区少数民族政权。隋朝时已与内陆通好，隋末断绝与内陆的关系。贞观二十二年九月，太宗派阿史那社尔为昆丘道行军大总管，率军进攻龟兹。经半年战斗，败龟兹王诃利布失毕，夺得其大小城镇七百余。

为加强西域的管理，太宗设龟兹、疏勒、于阗、碎叶四镇，史称"安西四镇"，安西都护府移置龟兹。西域平靖，丝路再度畅通。

与吐蕃和亲

唐太宗是个开明君主，其民族偏见较少，他能把少数民族和汉族看成一家。对少数民族轻易不用武力，多采取安抚、和亲政策，与吐蕃的和亲，成为历史佳话。

吐蕃（bō，音播）是青藏高原上的一个民族，在赞普（最高首领）松赞干布时强大起来。松赞干布骁勇善战又富有谋略，他统一内政，发展生产，使邻近羌族和羊同各部皆臣服。

贞观八年十一月，松赞干布派使入长安，太宗也派冯德遐为使回访吐蕃。松赞干布见到中华使者，要求娶大唐公主为妻，永久通好。便派求婚使团，带上礼物前往长安。过一段时间，使者返回，告知唐太宗先是答允嫁公主。后来吐谷浑王，加以离间，唐太宗便不提嫁公主了。松赞干布听后大怒，便发兵攻打吐谷浑，将吐谷浑王驱逐至青海湖。

吐蕃又发兵 20 万，以迎娶大唐公主为名，兵进松州（今四川松潘）西境，随后打败唐军。贞观十二年八月，太宗命侯君集率五万大兵迎击吐蕃军。九月，在松州州城之下败吐蕃主力，松赞干布撤兵，派使谢罪，再度请求娶大唐公主，得到唐太宗的允许。

贞观十四年闰十月，松赞干布派使者带重礼前往大唐求亲，太宗把宗室女文成公主嫁去吐蕃。太宗又将琅琊公主的外孙女段氏嫁给吐蕃使者禄东赞，还加封禄东赞为右卫大将军。随后，太宗派礼部尚书、江夏王李道宗持节送文成公主远嫁吐蕃。

松赞干布为文成公主另建城郭宫室，下令国人改穿汉服。还仿照大唐建国学，派子弟学习《尚书》《诗经》等大唐经书。

唐太宗赠送吐蕃的礼物，有释迦佛像，珍宝、金玉书橱、三百六十卷经典等作为嫁妆。又赠各种宝饰的锦缎垫帐；营造工匠著作六十种，医书和诊法书五类；各种绸帛、衣服、日常用品无数；还有内陆各种作物的种子、附以栽培方法……（《吐蕃王朝世系明鉴》，见《西藏地方历史选辑》，第 6 页）

唐太宗征辽东回京后，松赞干布派禄东赞前来祝贺，并送来赤金铸造的鹅，高七尺。唐太宗病死，高宗即位，松赞干布贡献珍宝十五种，请置太宗灵前。高宗授之为驸马都尉，封西海郡王，赏赐三千段彩，又赏给蚕种和造酒、碾、硙、纸、墨的工匠。高宗令人刻松赞干布石像，列于太宗昭陵玄阙之下。

文成公主嫁吐蕃后，使吐蕃民族的许多旧习改变，学习了大唐的先进文化。促进了两地的经济文化交流，以后亲情和友情世代不断。

唐太宗下令和亲的还有：吐谷浑可汗诺曷钵娶大唐弘化公主；西突厥统叶护可汗、乙毗射匮、薛延陀真珠毗伽可汗皆娶大唐公主。许多内附供职的少数民族将领，太宗也把公主或宗室女配之。如突厥阿史那社尔娶皇妹南阳长公主；突厥执失力娶九江公主；铁勒族契苾何力娶临洮县主；突厥阿史那忠娶定襄县主。太宗采取安抚和亲政策，减少了战争和战争为双方带来的仇恨，减少了战争为人民带来的苦痛。

登峰造极——说说泰山封禅事

泰山封禅是古代帝王告祭天地的最盛典礼，唐以前只有秦皇和汉武进行过这种盛典。封禅目的一是帝王受命于天，当取得文治武功的巨大功绩后，向天帝祭祀感谢、报告成绩；二是当四方平服，海晏河清之时，通过封神大典，登上泰山极顶向"四夷万方"宣布声威；三是尊"泰一"，借助神权强化皇权，实现和巩固中央集权的一统天下。

要封禅必得具备三个条件：首先，受命于天的帝王必得功德卓著圆满，恩泽广布四方，天下臣服；其次，天下太平，国有余力，人有闲情，官民不能因此产生不满；再次，四海晏清，天降祥瑞，促令帝王封禅报喜。三者缺一，便不配封禅。

齐桓公九合诸侯，成了宇内霸主打算封禅，被管仲劝阻，认为国家尚未统一，封禅尚早。秦始皇灭六国统一天下，首次去泰山封禅，但上山途中遇上暴风骤雨，没能完成封禅大典。

唐太宗曾几度下诏封禅，多因大臣反对而未得封禅。例如贞观五年郡王李孝恭等人上表，以为"四夷臣服"，应登山封禅，祭告天帝。魏征等大臣以为国力民情都还远没达到封禅时机，太宗诏令作罢。贞观六年，五谷连年丰收，异族平服，朝贡不断，祥瑞之兆在各地出现。朝臣和地方官称颂太宗功德，纷纷要求封禅。然而，魏征认为不可。当时，君臣之间有过激烈争辩，魏征以为国力虽然恢复了但并未强大，如同一个久病之人，虽治好了病但体力尚未充足，让他负重远行，必然遭到伤害。何况，黄河南岸北方数省正值大水灾，如何向天帝祭告，难道要文过饰非吗？那年提出封禅者仍不间断，太宗以"气疾不能登高"而拒绝。此后，又连年提出封禅事，或有重臣反对，或是发生灾害，太宗皆未能前往泰山封禅。

贞观二十年十二月，太宗同意群臣的要求，下诏准备仪仗送往洛阳宫。二十一年正月，太宗又下诏来年仲春封禅。这年八月，薛延陀作乱，不得不兴兵讨伐。河北发生大水灾，要抽夫治水，因大兴土木，百姓怨声四起。太宗只得下诏停止第二年的封禅。

总之，唐太宗想要封禅而终未成行。其原因一是客观上确未成熟；以太宗的气魄，硬是前往也做得到。但他担心劳民伤财，并未封禅。

麟德三年（或乾封元年，公元666年），武则天去泰山封禅。她认为把持朝政的关陇士族集团被她彻底粉碎，内部政治环境宽松；经过东征西讨，使大唐疆土达到极点，四方来朝；连年丰收，上等米的市价每斗只要五钱，次一点粮食，市场上见不到，是有唐以来最好的年景，百姓丰衣足食，远远超过了"贞观之治"。因此，武则天决定泰山封禅。

她直接在朝堂上宣布，百官无不应命，纷纷为她搜集封禅根据和礼制礼仪。于是，以"二圣"之名下诏：立即准备封禅大典，由英国公李勣、高阳俊公许敬宗、右相陆敦信、左相窦德玄为检校封禅使，议定礼仪，先行准备。

武则天封禅有她的特殊目的，她要打破男权，宣布男人能做的，女人也要做；她最佩服的大唐天子唐太宗不敢做的，她要去做。她自认为她治理的国家，国力、财力、民力和四方武功都超过了唐太宗时代。在封禅礼仪方面，她表称："封禅旧仪，祭皇地祇，太后昭配，而令公卿行事，礼有未安，至日，妄请率内外，命妇奠献。"（《资治通鉴》，卷201，麟德二年十月癸丑。）就是说皇后名义祭献，即"昭配"不合礼，她要以皇后身份亲自祭献，而且宫内所有的妃嫔、皇姑、皇姐妹、皇太子和皇子之女、王之女和官员妻女，都要一同参加实际的祭祀。

武则天的行为是妇女解放史上最光辉的篇章，是中国妇女的骄傲。她如此向旧礼教、向男权挑战、张扬，无怪那些守旧的史家们要下决心否定她、涂抹她、侮辱她、伤害她、打倒她。

同一天，她让唐高宗下旨，祭祀乐曲不用过去阴森森的曲子，要改为"功成庆善之乐"和"神功破阵之乐"，即改去祭神祭鬼之曲，变为喜庆和勇武乐章，代表了武则天的非凡神采。

《资治通鉴》写出驾车远行泰山的阵容时，生动而有情感。尤其是描述的结束语用当时粮食价格去说明那时的丰稔、富足，可见史作者为武则天的举动所感动，是自然思想情绪的流露。由于文字不多，抄写如下：

丙寅，上发东都，从驾文武仪仗，数百里不绝。列营置幕，弥亘原野。东自高丽，西至波斯、乌长诸国，朝会者各帅其属扈从，穹庐毳幕，牛羊驼马，填咽道路。时比岁丰稔，米斗至五钱，麦、豆不列于市。

如此浩大的阵容，队伍数百里长，行程数月，当时不光在中国，在全世界也是难有的壮举。不仅中国四边各少数民族，亚洲国家、欧洲国家也前来朝会、祝贺。什么叫"世界文化中心"？中国强盛了，与世界上的国家建立了友好关系，中国有了大事人家前来祝贺、参与，这才能成为人家学习的榜样。这种情况，仅看到多花些钱，不看政治影响，那是无知的政治盲人。

所谓封禅，要在泰山和泰山南面的梁父山两个山上举行。在泰山上筑祭坛祭天叫"封"，在梁父山上辟地为坛祭地称"禅"。《白虎通义·封禅篇》说："王者易姓而起，必封升泰山何？报告之义也。始受命之日，改制应天。天下太平，功成封禅，以告太平也。"可见，封禅对帝王十分重要，如果不去封禅，在礼制上还没得到上天的承认；如果天下太平了，你不去报告天地，那是对天地最大的不尊。

古代帝王和百官，都十分重视这一礼制，只是条件不足，无法去封禅而已。汉武封禅泰山，司马迁的父亲司马谈，被武帝留在洛阳没能去，气得一病不起。他拉着司马迁的手哭诉："如今皇帝承千岁之统，封禅泰山，这是旷世的盛典，而我却不得同行，这就是命啊！"可见，百官对封禅典礼多么重视。

武则天的封禅大典进行了四天，一切按武则天先头的安排进行。由高宗先祭，武则天率内外命妇亚祭，越国太妃燕氏（越王李贞之母、太宗的后妃）终祭。宦官执着锦绣帷幕，为武则天和众命妇遮风，五彩缤纷，实为中国古代祭祀史上的一大奇观。

第四天，高宗、武后登朝觐坛，接受贺礼。文武百官、中外使臣奉献贺礼。礼毕，宣布大赦天下，改麟德三年为乾封元年，改博城县为乾封县。

对武则天封禅泰山，不能认为是她一人独断专行；也不能只说这是消耗国资民力。应该看到，武则天继承唐太宗治理天下，取得了巨大成绩，以封禅形式向四海宣威，向世界宣威，其政治影响不可否定。唐朝为什么成为世界的文化中心？正是唐太宗、武则天这样的伟大政治家，率领那个时代的人民，创造了辉煌历史。他（她）们是我们中华文明史上的伟人，我们无权一笔否定。

在大唐，中国这样成了世界文化中心

大唐经过唐太宗的"贞观之治"二十多年建设，经过武则天的辅佐唐高宗和称帝五十多年继续建设，再到"安史之乱"前的"开元盛世"数十年建设。其间虽有些宫廷内乱，但总体上没发生如"安史之乱"那样的大混乱，国家太平，稳定建设，才一步步走向大唐的鼎盛时期。

公元705年，宰相张柬之等发动"神龙革命"，打倒了武则天，拥戴李显复位。李显昏庸，韦后乱政，使朝纲一时不堪，数年间政变发生七次，皇帝换过四次（李显、李重茂、李旦、李隆基）。公元712年，李隆基即位，为唐玄宗。他平息朝廷内乱，先后任用姚崇、宋璟为相，使大唐天下，归复安宁，又进入建设时期。

经过大唐开国百余年的努力，农业生产有了很大成就。耕地面积扩大，史称"开元、天宝之中，耕者益力，四海之内，高山绝壑，未耜亦满"。人户增加，天宝十三年（1754年）唐朝户口达到906万户，5288万口。国家和地主的粮储增加，史称"人家粮储皆及数岁，太仓委积，陈腐不可校量"。天宝八年（749年），政府仓储约一万万石（《通典》卷十二《轻重》）。物价稳定，从开元十三年到天宝年间，长安、洛阳的米价保持在每斗十五文到二十文。青、齐米一斗五文，最贱时三文。

私人手工业发达，光向政府缴纳的绢和布匹，平均每人一年能缴纳二丈以上，可见农村家庭纺织业多么发达了。

中国商业也很发达，公私商业都竞争发展，外国人也来中国贸易，长安、洛阳、扬州、广州最多，全国各城都有外国人的足迹，尤以波斯、大食人最多。

运货的大道四通八达，道路上遍设驿站。以长安为中心，驿道畅通东西南北，夹路皆列店肆，酒馔丰溢，店肆皆有驴赁客乘，倏忽数十里，十分方便。客商遍行诸城，千里无需备酒食饮料。

大运河在唐代大有用场，全国的河湖构成水道网，把各个城市联结起来。当时的水道情况是："天下福津，舟航所聚，旁通巴汉，前指闽越，七泽十数，三江五湖，指引河洛，兼包淮海。弘舸巨舰，千轴万艘，交贸往还，昧旦永日。"（《旧唐书》卷九十四《崔融传》）

中国的商业和运输业之所以发达，是因为当时手工作坊生产的商品丰富，以供中外商业的商品流通，商流和物流互相支持，互相刺激，同时发展起来。

丝绸之路在唐时最为繁盛，使大唐丝织业更加兴盛。河南、河北接近丝路的东端，这里丝业特别发达，宋州（今河南商丘）和亳州（今安徽亳县）的民间绢缎，质量驰名海内外。定州每年向唐政府常贡的细绫、瑞绫和特种花纹绫，达到一千五百多匹，居全国之首位。

中国南部的丝织业自古就很繁复，剑南、山南、淮南、江南、岭南等五大地区，生产的锦久负盛名，扬州的锦袍驰名中外。

唐代的瓷器已是中外商业流通的主要商品之一了，制作技术也先进。越州的名瓷是青瓷，"玉类冰"名满天下；邢州的白瓷"银类雪"蜚声海外；洪州的名瓷酒器和茶具，深得人们喜爱。开元时河南的白瓷、邛州大邑的白瓷碗都很出名；饶州浮梁昌南镇的瓷器，唐初已有假玉器之称，到了宋代景德年间，才把昌南镇改为景德镇的，实际上唐初生产的青瓷和白瓷已名声在外了。

扬州、并州、越州、桂州的铜器生产发达而名贵，扬州的铜镜有"百炼镜"之称。其花纹装饰、螺细镶嵌等，都是后世的珍品。

唐代文化发达，纸、墨、笔、砚"文房四宝"也随之发达起来。益州的麻纸，杭、婺、衢、越、信州的藤纸，蒲州的白纸，最为驰名。绛州、潞州、易州生产名墨，宣州溧水的兔毫笔，都称精妙。

唐代的佛教是联系中西的文化事业之一。唐初的玄奘"西天取经"，回国后把西土的佛经传入，曾风靡东西二京数十年。武则天称帝，靠《大云经》造舆论，她以皇帝的身份，提高了佛教的地位。

净土信仰到唐时已深入民间，一为弥勒净土，一为阿弥陀净土。唐朝时阿弥陀净土宣传口念佛号，说"若一念阿弥陀佛，即能除却八十亿劫生死之罪"，因法简易行，遂为民间最流行的宗教信仰。

早在隋代"民间佛书，多于六经数十百倍，玄宗曾淘汰僧尼，整顿后全国仍有 5300 多寺院、13 万僧尼"。

唐统治者大力提倡道教，认为李耳是道教教主，而李耳则是李唐王朝的祖先。唐太宗下诏："朕之本系，起自柱下（李耳）。道士女冠，可在僧尼之前。"（《唐大诏令集》卷一百十三）高宗追尊老子为太上玄元皇帝。玄宗大行道教，命令两京和诸州皆修置玄元皇帝庙，皆推崇玄学；令科举考试文出老子、庄子，每年依明经例取士。因此，道士既为皇帝、官府宠信；文学家李白、贺知章、施肩吾等也信仰道教。

西方的祆教、景教、摩尼教、伊斯兰教也随着西方波斯人、阿拉伯人的东来而传入中国，得到唐太宗等帝王认可，在长安、洛阳、凉州、沙州、广州及诸府州县置寺宣教。

唐代的文学以唐诗最具盛名。流传今天的唐朝诗人有2200多名，唐诗近5万首。盛唐诗人李颀、岑参、王翰、王之涣、王昌龄为浪漫派代表；孟浩然等称隐逸派代表；高适是现实派的先驱；李白、杜甫则把浪漫与现实结合，成为盛唐杰出的代表。

唐代的石窟艺术达到高峰，龙门石窟、敦煌莫高窟、太原天龙山石窟最为精美。雕塑造像、石塑艺术和制俑是唐代三种雕塑艺术。中国的雕塑吸引了西方人前来瞻仰；唐三彩俑像是西方人千金难求之物；而唐太宗"昭陵六骏"浮雕，则为外人盗运两骏，其他被毁。

唐代的绘画以宗教人物画为主，初唐阎立德、阎立本兄弟是人物画能手。阎立本的帝王画卷十分出名。盛唐吴道子佛道画，被称为"画圣"。他在寺观墙壁绘制三百多间，则使用中原传统和西域结合的画法，使画中人物仙女"窈眸欲语"、一般人物"虬须云鬓，数尺飞动"。画中人物，奇形异状，无一相同。

张萱、周昉仕女图是中国历代画卷中的珍品，宋徽宗摹拟张萱的捣练图和虢国夫人游春图至今尚存；周昉的簪花仕女图是现存唐代仕女图的代表作品。

诗人王维不仅善诗，亦善画，他以破墨法画山水田园，宋人苏轼曾说："味摩诘之诗，诗中有画；观摩诘之画，画中有诗。"成为王维诗画佳作的定格。

盛唐书法名家颜真卿、柳公权、孙过庭、张旭等留下许多名作，驰名中外。

唐王朝与西域和邻国文化交流融合，因此其乐舞表现为中西合璧的特色。唐太宗时期的十部乐，主要是燕乐、清商乐、西凉乐和龟兹乐。唐玄宗喜爱乐舞，他只要十部乐的清商部分，杂用"胡夷"之曲，选宫女数百人于梨园教习，称为"梨园弟子"。

唐代文化繁荣，读书识字的人增多，单靠书笔抄写不能满足社会需求，于是产生了雕版印刷术。唐初玄奘曾用来印刷佛像，后来逐步推广，文宗时历书雕印传遍天下。而现存最早的雕版印刷品，是咸通九年（868年）王玠印造的《金刚经》。

印刷术发明后，逐步传遍全世界，是我国对世界文化的伟大贡献。

正由于大唐百余年的建设，经济、文化发展，出现中国历史上又一个鼎盛时期。世界各国，只要主客观条件允许者，皆前往中国，进行商贸、外交和文化各方面的活动，可以说能来的都来了。所以才能说，中国成为世界的一个中心。

陆路由河西走廊经新疆至中亚、西亚和巴基斯坦、印度；由四川、西藏至尼泊尔、巴基斯坦和印度；由云南至缅甸和印度；由河北经辽东至朝鲜。

海上交通路线是从广州通向越南、印度尼西亚、锡兰、伊朗和阿拉伯。广州的江中"有婆罗门、波斯、昆仑等舶，不知其数，并载香药、珍宝，积载如山，舶深六七丈，师子国、大石国、骨唐国等往来居住，种类极多"（《唐大和尚东征传》）。史书另记，唐时每年来广州的各国船只有四千余艘。泉州也是一个重要港口，唐的商船也从泉州出发，远航马来半岛、阿曼湾和波斯湾。中国商船也直航日本，新罗的船只也不断往返于中国、朝鲜和日本之间。

大唐与朝鲜、日本的文化交往

大唐时有许多新罗人前来山东、苏北沿海定居，称"新罗坊"。新罗商人的船只也往来于山东、江苏沿海，也常常往来于中国和日本之间。新罗还派遣留学生来唐学习，有时一次就前来一百多人。有的还参加大唐的科举考试，考试及第。如新罗人崔致远，12岁入唐，18岁中进士，他写的《桂苑笔耕集》，至今还在中朝两国流传。新罗本土的士大夫对中国文化有深刻理解，唐玄宗曾派使臣去新罗，因"新罗号君子国，知诗书"，特选拔经学家邢琦为使臣，白居易的诗在新罗流传最广。

大唐的天文、历法、医书传入朝鲜；朝鲜的绘画、雕塑、音乐都受中国影响很深。

日本圣德太子在隋唐时曾两次派遣小野妹子来中国，日本留学生高向玄理、南渊请安和学问僧先后回国，大力介绍中国文化。日本于唐代共派遣十九次遣唐使，他们都博通中国经史。日本人来中国带来了彩帛、香药、珍宝，带回乐器、书籍、经卷、佛像等。日本僧人空海从中国带回密宗经典，在日本建立真言宗。唐人的文集大量输入日本，白居易的诗尤其受日本人喜爱。日本文字也是从中国输入汉字改造而成的，他们利用草体汉字表示声音，创造了平假名；利用楷体汉字偏旁表示声音，创造了片假名。

日本正仓院现存的文具、衣饰、屏风、乐器等，都还是大唐的文物。

去日本的唐朝僧人鉴真，经过六次渡海才成功去了日本，用时十几年。到日本时是天宝十三年（754年），这时他已双目失明了。鉴真不仅把大唐文化传给日本，还把佛寺建筑、佛像雕塑艺术介绍给日本。日本现存唐招提寺和卢舍那佛，便是鉴真及其弟子在天平宝字三年（759年）创造的。鉴真精通医学，尤其精通本草学，他双目失明，但鼻嗅即可辨草药，对日本医学贡献很大。

大唐与南亚的文化交往

大唐时中国与泥婆罗（今尼泊尔）、天竺（今印度）、林邑（今越南）、真腊（今柬埔寨）、诃陵（今爪哇）、骠国（今缅甸）、师子国（今锡兰）经济、文化交往密切。

印度来唐的僧人，有文字记载者20余人。印度的天文学者在长安担任职务，译出印度的历法和唐历交流，参加大唐历书制定。

骠国的王子曾率乐队到长安，《新唐书·骠国传》介绍了具体情形和该国的乐器、曲名。

玄奘及一大批中国僧人去今天的印度、巴基斯坦"取经"，对中国、印度等国的文化沟通贡献很大。贞观初年，玄奘自长安西行，经新疆和俄国的中亚，又通过阿富汗，终于达到印度和巴基斯坦。在那里游学三年，到达印度佛教中心那烂陀寺学习《瑜伽师地论》，刻苦学习五年后又到各地巡礼求学。经五年游历再回到那烂陀寺，主讲《摄大乘论》。公元642年，玄奘在印度曲女城的佛教经学辩论会上，获得了极高的荣誉，大会上有"五印度十八国国王"和数千僧人参加。

贞观十九年（645年），玄奘回到长安，带回佛经657部。又根据他的见闻写成《大唐西域记》一书，记述了我国新疆、俄国中亚地区、阿富汗、印度、巴基斯坦、尼泊尔、锡兰138个古国的山川、风俗、宗教、政治、经济情况，是研究这些地区历史的重要文献。

此后，玄奘去过的一些国家也派使前往长安，与唐太宗互派使节。太宗、武则天时期，唐朝多次派使去天竺和泥婆罗等国，加强了友好往来和文化交流。

大唐僧人义净也于唐高宗咸亨二年（671年）从广州乘船出海，到今印度尼西亚、印度学习佛经。武则天证圣元年（695年）回到洛阳，取回经书四百余部。义净也写作了《南海寄归内法传》《大唐西域求法高僧传》，对所经地区国家诸情形作了详细介绍。

大唐中亚、西亚、北非文化交流

大唐与中亚的康国、石国、安国交往密切；和西亚的波斯不断互派使节。拂林国（东罗马帝国）和大食也都与大唐建立了外交关系。

波斯、阿拉伯、康国、石国和安国商人不仅往返于丝路上，还在大唐定居，经营丝绸、珠宝和香药。有的还开设店铺，出售食品和博斯酒。还有许多商人往返于中国与亚洲各国，贩运各种商品。波斯人还从海上直达广州，运走丝绸等商品。考古发掘也证明北非、埃及、阿拉伯等国商人，唐朝时来中国贸易。

四方来朝

早在唐初贞观年间，四方少数民族和邻国已不断前往大唐朝贡，经常前来的有吐蕃、吐谷浑、突厥、龟兹、焉耆、高昌等。此外还有：

百济：贞观元年，其王扶余璋派使者为太宗上表祝贺登基。贞观十一年又来朝。十五年，其王死，其子扶余义慈派使表丧。太宗素服哭祭，赐新王为光禄大夫，派使者册封新王为柱国，封为带方郡王、百济王。

新罗：贞观五年，派使朝贡。当年其王真金平死，无子，立其女金善德为王。太宗下诏赐为光禄大夫。贞观九年，派使者朝贡，太宗派使者册封为柱国、乐浪郡王、新罗王。

倭国：贞观五年派遣唐使前来朝贡，太宗答礼，派新州刺史高表仁持节前往安抚。二十二年，再派使前来朝贡。

党项羌：贞观三年，其酋长细封步赖来朝，太宗赏赐封厚，将其地列为轨州，封他为刺史。后各姓酋长皆求归附，太宗列其地为崌、奉、岩、远四州，分别命为刺史。

疏勒：故地在今新疆喀什，贞观九年派使者朝贡，献名马。以后不断来朝。

于阗：今新疆和田。贞观六年派使朝贡，十三年再朝。当唐军与龟兹作战时，其王伏阇信派其子以万余头骆驼供应唐军，其王并随唐军前往长安朝贡。

天竺：太宗曾派长史王玄策出使天竺，则天竺派使朝贡。贞观二十二年，中天竺王尸罗逸多死，国中大乱，其臣那伏帝阿罗那顺夺取中天竺治位，反叛，袭掠大唐使者。吐蕃发兵助大唐使者，败其叛军。天竺国继与大唐修好。

罽（音计）宾国：今阿富汗东北一带。贞观十一年派使者贡名马。十六年又派使献褥特鼠，其鼠吃毒蛇，其尿液可治蛇咬伤，很灵验。

康国：今乌兹别克撒马尔汗一带。贞观九年派使献狮子。此后，与康国临近的石国，安国经常前往大唐朝贡，交往密切。

波斯：今伊朗。贞观二十一年朝贡。其王伊嗣侯曾被大首领赶走，逃往吐火罗（阿富汗北部），中途为大食（阿拉伯帝国）国军队捕杀，其子后复国，与大唐关系密切。

拂菻（音林）：东罗马帝国及其所属西亚、地中海沿岸一带。贞观十七年，其王波多力派使贡献，唐太宗赐绫娟，下诏安抚。

堕婆登：贞观二十一年朝贡，献象牙、白檀，太宗下诏书安抚。

东谢蛮：地处今贵州东北部。贞观三年首领谢元深入贡。太宗将其地划归应州，任命其为刺史，隶属黔州都督府。又有南谢蛮朝贡，太宗任命其首领为刺史，改其地名为庄州，与东谢蛮同属黔州管辖。

西赵蛮：今贵州东部。贞观三年朝贡，太宗在其地设明州，其首赵磨为明州刺史。

牂牁蛮：贞观四年入贡。

东女国：在川北和青海东南一带。平宣突厥后来长安入贡。

林邑：今越南中南部。贞观初年始朝贡不断，曾献火珠、五色鹦鹉等。

婆利：故地在今印度尼西亚加里曼丹岛或巴厘岛。贞观四年随林邑使者前来朝贡。

盘盘：故地在今泰国南伦湾沿岸。贞观九年来使朝贡。

真腊：今柬埔寨。贞观二年来西安朝贡。

陀洹：贞观十八年、贞观二十一年朝贡，贡献地方特产。请求太宗赐给铜钟、马匹，太宗允准。

　　诃陵：故地在印度尼西亚爪哇岛和苏门答腊岛，贞观十四年旅使来朝。

　　堕和罗：故地在今泰国湄南河下游，首都在泰国佛统附近。贞观十二年、贞观二十三年朝贡。

　　契丹：在今辽河上游，贞观二年来长安朝贡。太宗亲征辽东至营州（今辽宁朝阳），接见其首领，任命其首领窟哥为右武卫将军。贞观二十二年内服，太宗令设松漠都督府，任命窟哥为左领军将军兼松漠都督，赐姓李。

　　奚：今内蒙古西拉木伦河流域。贞观二十二年酋长可度者内属，太宗在其地设饶乐都督府，任命可度者为右领军将军兼饶乐都督，赐姓李。

　　室韦：在嫩江流域，黑龙江沿岸一带。贞观三年派使贡丰貂，此后不断来朝。

　　靺鞨：在黑龙江中下游、松花江和牡丹江流域。首领突地稽曾率军参加太宗驱逐刘黑闼，因功封其为蓍国公。贞观初年，拜为右卫将军，赐姓李。

　　霫（xí，音习）：在今内蒙古西拉木伦河以北。贞观三年，派使朝贡。

　　乌罗泽：今嫩江以西。贞观六年，派使朝贡。

　　（资料来源：《旧唐书》《新唐书》）。

第十四章　富裕而文弱的——宋王朝

宋王朝很有特点，那就是富裕而文弱。一般来讲，富与强连接在一起，汉武帝、盛唐、康雍乾等，都是因富而强大，从而出现我国历史辉煌的时代。

但是，宋王朝的农业、手工业、商业和科学技术等，都很发达。中国古代的"四大发明"几乎都出现在宋朝，西方人很仰慕中国的发明，他们经常说"欧洲的几次文明变革，动力都来自中国：印刷术、火药、指南针"，但是"中国人的发明'绕了一周回来'，却是欧洲列强的船坚炮利！"

宋朝的商业贸易发达，张择端的《清明上河图》极为形象而忠实地描述了宋朝商业发达，人们生活富足的情形。

宋王朝富而弱，表现在反侵略战争毫无决心，只想敌人能自动撤退，有时打了胜仗还与敌国签订屈辱条约，以大量白银、丝绢换取"和平"。

宋王朝以"文"著称，古文、诗、词、小说、戏曲、绘画等都留下美好而丰硕的作品。汉武帝、唐太宗都雄才大略，但却"略输文采"，而宋代君臣的诗词绘画，都让人称羡感慨。宋徽宗昏庸，但他却"文"得很。宋初宫廷中就成立画院，宋徽宗达到极盛。宋徽宗的词、画成就很大，他的《柳鸦芦雁图》《芙蓉锦鸡图》都是我国画苑的少见珍品。他覆国被掳，也仿效南唐后主李煜"故国不堪回首月明中"，写词托物咏怀。

宋朝君臣、大政治家、大改革家、大将军，无不以诗词见工。范仲淹、王安石、陆游、辛弃疾、岳飞等，这些出将入相人物，词作成就居然那么让人震惊。更不论柳永、二晏、苏轼、秦观、周邦彦、贺铸、李清照等文人学士了。

治国之君不去想想如何让国家走富强之路，而终日玩味"踏花归去马蹄香"，文采有了，但江山却丢了。从五代的南唐李煜，到宋徽宗赵佶，构成了那个时代断面的特点。

从藩镇割据到五代十国

前文已述，大唐建国百余年，到唐玄宗开元、天宝年间，国力达到鼎盛，那时政治、经济、文化发展，周边民族和亚洲、欧洲国家纷纷来大唐学习，与大唐通好，中国成了世界文化的中心。

但是好景不长，天宝末年发生"安史之乱"，大唐如大厦倾倒，一下子从制高点滑下，以后一直走下坡路，再也难以恢复，直到走向大分裂，走向灭亡。

天宝末年，统治阶级腐化没落，连唐朝的军队也不堪战斗了。此时的能战之兵多控制在胡人担任的诸道节度使手里，哥舒翰、安禄山、安思顺、高仙芝，都受到李隆基的特别重视。此时，外戚杨国忠独领朝中大权，他一人兼领四十余使，军国机务决于杨家。杨国忠一人所受中外贿赂，积缣达三千万匹，相当于国家一年半的庸调。

天宝十四年（755年），胡将安禄山利用唐朝政治的腐败、中央兵力空虚、官民痛恨宰相杨国忠的机会，起兵叛唐。安禄山攻下洛阳，称帝。继攻长安，唐玄宗从长安出逃，行至马嵬驿（今陕西兴平西），从军哗变，杀掉杨国忠，长安落入叛军手中。

由于叛军内乱，又有李光弼、郭子仪统兵反击，终于镇压了安禄山、史思明的叛军。安史之乱虽告失败，但藩镇割据的局面形成，各地节度使和军头各霸一方，不听唐朝中央的命令，还不断发动兵变。

例如唐德宗建中二年（981年），成德节度使李宝臣死，其子李惟岳请求继任，为德宗拒绝。于是，李惟岳便联合淮西、淄青、山南东道等节度使连兵叛唐，此所谓"五镇连兵"。

唐德宗派兵镇压，结果被淮西李希烈军围困于襄城。德宗调泾原兵前往解围，而泾原兵在长安叛变，拥立朱泚为秦帝。唐德宗逃奔奉天（今陕西乾县），下诏赦免了李希烈等五镇节度使，让他们帮助讨伐朱泚。不久，唐德宗调河北朔方节度使李怀光前来镇压朱泚，李怀光又叛变，与朱泚联合，唐德宗又逃奔梁州（陕西汉中）。不久，剑南西川、镇海浙西、魏博、威德、淮西等地节度使又叛。唐德宗只好与他们妥协，满足他们的要求，与藩镇的战争才告一段落。

宪宗李纯时期，藩镇再度起兵。卢龙、成德、魏博将领反叛唐王朝，杀掉唐政府委派的节度使。宪宗发诸道兵十五万前往镇压，因宦官监军，节将太多，指挥不统一，结果只是屯守而无人敢战。屯驻年余，粮草用尽而败散。唐王朝只好再度起用叛军做节度使，藩镇割据的情况更加严重了。

当时，朝内宦官当政，唐宪宗、敬宗都是被宦官杀死的；而穆宗、文宗、武过、宣宗、懿宗、僖宗、昭宗都是由宦官拥立的。宦官李辅国拥立代宗，他对代宗说："大家但内里坐，外事听老奴处置。"（《旧唐书·李辅国传》）

唐顺宗，他的东宫旧臣王叔文、王伾居翰林，推韦执谊为宰相。他们与刘禹锡、柳宗元结成政治上的革新派，共谋打击宦官势力。结果，他们的计划失败，唐顺宗没做几天皇帝便被宦官强迫退位，王叔文、王伾、刘禹锡、柳宗元等都遭到贬逐，文宗李昂也曾与宦官斗争，大和五年（831年）与宰相宋申锡谋诛宦官，为宦官侦知而失败，宋申锡被逐。大和八年（834年），文宗任用李训、郑注等曾铲除了一些宦官。后来又想一举将朝中宦官全部杀死，因事泄反为宦官所害，宦官率禁军对李训等人大开杀戒，宰相王涯、舒元舆、李训等及其家属全部遇害。

政治腐败、藩镇兵乱，唐末终于暴发了全国性的农民大起义，黄巢领导的农民大起义。黄巢攻下了唐朝东西二京，建立了起义政权，又接连攻克唐王朝的南北主要州县。

唐王朝在起义军的攻击下风雨飘摇，眼看就要覆亡了。他们自己的军队不堪一击，最后利用各藩镇的军队。藩镇的军头们为保护自己的利益，暂时停止了彼此冲突，联合起来打击起义军。

起义军四处受阻，长安附近的地主则采取坚壁清野，起义军的粮食供应发生了很大问题。此时，起义军的重要将领朱温叛变投敌，唐王朝又用重赂手段收买了沙陀贵族李克用，使他从代州率兵南下，镇压起义军。起义军从长安撤出攻向河南的蔡、陈二州。蔡州被攻克，陈州未下时朱温、李克用的军队追逼而至。黄巢撤军退往山东，在泰山下的狼虎谷下自杀，起义军失败。

在镇压起义军过程，各地藩镇割据势力膨胀，自立为王。中国历史上便出现了五代十国的大分裂局面。

首先，朱温杀掉唐朝的皇帝，于 907 年建立梁政权。后梁只有十六年的寿命，一直对人民残酷压榨。到 923 年便被藩镇头目李存勖推翻，在东都洛阳建立后唐政权。后唐政权内部的沙陀贵族激烈斗争，政权一直不稳固。到 936 年，太原兵头石敬瑭，以出卖燕云十六州为代价，向契丹借来援兵，推翻后唐，建立了后晋。

后晋自食其果，引狼入室，以十六州为基地大举南侵，于 946 年攻陷后晋在开封的政权，在那里举行了即位仪式，改国号为辽，契丹耶律德光做起了辽国的皇帝。契丹军队到抢掠，各地义军也给他们沉重打击，迫使耶律德光从开封撤退。撤退途中，耶律德光在河北滦县的杀胡林病死。人民的反抗让契丹贵族惊心动魄，此后再不敢到黄河以南，终辽之世，也不敢把首都迁到燕京。

947 年，太原兵头刘知远称帝，后来迁都开封，是为后汉。刘知远才做十个月的皇帝便死了，其子继位不久，长安、凤翔等地藩镇抗命，后汉派郭威率兵镇压。镇压反叛之后，后汉皇帝派人去邺都（大名府）谋害郭威。郭威叛变，950 年攻入开封，推翻了后汉王朝，于 951 年即位，建立后周政权。

当刘知远建立后汉王朝时，其弟刘崇做太原留守，也在那里称帝，是为北汉。

后周政权是一个较有作为的政权，尤其是周世宗柴荣，对统治区的政治、军事、经济进行了改革。如把土地交给农民，作为永业田，鼓励农民积极生产，减轻赋税征收。周世宗对佛教僧尼严格限制，把寺院废为民居，被废的寺院达三万三千多所。佛像也一律毁掉，改铸铜钱。他对国家政治和军事大胆改革，藩镇割据的局面，在后周已不复存在。

接着，周世宗着手统一中国。他派兵进攻契丹，打算收复燕云十六州失地。派兵向四川进攻，攻破后蜀的割据政权；他还对南唐用兵，统一江南。所有这一切都较为顺利地进行着：十六州失地已收回二州，用兵四川已占据了重要州县，用兵南唐也攻占了淮南和江北十四个州。

但是，周世宗在北伐契丹的战役中得了重病，不久便死去了。960 年正月初，赵匡胤发动了陈桥兵变，推翻了后周，建立北宋政权，结束了五代更替的局面，进而去完成全国分裂割据的历史任务。

所谓"五代"，是上述北方五个王朝的更替，从 909 年后梁灭唐建国，至 960 年赵匡胤灭掉后周建立北宋为止，共经历梁、唐、晋、汉、周五个王朝，总共才五十多年。

与北方的五个朝代更替同时，南方也出现了九个割据王国，因刘崇在太原称帝建北汉，是十国当中唯一建在北方的国家，所以"十国"南方只有九个王国。

江淮地区本是富庶之地，唐末藩镇在此争夺地盘和货产，不断厮杀。后来杨行密打败秦房、毕师铎，建立吴国。吴国寿命很短，至937年被南唐李昇消灭。南唐实行与民休息政策，开垦荒田、兴修水利，使南唐很是富足，其地盘也扩大到江西、湖北、湖南和浙江。

唐末农民大起义时，钱镠在杭州组织地主武装镇压起义。后来他便在浙江至太湖的十三州建立了吴越政权。吴越政权也实行休养生息政策，在统治的八十多年中，使这里的经济、文化都有很好的发展。

唐末四川的几个军头，王建、顾彦朗、陈敬瑄相互厮杀。王建打败了对手，在成都建立了前蜀国。王建死后，其子王衍继位，腐败而荒于游宴，到925年便被后唐灭掉，建国还不到二十年。

后唐灭前蜀后，派去统治四川的孟知祥，发展自己的势力，于934年在成都建立割据王国后蜀。四川乃"天府之国"，在前后蜀统治的五十多年中，没有发生战争，所以那里生产发达，地主收入都很高，他们都是酒筵会聚，管弦歌舞，昼夜相接。

南方的独立王国还有楚、闽、南平和南汉。楚是后梁的封国，马殷受封为楚王，占据湖南的二十几州。马殷治国很有一套办法，在他统治的地区生产发展，民殷国富。

闽也是后梁的封国，王审知受封闽王，三十年间尚未称帝，史称他"起自陇亩，以至富贵，每以节俭自处。选任良吏，省刑惜费，轻徭薄敛，与民休息。三十年间，一境晏然。"（《旧五代史·借伪列传第一》）925年王审知卒，其子王延钧即帝建元，国号闽。945年，为南唐攻灭。

南平王高季兴是朱温后梁政权派往荆州的节度使，而被南唐封为南平王。占有荆、归、峡数州，是十国中最小的一个，靠着拦路抢劫为生，实是个占地为王的强盗。

南汉王刘䶮（yǎn，音掩，是他为自己的名字现造的字，取义飞龙在天）继承父业在广州地区建立独立王国，自称皇帝，有潮、容、韶、邕指州。他的统治荒淫残暴，横征暴敛。一直引发农民暴动，起义群众有时聚集十多万人。

宋的富足

960年正月，后周殿前都点检赵匡胤在陈桥驿发动兵变，率军回到开封，夺取后周政权，建立北宋。

五代十国如同两晋南北朝的分裂、混乱，统一是大势所趋，也是国家建设的需要和战争痛苦中人民的愿望。

北宋建国必须把南方诸独立王国和黄河流域的北汉统一，北部边境还有一个劲敌辽国。赵匡胤建国不久，便做出统一战略：先统一南方诸王国，取得丰富的物产作后盾，而后北向灭辽。

乾德元年（963年），北宋出兵两湖，灭掉楚。随后又灭掉后蜀和南汉。开宝八年（975年）灭南唐，迫令吴越纳土归附北宋。其间，三度进攻北汉，曾因辽国出兵救援而兵败。直到979年，北宋建国十九年后，赵匡胤的弟弟赵光义率大军出击北汉，才把十国中的最后一国征服，全国宣告大部统一，因为北部和东北部尚有辽国的存在。

宋太祖赵匡胤在南方用兵的同时，在北方的瀛州（今河间）、常山（今正定）、易州（今河北省易县）、棣州（今山东省惠民）等重要军事据点设置重兵，防御辽国。还特设"封桩车"贮积金帛，准备赎取燕云十六州，辽国如不允赎，则把这些金帛用作攻取燕云的兵费。但是，十国割据局面尚未完全统一时，宋太祖便于976年死在了斧声烛影之下。

宋太祖在位十六年，内部加强集权，外则进行统一战争，同时加强国家的经济建设。宋太宗赵光义在斧声烛影之后即位，继续完成统一南北的工作，也继续加强北宋的经济建设，完成南北统一后，宋太宗下令江淮、岭南诸州郡和淮北诸州郡统筹安排种植农作物，缺少种子则令南北州郡调配。如此做法使南北生产经验得到交流，使农作物种植技术得到提高。

由越南传入的占城稻，抗旱能力强，成熟期短，产量高。北宋政府支持江浙地区和淮河流域大量种植，使得谷物稻米总产量大大增加。

长江下游大量建设圩（围田），这里是水乡，田在水下，农民便把农田筑成堤坝，内修纡田，外以隔水。纡田如同一个大城，沿堤设多闸门，旱则开闸引水入田，涝则关闭闸门，以避水灾，农业收成得到保证。宋时仅宣州到池州，就有圩田千区。江浙地区的稻田，亩产可达二石至三石。

福建、湖南、江西多山，农民开山种田。从山脚至山顶，层层而上，在那里"山耕而水莳"，宋代茶的产量和茶区大大增大，淮南、江南、荆湖、福建等以产茶出名。这些地区每年输送给北宋政府茶专卖机构的，就一千五百万斤。淮南茶产量最好，北宋以官自置茶场，督课茶农生产，其岁入数量尚不包括上举数字之内。

北宋的手工业，如制瓷、丝织、造纸、冶铁各业较唐代更加发展。

制瓷的窑户遍及全国，各地所造之窑皆有其特点。最著名的是河北的定窑、河南汝窑、处州的龙泉窑、江西景德镇窑。而郑州的柴窑所制之精美瓷器"青如天、明如镜、薄如纸、声如磬"。

中国的瓷器是宋代对外贸易的主要商品，远销日本、朝鲜、南洋诸国、印度及阿拉伯、叙利亚、埃及等地。

北宋的丝织业也超过唐代，宋太祖平蜀后，把那里的丝织工匠带回开封，在开封设置绫锦院。江淮南北普遍展开丝织业。丝织的花样增多，染色技术进步。李觏描述宋代丝织业的盛况："平原沃土，桑柘甚盛，蚕女勤苦，罔畏饥渴。茧茁山立，缫车之声连甍相闻。非贵非娇，靡不务此。……争为纤巧，以涣倍息。"（《李直讲文集》卷十六，《富国策》三）丝绸从来都是对外主要商品，宋代的陆路和水上皆较前代发达。

北宋的冶铁燃料由木炭变成了燃煤。其都城开封附近有百万户人家用煤作燃料，河东境内也普遍燃煤。江西丰城、萍乡的煤矿已被大量开采，河南鹤壁的煤矿开采技术已经很高。

北宋的冶铁业或由地主经营，或由政府经营。政府的冶炼厂规模已很大。如商州的一个铁厂，仅用犯人劳动就达两千多人。

北宋的造纸和刻版印刷很发达。南北城镇无不有造纸作坊。造纸业发达，表明印刷业也发达，当时稍大一点城镇都有刻版印刷作坊。

造船也很发达，江西的虔州、吉安，浙江的明州、温州、台州、婺州，湖南潭州、鼎州，陕西凤翔都是全国的船业中心。每年从这些地区为政府制造的漕运官船就有三千多条，打造的民间货运船数量更大。宋代的海外贸易，中外商人的船只几乎全部是中国制造。当时的中国造船技术，在全世界已首屈一指了。

由于农业和手工业发达，北宋的商业比前代有更大的发展。

中国各地农村普遍有了定期的集市。凡是米、谷、麦、豆、鸡、鱼、果、蔬、柴、炭、陶瓷、竹木用具、丝、绵、布、帛、衣鞋、猪、羊、牛、马、驴、骡等等，都在集市买卖。而城市的街巷中，已是商铺酒楼饭馆随处皆有。繁华夜市也出现在开封、洛阳、扬州等大城市里。唐代的大城市夜里都禁止行人；商店集中在城里，交易只能在白天的商铺进行。北宋突破了这些规定，说明市场贸易比唐代发达了。

北宋的对外贸易，比唐时的极盛时期还要发达繁荣。当时的南洋诸国，印度支那诸国，阿拉伯半岛诸国都和中国有贸易关系，宋廷每年都派遣使臣去这些国家招商。北宋的广州、泉州、明州、杭州、扬州等是对外贸易的主要口岸，政府在这些城市设置市舶司，专门管理对外贸易的进出口业务，负责检查和抽税，当时的进出口税收也是北宋政府的重要收入。政府税收既收金银，也收实物，政府府库中已堆满从海舶抽取的珍异宝货，在开封设置椎易署出卖，每年获利五十万贯。

由于商业贸易发达，所需货币量增高，铸钱币远不流通。于是便产生了纸币，时称交子。开始是私家制造发行，不久政府收回制造和发行权。政府先在成都设专局，负责印制和发行。之后随着纸币数量增多，北宋政府便在都城开封设置"交子务"，专门负责其事。总之，宋政府的农业、手工业、内外贸易各业较唐时还要发达，宋朝是个富有的政府。

宋的软弱

北宋建国就遇上辽与西夏的强大并入侵。前文已述，北宋未建国前中国北方的燕云十六州已被辽占据。宋太祖准备夺回中国的土地，壮志未酬身先死，还是北方的最大威胁。

宋辽和战，澶渊之盟

辽的上京临潢府（今内蒙古林西与林东之间）周围的广大地区，"地沃宜种植，水草便畜牧"（《辽史·地理志》）。阿保机建辽后便对燕、蓟、扶余用兵，辽军把俘人全部带回，分散在临潢各地，分给他们土地，以便开发和建设。至燕云十六州归辽后，把各州之人安置在临潢府城市和城外，城内很快有汉人设立的布帛绫锦作坊出现。

临潢府的南城叫作汉城，是一个商业城，那里店铺林立，商贩叫卖，很是繁华。到这里经商的很多是回鹘人，城里特设回鹘供其居住。

辽的中京大定府，是燕、蓟的工匠修建的，中京的灵河（今大凌河）流域生产桑麻，辽人把许多汉人"俘户"迁居此处，进行织纴。还把定州的"俘户"安置在灵河流域，建立弘政县。此后，定州的丝绸织户在这里发展蚕桑丝织业，使弘政县、白川州盛产丝绸。沿灵河一带居民，只向辽政府输纳蚕丝或绢帛，不纳谷物，被称为"丝蚕户"。

中京道泽州（长城喜峰口外）出产银矿，柳河（今河北伊逊河）流域有铁矿。辽也从汉人学习了炼银和冶铁技术，靠山的居民多以炼银冶铁为业。

辽灭渤海国之后置东京辽阳府，这里土地肥沃，又有林、铁、鱼、盐各业相辅。辽把征服的渤海国人迁到辽海地区，不久就有数十万编户种千余里良田沃野。

辽的东北边境在今天的海拉尔河，耶律德光执政时便在此发展农业。耶律德光把这一地区分赐给贵族，支持他们前往垦种。北部边境今克鲁伦河流域则置屯量，大量积谷，准备战争时充为军粮。

总之，辽在北宋以北广大地区的发展，并不断出兵侵略，是宋朝的主要边患。

辽穆宗时，因皇帝昏暗，不理朝政，契丹贵族不断发生内讧；辽统治下的乌古、黄室韦等部也叛辽反抗。宋太宗便乘机移师河北，亲自指挥围攻幽州，企图一举收复失地。

围攻半月不下，辽的援兵大至，横击宋兵于高梁河，宋兵大败。983年，辽圣宗即位，年方十二，母萧太后当政，宠臣韩德让（即改名为耶律隆运者）掌握辽朝大权。宋太宗君臣以为辽国"主幼国疑"，正是有机可乘之时。乃分兵三路、一路出雄州；一路出定州；潘美（即小说中写的潘仁美）和杨继业出雁门。宋太宗计划用河北的两路大军把辽军主力牵制在幽州，而潘、杨一路军出雁门攻云州，再东进与另两路军会合，夹攻幽州。但是，宋太宗的这一战略未能成功。辽方萧太后和辽圣宗亲至幽州，指挥辽军主动出击，把出击幽州的两路宋军击溃，随后则集中兵力迎击潘美和杨继业的军队。

宋廷急诏宋的西路军撤退，令杨继业负责把云、朔、寰、应四州人民迁往内地。宋太宗的这一遇敌即退的计划本来就消极被动，这是个战略大溃退的计划。结果，连撤退的计划也未完成。潘美和监军王侁却逼迫杨继业去进攻朔州，杨继业率兵至朔州以南，中了辽军的埋伏，兵败被俘不屈，绝食而死，这一情节便是杨家将小说的主要历史背景。

宋太宗两次出师皆遭失败，便放弃了武力收复失地的打算，只想与辽相持。宋人还把河北的河道相互沟通、蓄水，西起保州（今保定）东达泥姑海口（今塘沽）的九百里地，以相连的河道、水泊阻遏辽军的进攻。

宋太宗的软弱被辽国充分了解，他们便采取主动进攻之势，大举南侵。1004年（宋真宗景德元年），萧太后、辽圣宗领兵攻宋。宋廷大臣多主张迁都金陵或成都以避兵锋，只有寇准等少数人主张抗敌，且主张宋真宗亲临前线，以振士气。大敌当前，众臣工也只好听寇准的主张，宋真宗同寇准同到澶州（今河南濮阳）前线。寇准倚重的大将，是在历次抗辽战斗中屡立战功的杨延昭和杨嗣等（《宋文鉴》卷四十二）。杨延昭此时给宋真宗上疏，要求乘辽兵南下机会，袭取幽、易诸州，但是未被采纳。

宋真宗虽被迫钦征，但对战争毫无决心。而契丹贵族有辽太宗947年南侵失败的教训，因而这次南侵也只想以武力进一步压服宋朝皇帝。辽军刚到澶州境，大将萧挞览即中宋军伏弩而死，辽军士气大挫。因此，宋真宗一到澶州，双方便开始了议和活动。宋真宗只期望辽军快退，遂答应每年向辽纳银十万两、绢二十万匹，双方便约为兄弟之国。这就是北宋与辽的屈辱条约"澶渊之盟"。

宋屈服于西夏

西夏是羌族的一支党项人建立的政权。他们原居川西平原，后迁至甘肃、宁夏。当黄巢起义时，其部落酋长拓拔思恭，助唐围攻起义军。拓拔思恭被唐朝赐李姓，并封给夏国公号。

宋太宗即位，曾企图消灭这一割据势力，结果未成。其首领李继迁反与宋为敌，与辽结成盟友，一同对付宋王朝。契丹把贵族女与李继迁结亲，并册封李继迁为夏国王，李继迁攻占灵武，在此地建都。随后，又用兵河西，攻占武威、张掖，把都城迁至兴州（今银川）。以后继占瓜州（甘肃安西）、沙州（今敦煌）、肃州（今酒泉）。从此，西夏国"东尽黄河，西界玉门，南接萧关，北接大漠，地方万余里，倚贺兰山为国"，成为宋的西部大敌。到1038年，西夏王元昊自称皇帝，正式定国号为大夏。

宋太宗曾想以武力征服，几度调兵征西，但却屡遭失利。996年春，北宋派兵护送四十万石赴灵州，为李继迁伏兵所夺。宋太宗命五路大军进攻李继迁，才打败了他。

当西夏对河西用兵时，无力在东边与宋军攻占，便假意要求与宋修好。宋真宗眼看河西之地被西夏攻占而不去夺取，反而同意与西夏"修好"，于景德三年（1006年），册封西夏王德明为西平王，每年给银万两、绢万匹、钱两万贯。并在陕西（今延安境内）设置榷场，听任双方商民互市。

西夏元昊统治时，河西地区全入西夏领土之内，其兵力雄厚，财力充足，便开始对宋用兵，北宋派兵迎敌，被西夏兵大败，宋的主将刘平、石元孙被俘，葛怀敏被打死，宋军被俘数万人。

北宋向西境调兵二十万，西北当地的军队也不下此数。因此，西夏军队虽能打胜仗，却无法全部战败宋朝的四十万军队。其结果，又花军费，又失去过去宋朝每年给的银绢、钱币，双方互市也告停。加上辽国也有进攻西夏的军事动向。因此，元昊在庆四年（1044年），又表示愿与北宋修好，北宋朝廷也同意议和。议和结果是，西夏取消帝号，由宋册为夏国王；宋廷每年向夏纳银七万两，绢十五万匹，茶三万斤。

这是中外历史见不到的屈辱和约，宗主国却向自己册封的属国纳送银钱物品，宋王朝的软弱，真是历史罕见。

靖康国耻：北宋徽钦二帝被金虏走

北宋的最后二十五年是宋徽宗赵佶做皇帝，他的统治荒淫和腐朽。即位后宠信宰相蔡京、王黼等奸臣；最宠爱的宦官是童贯、杨戬，也都是助纣为虐者。二十五年中，宋徽宗和这些宠臣互相勾结，狼狈为奸，祸害国家，残害人民。

宋徽宗很爱奇花异石，他的确也有艺术细胞。宠臣们便借机提出"丰亨豫大"

口号，要把宋朝宫室尽量搞得富丽堂皇，把全国的奇花异石都弄到都城开封，以供观赏。从崇宁元年（1102年）起，便由童贯在苏州、杭州等地设"造作局"，集中数千工匠，制造象牙犀角金玉竹藤及雕刻织绣各种工艺品。又设"应奉局"，向东南各地搜刮花石竹木和珍奇物品，用苏州人朱勔主持其事。应奉局借机讹诈，把千万人家搞得财产荡尽。他们把搜刮之物，用大量船只向开封运送，每十船组成一纲，称为花石纲，人们把应奉局称为东南小朝廷。（《宋史·朱勔传》）

宋徽宗信道，不仅全国都修筑道观，不仅添设道官二十六等，他们与政府官员同样领取俸禄。赵佶宠信道士林灵素，单是林的门徒，任道官取厚俸的就有二万人之多。蔡京、童贯、王黼、杨戬、朱勔等，便借机卖官，使官位各有定价，时有"三千索，直秘阁；五百贯，擢通判"之说。（朱弁：《曲洧旧闻》巷子）北宋政府的官员数量大增，徽宗即位七年后，就增加十倍之多。北宋的官俸和兵饷，在徽宗即位之前，每月为三十六万贯，而徽宗宣和年始，每月高达一百二十万贯。

由于开支巨大，徽宗即位便出现政府大笔赤字。为弥补不足，便设法向人民掠夺。比如发行大钱，实行通货膨胀政策；增收数倍于前的茶税；强行榨取绢帛"和买"等等。这些手段仍难填平政府赤字，后来便成立掠夺私人土地的机构"西域括田所"，先后用杨戬、李彦主管其事。这是个借政府之名强占土地的强盗机构，例如一下子把河南汝州鲁山县的土地括为公田，成千上万户农民失去了土地，冻饿致死。山东、淮南、江浙、河朔各地，皆发生强圈硬占的现象。从政和元年（1111年）到宣和三年（1121年），经杨戬掠夺的民田就有三万四千三百多顷。（《文献通考·市籴一》）

徽宗的权臣们借机大肆掠夺土地。朱勔的田产"跨连郡邑，岁收租课十余万石，甲第名园几半吴都。"宋钦宗即位籍没他的家产，田地一项就有三十万亩。（《宋史·朱勔传》）蔡京的土地更多，在江南的一所圩田就有千顷之多。

由于徽宗的"括公田"，激起了北方的宋江起义；南方的方腊起义，主要是花纲石的抢掠造成的。

这两股农民起义在施耐庵的《水浒传》中都有所反映，造成的社会影响也很大。从文学的角度评四大名著之一的《水浒传》，是我国文学史的伟大巨著。但从历史的真实分析，该书记述与史实相差很远；其创作思想也有问题。毛泽东晚年时曾号召全国批《水浒》，指出的错误是，宋江只反贪官不反皇帝；他带领起义者接受皇帝招安，招安后又去打方腊，使两股起义厮杀净尽而失败。这些，的确反映施耐庵的创作思想有问题，大方面的史实也不对。

史实是方腊领导的农民起义规模浩大，有一定的纲领，曾发檄文揭露宋政府的种种罪行，号召广大群众起来推翻北宋政权。起义之后数日，队伍便有十万人以上。三个月内就攻占了睦州、歙州、杭州、婺州、处州、衢州、青溪等52县，方腊的起义人数最高达到百万，包括打着方腊旗号的响应者。方腊队伍中有人建议乘胜攻占金陵，建议未被采纳。此后，起义迷失了前进方向，便发生了逆转，步步走向失败。

宣和三年（1121年），宋政府派童贯率西北劲兵15万南下，又从湖南调来军队协同作战。由于起义军的武器太差，又失去了战斗方向，被动应战，很快便被宋政府禁军精锐击溃。起义军退走青溪县（今浙江淳安县），依靠山洞、竹林之险与北宋军相持数月，最后粮绝而失败。

方腊起义自宣和二年（1120年）十月发动，到宣和三年四月就被镇压了，总共起义半年时间。宋江的起义军没有去参与镇压方腊起义，是宋军镇压了方腊起义后，才抽调军队去镇压的宋江起义。尤其是，宋江的起义没有被招安。这都是施耐庵那么创作的，他创造出宋江投降宋政府，又创造了宋江去打方腊，让农民起义军互相打杀，最终宣告都失败。

宋江的起义军没有发展为成千上万，甚至不过几十人。宋朝末年，已有《宋江三十六人赞》流传社会；元初《大宋宣和遗事》中有关于劫取生辰纲、宋江私放晁盖等情节。以后出现的元杂剧，梁山英雄李逵、武松等已上了戏台。正史中也多有宋江的记载，如《宋史·张叔夜传》就记述"宋江起河朔，官兵莫敢撄其锋"；《东都事略》记述，"江以三十六人横行河朔，官兵数万无敢抗者"，三十六人大约如此，数万官兵就太夸张了。

宋江起义的历史事实，大约是宣和元年（1119年），起义军在鲁南和苏北出没，因为人数少，起义者多机智能战，宋政府派兵镇压，多是被动挨打，无能为力。

宣和三年（1121年），起义军由沭阳乘船向海州移动，被海州知州张叔夜侦知。他"募死士，得千人"伏击起义军，举火烧毁其船只，义军退走河北。（《宋史·张叔夜传》）宋政府派兵千人去捕拿，总是无功而回。

直到宣和三年夏，方腊起义军失败，宋政府从宋军中抽调可存的部队去河北

149

追剿宋江。大约转战月余，宋江等人先后被俘，起义也失败了。

如果严格点说，方腊是一次声势浩大的农民起义，他们是一支起义军。宋江那几十人，游动于山林水泊间，很难说是一支起义军队。只是经过《水浒传》创作描述，才有了影响力，这也是施耐庵的写作之功。只不过他创作了宋江，又让他投降宋政府，再让他领导队伍同方腊作战，最后让他们拼个精光。

在宋江失败后的第二年，北宋政府以极大的代价赎回了燕京及附近的六州。宋政府派大军驻扎这些地区，并派去大批官吏。驻军粮饷和官吏的俸禄全被摊在山东和河朔人民头上，还要两地人民把粮饷送往燕京，要送一石粮，运送的盘费要十石，造成北方人民的极大灾难。到宣和六年，山东、河朔两地便发生了十余处农民起义，人数皆过万，山东沂州和临沂的起义军都在 3 万到 5 万之数。

正当宋政府打算如何应付农民起义时，金军又分两路南下，宋政府的末路将不远了。

原来金政权是黑龙江、松花江流域的女真族兴起并建立的。他们兴起后受到辽的压迫，其完颜部落酋长阿骨打领导女真人反抗辽统治者。于 1114 年举兵抗辽，第二年便称帝建元，经过十年的斗争，便把辽国倾覆。

在女真建立金朝，连续打击辽军，攻占黄龙府和辽阳府后，宋廷认为辽国必亡，可乘机收回燕云诸州，便于宣和二年派人浮海去与金国签立"海上盟约"，辽与金人夹击辽国，胜利后燕云之地归宋朝，宋朝则把每年送给辽国的岁币照数送给金国，在宋夏战争后，宋向夏每年纳币，辽要求纳予的岁币增加到银 20 万两、绢 30 万匹，"海上盟约"则如数交给金国。

宣和四年（1122 年），金人由居庸关进攻，占领了燕京，遂表示不把燕云之地归还宋朝。后经反复交涉，金人才答应把燕京和涿、易、景、顺、檀、蓟六州交割给宋朝，要求宋朝把每年缴纳的岁币之外，增纳百万贯钱，还得同意金人把这一地区的金帛子女官绅富户席卷而去。

这样一来，金人完全看透了北宋的腐败无能，于是在灭辽之后便乘胜侵犯北宋。

可耻的是，当宋徽宗听到金军南下的消息后，不敢与金国对抗，急忙传位给他的儿子赵桓，即宋钦宗。

侵宋的金军分两路南下，一路从云中（今大同）出发；一路由平州（卢龙）经燕京南下。西路军在太原受到河东军民的坚决抵抗，不得前进。而东路军到达燕京后，驻守的宋军和官吏全部投降，他们长驱直入，渡黄河包围了开封。并向宋政府提出要求：纳金五百万两，银五千万两，牛马万头，绢帛一百万匹，割太原、中山（今河北定县）、河间三镇及三镇所辖全部州县。

金军的一支部队包围大宋国都开封，这在军事上犯了孤军深入的大错误。但是女真贵族所以敢于军事冒险，就是看清了北宋统治集团的怯懦。"海上盟约"时他们就已看清楚了：一个联合作战的"盟约"，应是各取所应取，而金人所取是辽的所有国家，北宋所取仅是燕云失地，取此失地每年还要把纳付敌国的岁币转纳盟友。这样的"盟约"也只有宋王朝才肯接受，只有宋徽宗才能接受。宋徽宗这么做似乎对盟友特别大度，特别宽厚，殊不知这样正好充分暴露他的软弱无能。

在与辽的作战中，女真军队势如破竹，把大辽国军队一一战败。而宋军连一个燕京也未攻取，金军攻抵燕京以北时宋军对燕京正在一筹莫展。金军攻下燕京后为什么翻脸不履行"盟约"，不再把"盟约"规定的燕云之地归还北宋？就是他们看清了宋的政治腐败和军事无能。"盟约"也规定燕京由宋军攻取，而宋军并未攻下燕京，是被金军攻下的，所以女真贵族才翻脸不认归还宋的条文。所以，他们才敢冒那么大的孤军深入之险，去包围宋的国都。

错误就是错误，冒险就是冒险。女真贵族包围了宋的国都，抓紧向宋政府实行讹诈，让他们赶紧承认那么严重的条件，赶紧缴纳重金和土地，就是想拿上这些钱物赶快撤兵，弥补他们的军事冒险。女真贵族包围宋的都城就像强盗抓住了人质，无力征服人质，就想用讹诈手段诈一笔钱财逃走。

按常规他们的确是军事冒险，宋朝是个大国，全国有百万以上军队，守卫开封的禁军战斗力很强，在镇压方腊起义时，就是这支禁军前往的，一战就打败了方腊几十万起义军。《水浒传》里说，林冲是东京八十万禁军教头，开封城里不可能有这么多禁军，但二十万总是有的，何况他们还有地方军队，随时可以来援助。

当时就是，金军围了开封，驻守陕西的军队便不待命令迅速开拔前来救援，各地的乡军也已开到了开封的四郊，立即对金军展开了攻击。起义军也及时把矛头对准金军，青州的张仙起义军也自动开到开封的近郊。主战派李纲等人建议增兵扼守黄河，断绝敌军的归途。从后来汇聚的文件《三朝北盟会编》，我们可以看到当时北宋李纲等很多大臣们都已经向宋徽宗提出了可以击败金军的正确军事行动，如李纲、唐重、许翰、杨时等都曾建议打击金军，不允其讹诈条件。后来，秦桧的奏疏也云，"金虏入寇之初，庙堂太怯，遽以三镇许之，不知民不肯为夷狄，虽欲割弃而不可"。（《三朝北盟会编》卷四十四）

抗战派、守军和人民都呼吁抗敌，金军首脑正考虑尽早撤军，免得陷入宋军的反包围。（《三朝北盟会编》卷三十九，杨时《论三镇利害书》）但是，怯懦的北宋统治集团，根本就没有抗敌的想法，前文已述宋徽宗听到金军南下的消息，就把皇位让给了他的儿子，这种举动等于临敌不战，其影响之大是不言可明的。

他们竟然不顾三镇人民的反抗，不顾抗战大臣的呼吁和军民抗战决心，竟然同意了金人的割地赔款要求！

这样更加暴露了宋朝的软弱。当金人根据城下之盟去占领三镇二十州时，这里的人民"以死坚守"，展开了保卫家乡的战斗。三镇人民的抗战迫使宋政府回首城下之盟，是否割地赔款之时，金军却以迅雷不及掩耳之势，再度回师，此时宋政府以为割地赔款了，敌军不会来攻，已把勤王军队全数遣归各地，更主要的是，北宋朝廷宋徽宗临敌让位，开封城的军事将领和朝廷官员看清了朝廷的可耻面目，不愿为他们抗击。开封城是一国之都，官心已失，军无斗志，当金军二度回头攻打开封时，几乎无抵抗地打破了它。把徽钦二帝俘虏至金兵营中，抢劫了开封的所有府库和官民的财物。靖康二年（1127年）四月初一，金人押着二帝和后妃、皇子、皇女及宗室等三千多人北去。北宋朝廷、宫室的文物积存如山，被金人全数掠走。北宋政权被女真贵族灭亡了。

高宋、秦桧杀害岳飞，对金投降

金人颠覆了北宋政权，掳走了赵姓皇室男女，宋徽宗的第九子康王赵构尚在河北，幸免被掳。宋廷旧臣便拥赵构为帝，靖康二年五月，赵构在归德即位，改元建炎，他便是杀害岳飞的宋高宗。

高宗即位之初，用抗战派代表李纲为相，因为李纲当时在官民中的威信极高。李纲决心收复失地，组织军民抗敌，起用了宗泽等抗战派。

宗泽到开封后便在黄河南岸修筑工事，募军训练，许多起义军首领也率领义军投奔而来。但是，宋高宗一上台便表现出畏敌如虎，他对抗战派的打击力度，远比乃父赵佶强硬。高宗任用汪伯彦、黄潜善等投敌派，李纲任相仅七十天就被罢免，其他抗战官员也一并罢斥，宗泽虽留守开封，但抗战计划得不到高宗支持。他因愤成疾，建炎二年（1128年）秋，就在三呼"过河"之后与世长辞了。

高宗为首的投降派也只想靠投降金人，以重金满足侵略者，换取一点恩赐，让他们继续待在统治座位上。女真贵族也顺水推舟，采取了"以和议佐攻战，以僭逆诱叛党"的两手策略（《大金国志》卷七《太宗纪》）。

主战派或罢或死，投降派把政府从归德迁往扬州，表示把河东、河北和整个黄河流域全部不顾。金人也便借机分兵向山东、河南、陕西进犯，不久便攻下徐州，渡过淮河，直指扬州，宋高宗闻警则逃往杭州。金兵追赶高宗不放，建炎三年九月，金兀术两路军队过长江，一路攻打，进逼杭州。宋高宗又从杭州出逃，经绍兴、宁波，逃到定海。政府官员们拥着赵构和文物，犬伏在楼船上，避难于温州、台州之间的海上，随时准备逃走出海。

金兀术的骑兵无法下海去捉拿高宗，又遭到乡兵的打击，便抢掠了杭州等地后北返。在黄天荡被韩世忠军截击，四五十天不得通过。金兵撤走后，宋高宗又回到杭州。

岳飞是国人家喻户晓的民族英雄，如今游杭州西湖者，日以千计。游人无不瞻仰岳飞墓，斥骂高宗和秦桧。

岳飞率领"岳家军"一直战斗在抗金前线，建炎三年金人占领江南重镇建康城，在建炎四年被岳飞收复。绍兴二年（1132年），岳飞驻兵江州（今九江），制定了"联结河朔"的战略，即联结河北"忠义军"，共同抗金，收复河山。

绍兴三年，岳飞和刘光世、韩世忠、张俊四支军队在江州至江陵一线设防。岳家军从绍兴四年到绍兴十年，曾三次对敌发动进攻。第一次是绍兴四年（1134年），收复了襄阳、郢、随、唐、邓、信六个州郡。绍兴六年（1136年），深入敌境，收复了虢州卢氏县和长水县（今河南洛宁西），大军攻抵蔡州城（今汝南）下。绍兴十年（1140年），岳家军进驻颍昌（今许昌），郾城一战大败金兀术主力，克复了郑州、洛阳。

与岳飞一直有联系的忠义军趁岳飞大战金军时，也在黄河沿岸、太行山东西配合主力部队打击侵略者。他们截断了金向前方运送粮秣的补给线，并攻入南城（今河南孟县以西，即孟津）、赵城（今山西赵城）和绛州垣曲等地。

金兀术在岳家军的打击下，打算从河南全境撤退，把随军南下的老幼送回了

153

河北，一部分军队也撤出了河南。

这时，以宋高宗和秦桧为首的投降派害怕了。他们主要怕岳家军彻底胜利后与忠义军会成为他们的统治威胁，在岳家军节节胜利、金军即将从河南全线撤退时，宋高宗和秦桧却下令岳飞撤军。尽先撤回在东路宿、亳等处的军队，使岳家军陷入了两面受敌的严重局势下。至此，岳飞也只能遵命撤军了。

随后又向女真贵族进一步表示驯服，于绍兴十一年四月下令解除了岳飞、韩世忠、张俊三人的兵权。金兀术见宋政府自毁长城，便抓紧实行军事威胁，通知宋高宗，"已会诸道大军水陆并进"，并表示，如免金国兴师问罪，必须割让淮北的土地归金国，必须杀死抗金的主将岳飞。宋高宗按照金人的授意，在绍兴十一年末把岳飞和岳家军的重要将领张宪、岳云一齐杀害。

当年十一月，南宋投降派和金国签订了投降条约，主要内容是：南宋向金世代称臣；划定宋金界线，东起淮水中流、西至大散关（今陕西宝鸡境内），中间的唐邓二州属于金国；南宋每年向金国输纳二十五万两白银，二十五万匹绢。此所谓"绍兴和议"。

宋高宗以出卖大好河山、杀害抗敌英雄为代价，换来了"儿皇帝"之位，让屈辱的南宋王朝又维持了百余年，终被蒙古人灭掉。

终宋一朝，最高统治者对外皆软弱无能，屈辱投降，使中原蒙辱、中华蒙羞。

极富文彩

无论北宋和南宋都很富有，南宋虽偏安、屈辱、投降，但其统治的"小天下"却是中国富庶之区，也是产生文人和文学题材的美丽之地。正如文学史上常说的：文学就说唐宋、绘画就说宋元，学术就说汉宋，全数到了宋。

毛泽东曾说唐宗宋祖"稍逊风骚"，宋太祖是"马上皇帝"，忙于统一战争，未来得及享受，没心思写诗词，但他也喜爱吟咏，他的《咏初日》诗有"一轮顷刻上天衢，逐退群星与残月"句，既有王者之气，也有恢复燕云的壮志。

从宋太宗开始，统治者对外政策愈加屈辱，从奉敌如骄子，到"敬之如兄长"，再到"事之如君父"（杨慎：《太史升庵全集》卷四十八），宋人的爱国和忧国情绪也愈加沉痛、激切。靖康之变后，悲愤之声成为南宋一百五十年文学的基调，这是汉唐文学没有的现象。在爱国文学作品里，陆游的诗和辛弃疾的词尤其突出，他们表达出的炽热爱国之心，收复国土、洗雪国耻的雄心，一直鼓舞着后世的读者。

由于唐诗是古代文学的峰顶，所以宋诗产量虽大，在唐诗的比照下，总是黯然无光了，甚至于明清的文学批评家常常鄙弃宋诗。相形之下，宋代的词却发展到了它的极盛时期。社会物质生活的丰富和都市繁荣都为宋的士大夫提供享乐生活的条件，词正是描述这种生活的文体。值得注意的是，诗歌到了隋唐是科举考试的一种选才工具，尽管科举之外的作品庞大辽阔，但毕竟还是留下了"尊贵"的特点，情事是诗人不好下笔的内容。而词在产生之初正好填补了诗的这种不足，五代以来一直用词描写男女风流绮艳情事。宋代的文人同一个作者，诗和词常常取材绝然不同，似乎出自风格各异的两个人之手。例如一代文宗欧阳修，既是大政治家，也是史学家，而他的词却是"浮艳"得很，因此有人误说那是无赖子们所为，用来为他抹黑的。柳永的词是典型的风流浪子的形象，而他用诗作《煮盐歌》，表达盐民的艰苦生活，揭露统治者对他们剥削和欺压。

前文写了宋代的软弱，富足而软弱，而宋词也表现出"软弱""轻柔"之特点。宋代的大词人如群星灿烂，都在比赛写"香草美人"、写别离之愁。连那些大政治家、大将军、大改革家，甚至是后来被判为豪放派的词人，也不乏轻软的词意。

这里不是要搞文学评论，我们历代的文学家们早有充分的评述，不劳我们再着笔墨。我们只是就宋的历史特点，透视出宋代的文风，透视出宋代因富有使官僚集团士大夫都有文采，并表现出轻软但不乏美好的特点。

我们常说"唐诗宋词"，把诗和词并说。实则诗的产生发展，历史久远，到宋时已经数千年了。而词比之于诗却是个"新生儿"，它仅出生于宋前的唐和五代。盛唐以降"歌者杂用胡夷里巷之曲"，"里巷"之曲指的是民间文学。民间文学的清新、明朗、活泼影响了当时的诗人，于是戴叔伦、韦应物、王建、白居易、刘禹锡、张志和等，便汲取民间的文学形式，开始创作词。词在唐代还没有发展起来，只是少量的小令，但却优美而动人。如张志和《渔歌子》：

西塞山前白鹭飞，桃花流水鳜鱼肥。青箬笠，绿蓑衣，斜风细雨不须归。

这首小令，描述的的确是打鱼人，是"渔歌"，其清新、自然，被后人誉之为"千古风流"。至于白居易、刘禹锡的组词《忆江南》，更为人广泛唱和，流芳千古。

盛唐时点滴出现的这种文学形式，到五代时在南唐小朝廷那里突然暴发，一下子进入了成熟期，有人评说词是"文体中的暴发户"。但这个暴发户的暴发者便是被后人称为"词帝"的南唐后主李煜。

李煜作为偏安小朝廷君主，也和宋朝廷一样，富足、文雅而软弱无能。他即位时北宋正在逐一消灭分裂的十国，暂时还没灭到他头上，只得每年用金银物品讨取宋太祖的欢心，以图幸存。在生活上则尽情享乐，终日沉迷声色，奢靡绮丽十多年，终为宋兵攻灭作了囚徒。

从富国的小皇帝到"日夕以泪洗面"的囚徒，生活的剧变，亲身体验了被囚禁、侮辱的巨大痛苦，天上人间的变化，给李煜这个原本就是创作天才以切实的创作心灵和创作题材。于是，李煜把词文化一时间推向了成熟阶段。

宋词，最直接的影响者就是李煜，自然也有白居易、刘禹锡、张志和等。

庆历新政的大改革家范仲淹、欧阳修不仅是大词人，也是出将入相的大政治家，他们的词风既继承唐代短令的优美，也饱含五代后主李煜的愁肠。

范仲淹、欧阳修在宋仁宗庆历年间，为朝廷任用实行改革。因触犯了守旧贵族的利益，捏造他们结党，而被贬斥到边远地区。

范仲淹就在这年写作《岳阳楼记》，抒发"先天下之忧而忧"的情怀。他的《渔家傲》"秋思"是宋词中的名作，描写西北边塞的苍凉，表达"将军白发征夫泪"的悲壮情怀。他的名词《苏幕遮》"别恨"或"怀旧"，更影响后世元明清文化，被多所引用，美丽而动人：

碧云天，黄叶地，秋色连波，波上寒烟翠。
山映斜阳天接水，芳草无情，更在斜阳外。
黯乡魂，追旅思，夜夜除非，好梦留人睡。
明月楼高休独倚，酒入愁肠，化作相思泪。

"碧云天，黄叶地"是传诵名句，而客思乡愁，泪眼相思，与"将军白发征夫泪"比较，更有了宋词"香草美人"的特点，再不像出将入相大政治家的手笔。

欧阳修是北宋宰相、政治改革家，也是北宋中叶文坛领袖。不仅政治面貌严肃，文风上也反对浮艳、矫正昆体。但他的词风却一反常态，风流浪漫，内容也多是恋情相思之类，而且这样的词作数量大，是北宋词坛上的重要作家。如：

《玉楼春》

别后不知君远近，触目凄凉多少闷。
渐行渐远渐无书，水阔鱼沉何处问。
夜深风竹敲秋韵，万叶千声皆是恨。
故欹单枕梦中寻，梦又不成灯又烬。

思妇秋夜不眠，孤凄苦闷，"万叶千声皆是恨"，完全"花间派"的神韵。再如：

《蝶恋花》

几日行云何处去？忘了归来，不道春将暮。百草千花寒食路，香车系在谁家树？泪眼倚楼频独语，双燕来时，陌上相逢否？缭乱春愁如柳絮，依依梦里无寻处。

描写的也是个情怨交织闺中思妇的形象，他的许多作品，皆不离"寸寸柔肠，盈盈粉泪"，无怪有人怀疑不是他的作品，是无赖小人故意用这种艳句抹他的黑。

王安石是宋神宗时的宰相，他的变法在古代史上十分著名。他的词作不多，但一首《桂枝香》却是宋词中的极佳之作。这是大改革家的"金陵怀古"词，写金陵的晚秋景，极为美好。但也不缺凄哀清婉："叹门外楼头，悲恨相续。千古凭高，对此谩嗟荣辱。六朝旧事随流水，但寒烟衰草凝绿。至今商女，时时犹唱，《后庭》遗曲。"另一首《千秋岁引》调子更加凄清低沉："当初谩留华表语，而今误我秦楼约。梦阑时，酒醒后，思量着。"

苏东坡是被论定的"豪放派"词人，"豪放"的代表作是人所共知的《水调歌头》"明月几时有"和《念奴娇》"大江东去"。可是，他的其他词呢？他有三百多首词呀。

如《水龙吟》"似花还是非花"则写"萦损柔肠，困酣娇眼，欲开还闭"，"细

157

看来，不是杨花，点点是离人泪。"《永遇乐》："彭城夜宿燕子楼，梦盼盼，因作此词。"题目已经很风流了。词的警句是："燕子楼空，佳人何在，空锁楼中燕。"他那首《江城子》悼念亡妻"相顾无言，唯有泪千行。料得年年断肠处：明月夜，短松冈。"那种深切哀怨的相思之情，看不到他"豪放"在哪里了。《贺新郎》"乳燕飞华屋"，有句"若待得君来向此，花前对酒不忍触。共粉泪，两簌簌。"哪还有一点"豪放"影子？放到柳永、二晏、秦少游等人的作品中，已难以区别了。

辛弃疾文武兼备，是宋代与陆游互相辉映的两位伟大的爱国文学家；又同苏轼一样慷慨纵横，被誉为豪放派大家，引领南宋一代爱国文学家、爱国词人。他的抒情小令也抒出了晚年愁苦之情，真是别有滋味：

少年不识愁滋味，爱上层楼，爱上层楼，为赋新词强说愁。而今识尽愁滋味，欲说还休，欲说还休。却道天凉好个秋！

至于女作家李清照在国破家亡、流离失所的深愁惨痛中留下的首首诗篇，那么凄美动人，读之令人涕下：

风住尘香花已尽，日晚倦梳头。物是人非事事休，欲语泪先流。闻说双溪春尚好，也拟泛轻舟；只恐双溪舴艋舟，载不动许多愁。——《武陵春》

亡国之君宋徽宗被金人俘虏，押往五国城（今黑龙江依兰），北行途中见杏花飘零，乃写《燕山亭》托物兴感，似乎在模仿唐后主，但其艺术性与李煜相较，却别如云泥。

……天遥地远，万水千山，知他故宫何处？怎不思量，除梦里有时曾去。无据。和梦也新来不做。

第十五章　蒙古人在中国——元王朝

一些话头说不清

中国历史上的某些民族问题、民族关系，用语言表述起来很困难。或者是事情的因果根源没搞清，或者是表达出了混杂，从当时到如今一直都难以说清楚。

比如宋王朝，从建国到灭亡数百年一直遭到契丹、西夏、金的侵扰，或说侵略。西汉、大唐也有匈奴、突厥等民族的骚扰。但西汉、大唐打败了他们、征服了他们，使他们臣服入贡。汉唐和外族关系都好说，不存在中原王朝被征服、外族入主中原的麻烦。中原王朝征服西域、西南众多少数民族，建立起多民族的统一国家，实现民族大融合，这是历史的大进步，也是历史的必然。也都好表达，顺理成章。

可是，宋王朝就难说了，它没有征服敌人，而是不断屈服、投降，最后被金灭亡了北宋，又被蒙古灭亡了南宋。

于是，历史、文学上的表述就产生了困难，表述者们互相之间也产生了矛盾。

比如说宋统治者一直推行不抵抗政策，屈辱投降，史书、文学书就给它叫"卖国政府"。宋徽宗、钦宗二帝被金人俘虏而去，史书、文学书都叫"国难""国耻"。宗泽、岳飞英勇抗金，称他们为"伟大的爱国者"，爱国将领、爱国诗人，"民族英雄"。

这样表述就出现了麻烦：辽、金、西夏等就不再是中华的民族，而是"外敌"入侵。是的，中原王朝征服他们、灭亡、同化他们，称作实现"民族统一"；而这些民族来打败中原（主要是汉）民族，就是"外敌入侵"？不是他们来统一中国？

这实在无法解决表述问题了，史学工作者便去寻找这些民族根源，寻找他们与汉民族的关系，寻找他们是否我们现在的五十六个兄弟民族的始祖关系、世系关系。总之，找到不是外敌入侵，只是兄弟民族之间闹家庭纠纷，"打断手脚连着筋"，就好说了。

但这仍然不好说。宋徽宗、宋高宗们不抵抗，杀掉抗战者去投降。如果全国与宋是兄弟关系、宋和蒙古是"一家亲"关系，亲兄弟相争不对，相让才对，谁来统治都一样。历史和政治似乎也就没有什么说道了。说他们是敌国自然问题更大：就把契丹、金、蒙古、满都推到"外国""外敌"那边去了，那还了得。

总之，我们谈这些问题有陷入"二律背反"的危险。所以，还是模糊些好。

元朝就是蒙古人灭宋而建的王朝，蒙古人是外国还是我们的兄弟蒙古族，这是个原则问题，但却更不好说。也是要模糊些好，最好证明蒙古族根本就是中华民族的一个古老民族，同后来灭明建清的满人一样，根本就是我们兄弟，是哥们；不是侵略，不是灭了我们的民族，是兄弟轮流坐庄。毛泽东在词中说的秦皇、汉武、唐宗、宋祖和成吉思汗，都是我们直系的祖宗，我们不光是秦始皇的后代，也是成吉思汗的后代。如此最好。

原来，蒙古族在唐时称"蒙兀室韦"，住在今内蒙古自治区东北的额尔古纳河上游，生活在森林里，以射猎为主要生活来源。大约在八世纪时西迁，生活在斡难河和怯绿连河之间，靠游牧为生。

到十一世纪、十二世纪时，蒙古族发展到部落时代，在今蒙古草原上有蒙兀部（即蒙古部）、克烈部、塔塔儿部、汪古部、蔑儿乞部等，蒙古只是一个部落名。

蒙古各部过着游牧生活，又有狩猎传统，骑马射箭是他们的最大习俗。十二世纪，中原的先进文化和生产方式对他们有了影响，各部与汉人通商，以马匹和毛皮换取汉人的铁器和绢帛，开始经营农业。

以后，各部落之间发生战争。战争使一些部落壮大、一些部落衰亡、消灭。部落内便产生了贵族，有了阶级分化，有了贵族和奴隶。

蒙古孛儿只斤部的首领铁木真，就是统一蒙古各部的大汗成吉思汗。他首先成为蒙古各部的强大者，他先是联合克烈等部，击败塔塔儿等部。回头又联合胜利的部落，打败另一个胜利的部落。如此打来打去，只剩下最强大的克烈等少数几个部。然后再把克烈等最强大的部灭掉，于是便成就了蒙古草原的统治者。

1206 年，铁木真建立蒙古国，在翰难河源当上蒙古大汗，被各部尊称为成吉思汗。

成吉思汗实行的是分封制，而不是中央集权的帝国制。就如同周天子那样，把有功之臣、归附的部落首领，甚至于皇后、公主、太子、亲族，都分封给牧地和牧民。

统一蒙古之后，成吉思汗便开始了他向外的征服战争。

首先向近邻金发动了大规模战争，从 1211 年到 1214 年，连续向金发动攻击。金宣宗一面遣使求和，一面逃离燕京，南迁开封。1215 年，蒙古军占领燕京。

从 1218 年到 1223 年，成吉思汗又发动了西侵，把蒙古国的领土推进到中亚细亚地区。从 1235 年到 1241 年，又发动了第二次西侵，大军一直打到东欧的孛烈儿（今波兰）和马扎儿（今匈牙利）。从 1253 年到 1258 年，再进行第三次西侵，蒙古骑兵攻占了黑衣大食，攻陷巴格达和达马士革城，其势力远达西南亚。

蒙古的西侵军于 1227 年东返，成吉思汗在返途中死在六盘山，窝阔台继为大汗。窝阔台大汗率军分兵两路发动对金的进攻，1233 年金哀宗放弃开封，逃往归德，又逃往蔡州（今河南汝南县）。南宋应蒙古之约，夹击蔡州。1234 年正月，蔡州城破，金亡。

蒙古骑兵的三次西侵和向中原的南侵，尽是烧杀抢掠，西侵时把沿途古城尽行烧毁，城乡居民遭到杀害，古代文明尽毁于侵略者的铁蹄。我国华北广大地区的财物、牲畜和人口都被劫掠一空。人口被劫回后变成他们的奴仆或部曲。蒙古统治者不知农业的重要，他们甚至要把汉人居住地区"悉空其人以为牧地"，可见一个野蛮民族对人类和人类文明的破坏，是多么严重、恐怖。

南宋军民沉重打击蒙古侵略军

南宋政府在金亡后曾想乘机收复失地，当宋军刚刚开进开封和洛阳，蒙古军便来争夺，宋军溃退。在争夺开封时，蒙古军还决黄河之水以灌开封，迫使宋军撤离。

1236 年，蒙古军由汉中攻入四川，抢掠了五十四个州县。四川富庶，单钱币一项，解送给宋政府和湖广、蜀、淮的就有三千多万贯，金银锦丝尚未计入。

如此富庶之区，为蒙古军抢掠破坏之后，连百姓的生计都很困难了。蒙古军大肆抢掠之后，车装马载而去。

1238 年，宋政府派彭大雅守重庆，兼领四川制置副使。他决心抗击侵略者，率领四川军民整兵练武，筑城修垒。继任余玠更于军事要冲筑营建寨。1258 年，蒙古大汗蒙哥亲领大军来攻，进攻一年才到达余玠防守的钓鱼山的合州城下。合州知州王坚和部将张珏坚决抗敌，蒙古军在坚城之下受阻，又暴发痢疫，死亡极大。大汗蒙哥焦灼不堪，指挥攻城军猛烈进攻，为宋军的飞矢射中死亡，迫使侵略军解围而去。

1267 年，蒙古数万军队又来攻击合州。此时知州王坚调走，继任张珏守卫坚决，直到宋恭帝德祐二年（1276 年），南宋首都杭州城破，张珏仍在那里坚持战斗。1278 年，蒙古军进攻重庆，张珏兵败被俘，在解往燕京的途中，解弓弦自缢而死，表现出一位抗战者的不屈精神。（《宋史》卷四五一《张珏传》）

蒙哥为蒙古大汗时，命其弟忽必烈到漠南开府，统治漠南地区。蒙哥汗率兵侵入四川时，忽必烈也率军渡河南下，围攻鄂州。南宋政府命令重臣贾似道统率各路大军去救鄂州，他却暗中向蒙古军求和，愿向蒙古称臣纳贡，双方划江为界。此时，蒙哥汗已死在钓鱼城下，忽必烈急着北返争夺汗位，遂答应了贾似道的议和条件而撤兵。

贾似道回到临安，不提暗中投降，却说自己把蒙古军打败得胜回朝。1260 年忽必烈在开平（今多伦）即大汗位，派遣使者郝经去南宋履行议和条件，贾似道害怕求和事败露，便把郝经拘留真州，蒙古人借此大举发兵南侵。

襄阳和樊城汉水的重要据点，两城夹汉水对立，有浮桥互相援助，城中粮食等储备也能支持数年，沿江诸州也可以取道供应襄樊守军。两城守将坚持两城的防守既久，便不断向南宋政府求援，贾似道却始终不肯出兵。到咸淳九年（1273 年），蒙古军截断江道，断绝了宋军的外援，切断了襄、樊两城间的交通，水陆夹击之。又用西域炮匠所造大炮攻击两城。襄樊二城终被蒙古军攻破，襄阳守将吕文焕投降了蒙古军。

咸淳十年（1274 年）宋度宗死，恭亲即位，贾似道仍控制朝权。这年秋，蒙古几路大军进攻临安。其主力是水师，由蒙古丞相伯颜率领，以吕文焕为前锋，由襄阳顺汉水而下，进入长江。南宋军用数千战舰横列江面，迎战敌军，结果失败。沿江鄂、黄、蕲、江诸州相继被攻陷。

恭帝德祐元年（1275年）正月，贾似道在舆论压力下被迫应战。时有南宋精锐十三万，战舰和装载辎重及金帛的船只，舳舻衔接，百有余里。蒙古军在长江两岸架炮轰击，江中则用"划车"数千艘，乘风直进。贾似道畏敌如虎，未曾接战即鸣金退走，十三万大军一时溃败。

德祐二年，临安被攻破。蒙古军俘恭亲及谢、全两太后及宗室官吏而去。宰相陈宜中先已从杭州逃出，与张世杰、陆秀夫共拥益王昰于福州，是为端宗。蒙古军追赶而至，宋端宗等逃入海中，死于碙洲（今广东吴川县南海中）。文天祥、陆秀夫又立卫王昺，流迁于南海中的崖山（今广东新会县南海中）。1279年，蒙古遣张弘范率水师追击，文天祥在潮阳抗敌，战败被俘，张世杰的水军也被打败。崖山的补给道路被切断，陆秀夫等食干饮咸十几天，疲乏不能应战，陆秀夫负帝昺投海而死，南宋灭亡。

民族歧视和压迫

元世祖忽必烈至元八年（1271年）定国号为元，建立元朝。至元九年改中都为大都（今北京），把大都作为元朝的都城。

元朝统一全中国后，其疆域比汉、唐极盛时还大。元政府把今天的河北、山西、山东等地作为"腹里"，设岭北、辽阳、河南、陕西、四川、甘肃、云南、江浙、江西、湖广等"行中书省"，简称"行省"或"省"。

元朝对内统治实行民族歧视和民族压迫政策，把治下的人民分为四等：第一等是蒙古人，包括原来蒙古各部的人；第二等是色目人，包括西夏、回回、西域以及留居中国的欧洲人；第三等是汉人，包括契丹、女真和原来金统治下的汉人；第四等是南人，指南宋统治下的汉人和西南各民族人民。

元政府的统治机构中，长官和掌权官都是蒙古人或色目人。南人在元朝政府中很长一阶段极少有人做官。在军队组织上，蒙古军、探马赤军、汉军和新附军都有严格区别。出兵时各军参差调用，而蒙古军为主力，军权都掌握在蒙古军帅之手。在刑法上，蒙古人、色目人和汉人分属不同机关审理。蒙古人殴打汉人，汉人不许还手；蒙古人打死汉人，只流放北边充军。汉人、南人不许聚猎或聚会，不许执弓射箭，也不许豢养犬鸟之类。《元典章》中，许多法令都是针对汉人和南人的，明文指出蒙古人不受这些法律条文的约束。

上述民族歧视政策对投靠蒙古统治者的汉族大地主不适用。例如元朝规定汉人不许执弓射箭，元世祖亲口告诉投靠的大地主出身的汉官："汝家不与它汉人比，弓矢不汝禁也，任汝执也。"（《元史》卷十五《世祖纪》）早年投靠蒙古统治者的大地主，如大兴史氏、真定董氏、易州张氏等，其地位和待遇都与蒙古贵族不相上下。

元世祖标榜文治，极力笼络汉族地主知识分子。他任用刘秉忠、姚枢、许衡、郭守敬等定朝仪、治礼乐、设学校、建官制，命令蒙古国子生随许衡等学习程朱理学。

元世祖也笼络了一批汉将和女真将领，如张弘范、李庭、刘国杰等，令他们镇压各族人民的反抗和进攻南宋。进攻南宋时，又不断招降汉将，让他们成为蒙古军的先锋。

终元一朝，蒙汉统治阶级之间始终存在着民族隔阂。汉人虽被用作官吏，也始终不被信任，大权掌控在蒙古之手；回回人被任命为经理财政官。但是，有些汉族地主在蒙古贵族的保护下，"广占农地，驱役佃户，无爵邑而有封君之贵，无印节而有官府之权，恣纵妄为，靡所不至。"（《历代名臣奏议》卷六十六）地主阶级之间虽有隔阂，但就阶级实质而言却是一致的，蒙古与汉族地主在剥削劳动人民方面，利益一致。

元的对外关系

忽必烈建元后，曾多次对邻国用兵。于1274年、1281年两次出兵日本；1285年、1288年两次入侵越南；1283年、1287年两次出兵缅甸；1282年出兵占城，1292年出兵爪哇。元朝建立时，成吉思汗建立的横跨欧亚两洲的蒙古国，除元朝外已分裂为窝阔台、察哈台、钦察和伊儿四个独立的汗国。元朝皇帝是各国的大汗，彼此间还有一定联系，元朝和伊儿汗国联系更为密切些，使臣来往不断，从未发生过战争。伊儿汗国的政治、经济和文化都受到元的影响。

当时，元朝是世界上最强大的国家，西方各国的使节、商人、传教士、旅行家前来元朝者络绎不绝。威尼斯人马可·波罗在元世祖时遍游中国各大城市，并在元朝做官。他写的游记对中国的领土广阔和工商业的繁荣，作了生动的描述，让欧洲人对中国十分向往。由于中外交往频繁，中国人发明的火药、罗盘、印刷术经阿拉伯传入欧洲。还有不少中国人到达南洋和中西亚各地，中外文化交流更加广泛。

元的经济建设

忽必烈统治时期，蒙古落后的游牧经济对农业仍有影响。许多农田被占为草场，在大臣的奏折中说："今王公大人之家，或占民田近于千顷，不耕不稼，谓之草场，专放孳畜。"（《历代名臣奏议》卷六十六）蒙古统治者不舍骑射，屡屡向民间征收马匹，一次就达几十万匹，还下令马匹不许用来从事农业生产。

他们还实行落后的奴隶制和封邑制。元朝统治者把战争俘虏作为私奴，称"驱口""驱丁"，是主人的私产，对他们自由买卖。元法律规定，主人杀死驱口和私杀牛马的刑罚几乎相同，都是受杖刑。史书记载，陈州、大名的土地两万亩为池州的一名元军官买去，同时买有农具，有奴隶两百多人为其耕作。叙州安抚使张庭瑞，家有"奴婢千指"，种上田五千亩。元世祖攻取江南时，大将阿里海牙把降民三千八百余家没为家奴。

蒙古统治入主中原后，把攻占的地区分封给诸王贵族，作为他们的食邑，诸王在食邑内自置官吏，向民户横征暴敛。后来，蒙古统治者规定，由政府直接向那里的民户征收赋税，不许诸王征收。但是，诸王贵族仍然向民户征收赋税，使那里的人民遭受双重剥削。

由于中原发达的农业经济影响，蒙古统治者放弃落后的游牧经济，开始重视农业。同时，也放弃了落后的剥削方式，由封建领主向封建地主转化。

元世祖曾多次下令禁止把良田变成牧场，同时也发布各种鼓励农业生产的命令，大力提倡垦殖。1286年，元政府颁行《农桑辑要》一书，该书中"蚕桑之术，畜孳之方，天时地利之所宜，莫不毕具。"据称，该书颁行后，"利布四方，灼有明效"（《元文类》卷三十六）。

元朝初年，北方农民自发成立了"锄社"，类似于我们解放初成立的"互助组"。即几家联合起来，集体锄地，先锄一家，这家供其饮食，其余挨次锄之，"旬日之间，各家田皆锄治"。"间有病患之家，共力助之"，使"苗无荒秽，岁皆丰收"（王祯《农书》卷三）。后来，元政府下令普遍实行立社。五十家为一社，以通晓农事者为社长，社长组织本社居民垦荒耕作，修治河渠，经营副业。这种村社制度，遍行南北各地，与里甲制度并行，即是元朝统治农民的基层组织，对发展农业生产也发挥一定作用。

元朝政府也重视水利建设，曾设都水监和河渠司掌管水利，曾三次修治黄河，修理山东会通河、北京通惠河，治理淀山湖和泾渠工程。在水利方面，有一定成绩（《元史》卷六十四《河渠志》）。

蒙古贵族的征服战争中，北方的农业受到严重破坏，元世祖时逐步恢复起来，使"民间垦辟种艺之业，增前数倍"。全国户口除边远和"山泽溪洞之民"，共有一千一百六十三万三千二百八十一户，五千三百六十五万四千三百三十七人。（《元史》卷九十三《食货志》一《农桑》）

元朝的手工业比前代也进一步发展了。一般而言，棉花是在元代普遍种植起来的，元政府在浙东、江东、江西、湖广、福建等省设置木棉提举司，年征木棉十万匹。（《元史》卷十五《世祖纪》）元成宗大德年间，松江人黄道婆从黎族地区带来了先进的棉纺工具和技术，使松江的棉纺织业迅速发展起来。仅松江乌泥泾的妇女以棉织业为副业者，就有一千余家，所织棉布，成为远近知名的产品。

江南地区的丝业历史悠久，元朝时已出现了机织为主的"机户"。史书记载，湖州有绢庄十座，濮院镇有四大牙行，都由大商人出资开设，到乡镇"收积机户"。杭州城出现了机织丝业的手工作坊，一户拥有多架织机，雇佣十几名手工工人。

元政府重视手工业，大都和乡镇都设立官营手工业作坊管理机构，如提举司和各种局院，如毡局、银局、染局、绣局、毛缎局、镔铁局、玉局等等，以后又在大都、上都、涿州、建康、平江、杭州等地设立织造局。

元政府还设立官立局院，是为官府手工作坊。世祖至元十二年（1275年），曾"籍江南民为工匠凡三十万，选有艺业者仅十余万户"。至元十六年（1279年），在此选工匠四十二万人，立局院七十余所。

元朝的商业十分发达。当时大都、杭州、泉州是举世闻名的大商业都市。大都市已有专门的市场如：米、铁、皮毛、马牛、珠宝、茶、盐、酒、绸缎等。

泉州是对外贸易的商港，金、银、瓷器、丝绸为大宗出口商品；丁香、豆蔻、胡椒、珠宝、钻石为主要进口商品。都在这里起运，或集散。当时指示航行的灯塔——六胜塔，至今还在泉州完整保存着。

在国内外进行商贸业成为巨富者已大有人在。回回商人持有元朝颁给的制书，不纳商业税，不受关卡限制。蒙古贵族、寺院僧侣、汉族官僚地主都开张店铺做大生意，他们多有财力千百万者。如泉州巨商佛莲，拥有海船八十艘，珍珠一百三十石。张瑄、朱清等都是"巨舻大舶交番夷中"。

元政府在泉州、杭州设市泊司和转运司，"官自具船给本，选人入番贸易诸货"。元政府于至元十八年以钞二万锭赴和林贸易；至元二十四年又以新钞十一万六百锭，银一千五百九十三锭，金百两付给江南各省"与民互市"。如此，政府直接参与贸易，在历史上是少见的。

宋代已有纸币发行，而元世祖时用桑皮纸印造"中统元宝交钞"，是以银为尺度的纸币，是成功的纸币，也是真正意义的纸币。"中统钞"信誉很高，是因为发钞有充分准备，准许随时兑现。当时，阿拉伯人巴吐塔来到中国，见到市场上用"小片纸"换商品，而且持真金实银者，先换成"纸片"，然而用此纸币易商品，感到不可思议。后来，元的纸币被外国仿行，如波斯在至元三十一年（1294年）仿照元朝，发行纸币，印度、朝鲜也都仿行过。

纸币的通行，方便贸易，也是元朝贸易发展的重要原因之一。

腐败透顶，一朝覆灭

元朝后期民族和阶级矛盾日益激化，原因是蒙古王公贵族和汉族地主一齐抢掠土地，残酷剥削人民。统治集团贪污、奢侈腐化。广大人民群众起而反抗，农民起义的烈火，使元朝统治不足百年，便迅速灭亡。

其实，蒙古贵族对汉人一直不能平等对待，贵族的右派分子更一直仇视汉人，提出要杀绝汉人的口号（尤其要杀绝张、王、刘、李、赵五姓汉人）。所以，元朝统治下的民族矛盾一直存在着。

元朝末年，蒙古贵族疯狂抢占土地。元顺帝时，公主奴伦陪嫁的土地由政府转拨给大臣伯颜的就有五千顷之多。元朝皇帝笼络蒙古王公，一即位就把大量土地赏给他们，元世祖时一次赏赐百顷，以后一次就赐给千顷、万顷之多。

最高统治集团奢侈腐化，武宗以后岁入多不够用度，大部分用以岁赐和"佛事"。武宗时，年搜利两百八十万锭，但不足一年就花掉八百二十余万锭。仁宗年用度要超过两千万锭。武宗用来做佛事的一项开支，高达政府全部收入的三分之二。仁宗延祐四年（1317年）仅供佛饮食一项，年用面四十三万九千五百斤，油七万九千斤，蜜两万七千三百斤，每天宰羊万头之多。英宗以后，蒙古贵族相互倾轧，争夺帝位，二十多年换了八个皇帝。诸帝皆贪财好利，掠夺无厌，例如泰定帝也先帖木儿争得皇帝位前，曾献出私人土地七千顷之多，可见皇帝占有多少土地了。

元统治者要填补数倍于收入的大量亏空，只能靠滥发纸币。史料记载，元政府昼夜印刷的纸币，印数不再计算，舟车装运，轴轳相接，纸钞不如废纸，买一升米的纸钞要用斗去装。至此，纸币信誉全废，市场交易只用铜钱，或以物换物，元政府发行的纸币被人们扔得到处都是。民谣说："堂堂大元，奸佞擅权，开河变钞祸根源，惹红巾万千。官法滥，刑法重，黎民怨；人吃人，钞买钞，何曾见？贼做官，官做贼，混贤愚，哀哉可怜！"（陶宗仪：《南村辍耕录》）

天灾与人祸往往一起到来，元末的广大人民群众被剥削压迫得无路可走，又接连发生水灾，造成黄河连年决堤，饥民遍野。农民数以百万离开土地家乡，武装起义随之发生。

顺帝至正十一年（1351年），元政府命工部尚书贾鲁发汴梁、大名等十三路农民十五万人修治黄河，同时派兵镇压。这时，黄河灾区流传着一个民谣："石人一只眼，挑动黄河天下反"（钱谦益：《国初群雄事略》卷一）。现在，十五万民工集中起来去"挑动黄河"，于是大规模农民起义爆发了，这便是埋葬元朝统治的红巾军农民大起义。

当时的起义军有两支，一支是起于颍州的刘福通，另一支是起于蕲、黄二州的徐寿辉和彭莹玉。他们以组织白莲教发动起义，又以恢复大宋的汉族统治相号召。红巾起义发生，使"贫者从乱如归"，数日"从者数十万"。

刘福通揭竿后，相继攻占罗山、真阳、确山、汝宁、息州、光州等地。彭莹玉推布贩徐寿辉为首，攻下湖北的蕲州、黄州，建元治平，国号天宪，很快攻占了武昌、安陆、沔阳、江州、饶州等地。

168

这两支起义军皆以红巾裹头，称红巾军或红军，因信奉弥勒佛，烧香聚众，又称香军。随后，打起红巾军旗号的起义军又有萧县芝麻李，南阳布王三，荆樊孟海马，濠州郭子兴，两淮、丰、沛、许、汝、荆、汉也都纷纷起而响应。

同时起义的还有浙东方国珍、泰州张士诚。方国珍出身佃农，因缴不起租子而聚众造反；张士诚是盐贩子，操舟贩盐，见大众起义，也率众起兵。

1325年，徐寿辉、彭莹玉领导红巾军攻占了杭州，队伍发展到百万以上。

元政府派御史大夫也先不花率三十万大军进攻刘福通红巾军，因慑于起义军的声威，发生士兵哗变，弃城逃散。元政府又派丞相脱脱进攻徐州芝麻李，在起义军的打击下也连遭失败，脱脱统率的百万大军"一时四散"，很多人投入了红巾军。刘福通也于1355年奉韩林儿在亳州称帝，改元龙凤，国号大宋。中原各地的起义军，都接受了大宋的领导。

1357年，刘福通分兵三路北伐，一路扫荡山东、河北，攻离大都百余里，迫大都蒙古贵族准备北窜。一路进攻山西，趋塞北，攻占了上都，毁蒙古宫阙，转战辽东各地。一路向西南攻入四川，进兵甘肃、宁夏。刘福通则攻占汴梁，以该城为都，造宫阙，易正朔。有了都城后乃使"巴蜀、荆楚、江淮、齐鲁、辽海，西至甘肃，所在兵起，势相连结"。红巾军发布檄文说："慨念生民，久陷于胡，倡义举兵，恢复中原，东逾齐鲁，西出函秦，南过闽广，北抵幽燕，悉皆款附，如饥者之得膏粱，病者之遇药石"（《元史》卷一四一《察罕帖木儿传》）。

元统治者看到汉族地主阶级仇视红巾军，便发布命令免北人和南人的民族歧视界限，凡起兵镇压红巾军者给万户、千户、百户爵赏。元政府又赐方国珍、张士诚龙衣，收买他们为镇压起义效力。方国珍、张士诚接受了元的官号，转以红巾军为敌。1352年，答失八都鲁招襄阳汉官兵北上攻击刘福通，被起义军歼灭。察罕帖木儿、李思齐起兵与起义军作战，反对红巾军的许多地主武装往投，其兵镇关陕、荆州、河洛、江淮四地，又以重兵屯太行，是红巾军最凶恶的敌人。

各地的汉族地主在农民起义过程中，多站在元政府一边，坚决与农民为敌。徐寿辉起义军虽然得到人民的拥护，可是在战斗中处处受到地主武装的袭击，攻下的地盘得不到巩固就又落到元政府或地主手中，得而复失。彭莹玉又在战斗中牺牲；1360年部将陈友谅杀了徐寿辉，自己做了皇帝，国号大汉。明玉珍不服陈友谅，也在四川自立，国号大夏。

徐寿辉、彭莹玉死后，刘福通红巾军也逐渐走向失败。三路北伐军声势虽大，但攻占的地盘分散，无法得到巩固。大部队分散作战，后方力量空虚，1359年，察罕帖木儿攻克汴梁，刘福通、韩林儿败走安丰。1363年，张士诚攻破安丰城，刘福通牺牲。

在红巾军起义过程中，朱元璋独树一帜，逐渐发展自己的势力。他接受韩林儿的官职、封号，军队也以红巾裹头，亦称香军。后来独立发展，力量逐渐强大。

后来，红巾军刘福通、徐寿辉相继牺牲，起义军多投入朱元璋军中。他先后打败陈友谅、张士诚，又杀死红巾军领袖韩林儿。1368年，朱元璋派兵北伐，元顺帝率后妃、太子和部分蒙古大臣逃走，元朝灭亡。

这一年，朱元璋建立明朝，改元洪武，是为明太祖。

第十六章　腐败而荒唐的——明王朝

　　明朝已是中原王朝封建社会的末端，其腐败超过前朝。明统治者不仅腐败，还极其荒唐可笑。例如宦官专权问题，一般是皇帝幼年，母后摄政，造成外戚专权。待皇帝成年后，欲自立而依靠身边的宦官夺取外戚的权力，结果造成宦官专权。但明朝却不是，从英宗到景帝、宪宗、孝宗、武宗等，长期不问政事，把国柄交给宦官。造成满朝文武或只知有宦官，不知有皇帝，内阁、宰相都去宦官家里办公。国家的政治、军事、经济都被宦官控制。这不仅体现了皇族腐败至极，也是极为荒唐可笑的事。

　　宁王朱宸濠谋反了，明廷令王阳明镇压。当王阳明兵败宁王之十万大军，俘获宁王及手下一百余人，从贼六千余人。王阳明写折上报，等待皇帝下旨发落。然而，当今皇帝朱厚照却要以"威武大将军镇国公"头衔，"亲率六师，奉天讨伐"。王阳明奏报说的明白：朱宸濠已被活捉，叛乱全部平定，得皇帝下诏发落一切。而朱厚照不管这些，他命人转告王阳明：把反贼朱宸濠纵入鄱阳湖中还予水师，待皇帝率水师与之大战，亲自擒之，而后再奏凯论功。王阳明不放朱宸濠，太监张永、张忠等就诬他"与贼通谋"。这件事中外历史上，也不会有第二个，也够荒唐了。

布衣皇帝朱元璋

　　中国的王朝史上，有过两个穷苦出身的布衣皇帝，一个是前文说过的汉朝开国皇帝刘邦，一个便是明朝的朱元璋。这个皇帝的个人资质相比较，刘邦是很差的，他不过是一个连庄稼都不会种的地痞流氓。然而，他有萧何、曹参、张良等辅佐，造就了一个辉煌的大汉帝国。后有"文景之治"的出现，有汉武帝的开疆拓土，使中国第一次在世界播扬威名。

朱元璋的个人资质远超刘邦。虽然他文化不高，却很有能力，甚至在所有封建皇帝中，个人能力也是上乘的。可是，由于明朝处于封建帝制的末端，当年的生气活力已不复存在了，他的子孙都是一代不如一代，甚至腐败透顶，荒唐可笑。

朱元璋（1328—1398 年），濠州钟离人，出身贫苦，幼年做地主家的放牛小，父亲、母亲、哥哥相继被饿死。家里剩下一个哥哥，无力抚养他，只得去皇觉寺当和尚。当和尚也要去化缘，于是他去了淮西。在淮西三年，他入了明教，信奉弥勒。知道观察地理环境，研究风水人情。此时，红巾军四处点燃燎原烈火。他突然接到幼年朋友汤和的来信，信中说他参加了义军，并当了千户的军官。

信是寄到黄觉寺的，这时他已经回到了黄觉寺。从起义军寄来的信，已经被和尚里的领导看过了，他似乎觉察到有被告发的危险，于是便从黄觉寺逃跑，投奔了汤和来信介绍的起义军。

那是至正十二年（1352 年），朱元璋已经二十四岁了。他投奔汤和介绍的起义军，是在濠州城，起义领导者叫郭子兴，也是红巾军的一支人马。

郭子兴看到了一个相貌极为奇特的青年：最突出的特点是地包天，下巴突出的很长，额头也向前突出。整个脸形象个月牙铲，上下突出，中间凹进。而且满脸紫黑大麻子，这是当年生天花麻疹留下的瘢痕，现在已见不到这种病了，更见不到麻脸人。

郭子兴起初把他当奸细，当他拿出千户汤和的信后，才知真是来投军的。于是，把他编入汤和的部队，作了郭子兴的亲兵营。

很快，朱元璋的长处暴露出来：他作战骁勇异常，有谋略，冷静，思虑深远；讲义气，有危险为战友担着，抢先冲出，因此很快建立了威信。

他的优点也被郭子兴看在眼里，他从不贪财，得到奖赏分给战友；得到战利品，献给郭子兴。他天赋很高，分析问题准确，郭子兴打仗前总要找他商量，他是主帅的智囊。

朱元璋之名是这时改的，原来只是按出生顺序叫的奶名。据说此名意义在于：璋是尖利的玉斧、玉器；朱的意义为诛。合起来是诛灭元朝的利器。后来，元政府害怕这个名字，终为这把利器而诛灭。

这或许是编书的人编出来的，或许是真的。朱元璋当时还不识多少字，还不懂这深的字义，或许是造反队伍中识字多的人为他起的。

郭子兴重视朱元璋，就把自己的义女嫁给了朱元璋。义女的父亲姓马，是郭子兴的战友，临终前把女儿托付给郭子兴。就这样，朱元璋成了大帅的女婿，郭子兴多了一个忠实的帮手。

于是，郭子兴让他管部队的财务，因为他看到朱元璋不贪财，讲原则，部队军官和战士都服他。可是，后来还是出了乱子。麻烦出在起义军的濠州四个统帅之间起了矛盾，郭子兴被绑架，而绑他的却是另外几个统领。朱元璋拼命救了郭子兴，却遭到郭的忌恨，先是逮捕了他，后又命他去攻击有重兵守卫的定远城，想借元军之手杀掉他。

然而，朱元璋在攻击定远时，发挥了他的军事才干，不仅一举攻克定远，又接连攻克怀远、安奉、含山、虹县。战争之隙，他来到了自己的家乡钟离（今安徽省凤阳东）。听说当年差一点饿死的放牛小、小和尚回来了，他的少年朋友、亲戚，都来看他。其中有后来成为名将的徐达，还有少年友人，后来也是开国功臣周德兴。他的铁杆部队一下子增加了七百余人。得胜后他回到濠州，他对郭子兴等人很失望，但毕竟收留过他，又是他的挂名岳父，这是他起步的地方，他不是忘恩负义之人。

他向郭子兴辞职，提出留下在钟离招到部队，只带徐达、汤和、周德兴等二十几人，这些人都成为他建立大明朝的功臣。

他只领着那二十几人又回到定远。原来听说定远驴牌寨有一支三千人的队伍，他打算前来收为己有。经他稍动脑筋，便收服了这三千人马；之后他带着这三千人马，去攻打横涧山。这里有元朝的两万精锐，因几番攻打濠州郭子兴不下，屯兵横涧山，正不知下一步做什么，便遭到朱元璋的夜袭。据说部队最怕半夜遭人袭击，官兵毫无准备，从梦中惊醒，衣衫不整，又找不到兵器，稀里糊涂就变成了俘虏。这两万人先是朱元璋的俘虏，接着就成了他的部队，而且是一支精锐。

此时，有两兄弟从定远来投朱元璋，他们是冯国用和冯国胜。这个冯国胜便是后来威震天下、横扫千军的冯胜。

下一步他决定攻打滁州，突然有个教书先生走进他的军营，朱元璋正少个文书，便留下了他。过两天，朱元璋不经意地说："这打仗的日子，不知何时是个头？"教书先生在一旁回答："想当年汉高祖刘邦出身布衣，五年便成就了帝王之业。现在，元的气数已尽，公的家乡离刘邦很近，只要公能以刘邦为榜样，天下不久也一定是公的。"

听了这个教书先生的话，朱元璋肃然起敬，起来恭恭敬敬地施了一礼。

此人就是李善长，明开国第一功臣。

而后，他又攻下易守难攻的滁州。又有他的侄子朱文正，姐夫李贞和外甥李文忠来到他的大营。

1355年，朱元璋渡江攻下太平、溧水、溧阳。此时，接受韩林儿的封号，军队皆用红巾裹头。此时，勇猛善战的常遇春、胡大海来投。1356年，攻占建康，成为红巾军内一支强大的武装力量。

当时，朱元璋的北面是红巾军的主力刘福通，西面是徐寿辉，东面是张士诚。而皖南、浙东地区敌和友的力量都薄弱，他决定向这些地区发展。朱元璋派徐达、常遇春、胡大海分别攻占了宁国、徽州、池州、婺州。1359年，又攻占了衢州、处州，控制了皖南和浙东。此时，浙东的重要人物刘基、宋濂、叶琛、章溢等人来投。

朱元璋在皖南和浙东集聚实力，"广积粮，缓称王"，发展农业生产。1360年，陈友谅率军攻占太平，直入建康，在江东桥为朱元璋打败。朱元璋反攻，攻占饶州、安庆、洪都等陈友谅的地盘。1363年，两军会战于鄱阳湖，陈友谅被打死，解除了西面最大的敌人。1365年，朱元璋把兵锋转向苏州的张士诚。经过两年的艰苦作战，终于将张士诚打败。随后又派将攻取广东和福建，朱元璋拥有了东南半壁。

1366年，朱元璋派人在瓜州害死了韩林儿，根本背叛了农民军，成了地主阶级的代理人。在他发布的告示中，也公开与红巾军为敌，宣布白莲教是"妖术"。

1367年，开始北伐。宋濂等为他拟了檄文，檄文的内容同二十世纪初"革命派"发布讨伐清政府的文章一样："驱逐胡虏，恢复中华"（《明太祖洪武实录》卷二十一）。

徐达、常遇春率北伐军在山东、汴梁、潼关等地连败元军。1368年7月，徐达与诸将在临清会师，向德州、通州进攻。元顺帝从大都逃走，元朝灭亡。

1368 年正月初四，朱元璋在建康（已被改为应天，后改为南京）登基，定年号为洪武，国号为明。朱元璋由一个贫苦农民，小和尚成为大明皇帝，一介布衣皇帝。

朱元璋大杀功臣

人们常说农民出身的皇帝目光短浅，容不下功有能力，功劳大者；或说功高盖主，将被剪除。

这么说或许有道理。刘邦没怎么杀功臣，造反时的同伙如萧何、曹参、张良等，一直伴他治理天下。有人说这是刘邦本人没有能力，一直离不开这些谋士。

按照这个说法，朱元璋有能力，又容不下更有能力的，建国后便对功臣大开杀戮，连萧曹一类的谋士也不留。

朱元璋手下的萧曹人物是刘基和李善长。李善长是朱元璋的老乡，当时从淮西投奔朱元璋的一大批人物，朱元璋无不欢迎，建国后就出现个"淮西集团"，首领就是李善长。他被朱元璋引为"第一功臣"，被封为韩国公。朱元璋开国时封了六个公爵，徐达、常茂（常遇春子，其父战死），李文忠、冯胜、邓愈都是猛将，只有李善长一个文官，反而被封为六公之首。

而刘基也同李善长一样，如同刘邦的萧和曹。但刘基只赏了个伯爵，低了好几级。就说俸禄吧，李善长年俸四千石，刘基只有两百四十石。

一样的工作，职称和工资悬殊十几倍。原因只有李善长是朱元璋的老乡吗？

开国不久，刘基的毛病就暴露出来。朱元璋给他的工作是御史中丞，是御史的头，就是朝廷中管提意见的头。一次，李善长的亲信犯了法，被刘基抓了起来，按罪名当杀。这件事引起了李善长和刘基的冲突，朱元璋自然站到李善长一边。但是，刘基还是杀了李善长的那个亲信，他没给李善长留面子，自然就开罪了朱元璋。

刘基号称天下第一谋士，老百姓传言他能呼风唤雨。但到了朱元璋那里，他再有谋略也白搭，就是由于他有谋略，又不懂给人留面子，才死在了朱元璋手中的。

明明朱元璋试探他，如果我不让李善长作丞相，只有先生可以承当吗？刘基却如实回答：就才学能力，本人可当此任，但我这人疾恶如仇，不是皇帝需要的。

这一句话便深深伤害了朱元璋。他把朱元璋和李善长都打在恶人之列里了。

朱元璋没有让刘基作丞相，在免了李善长相位后，让他们的老乡胡惟庸接了班。

胡惟庸当丞相后，刘基生病了。朱元璋派胡惟庸去看望刘基，刘基吃了胡惟庸带去的药，几天就死了。后来，胡惟庸案发后，医生供认，是胡惟庸让他配的毒药，毒死了刘基。而满朝文武都清楚，那是皇帝的授意。

胡惟庸很愚蠢，他以为自己比刘基、李善长都强。李善长被赶出相位，刘基被毒死，而他却当了丞相。其实，朱元璋选择他，就是因为他无能，好摆布。

从此，胡丞相开始胡作非为；朱元璋听之任之。听之任之七年之久！从洪武六年（1373年）到洪武十三年（1380年），其间发生了多少事，多少胡丞相胡作非为之事。

直到洪武十二年（1379年），占城国派使来南京进贡，接见别国使臣绝对是皇帝的事，除非皇帝命令丞相去接见。但是，胡惟庸被朱元璋骄纵习惯了。他竟未报告皇帝，朱元璋光火了，他首先处死了应对此事负责的左都御史汪广洋，然后囚系了所有与此事有关的官员。

恰在此时，胡惟庸的亲信，御史中丞涂节向朱元璋密报：胡惟庸谋反！

朱元璋是个有创意的皇帝，他再有创意还是赶不上他的这个御史中丞涂节。为他创造了大杀群臣的伟大罪名：谋反。

朱元璋立即逮捕谋反主犯，丞相胡惟庸、陈宁及胡党众多成员。命令立即处死他们，不必审讯，杀死他们的家属，灭了胡的三族。

然后，由皇帝命令：深究广挖，务必把谋反者连根拔除，不留余孽。接着就是抓人了，抓来人按例往死里打，打死前让他交代同党，然后再据名抓人。如此一来，案子越来越大，被杀者超过万人。

那个告密的涂节，也被押赴刑场，与胡惟庸一同被处死。他们是两个宰相，御史中丞也是一个宰相。

此后，丞相位上再也没有人。接着连丞相也没有了——朱元璋取消了丞相和中书省。把相权分给吏、户、礼、兵、刑、工六部，使六部直属皇帝。（《明史》卷七十二）据明史的研究者说，朱元璋所以放纵胡惟庸胡作非为，就是要造成一个大案，可以杀死万人的大案，他要找这么个机会把该清除的官员一律清除，而且借机会把丞相中书省废除，让皇帝一个人说了算。

朱元璋废除了丞相，连同他的第一任丞相李善长，天下第一功臣李善长，已退休多年的李善长，也被抓回来杀死了。

杀他的理由也是谋反。原来洪武二十三年（1390年），李善长家里修房子，向汤和借了一些士兵当劳动力。而汤和竟密告李善长向他借兵造反。这也是个荒唐的笑话：是汤和派去的兵，任务是为李善长修房子，真造反那点兵也不够，更主要的是汤和的兵不会听退休多年的老头指挥。

这件事说李善长造反似乎还不够，随之又有李善长的亲信丁斌密告李善长的弟弟李存义当年曾与胡惟庸密谋过。朱元璋便逮捕了李存义。严刑拷打后，李存义供认李善长也是同党。朱元璋深知李善长不会谋反，他的儿子娶了公主，他是六个公爵的首位，他为什么要谋反？何况，连胡惟庸的谋反也都是虚拟的。

按说朱元璋不能杀李善长，因为他有皇帝亲赐的免死铁券。

可是，朱元璋还是杀死了他的天下第一功臣——李善长。

原先，有人不信朱元璋害死了他的大将徐达。害死的办法是徐达背上长了个恶疮，大夫让他万不可吃蒸鹅，而朱元璋偏偏赐给他蒸鹅吃，徐达吃罢便死了。朱元璋有什么理由害死他的大将？害死他又有什么好处？如今，李善长被朱元璋公开处以极刑。他又有什么原因要杀李善长？他只是个退休多年的文官。朱元璋杀死李善长后，人们相信朱元璋害死徐达完全可能。

特务横行，杀人如麻

在胡惟庸"谋反案"的侦破过程中，朱元璋发明了用特务侦察的办法更有效。他的特务培养所一个是亲军督卫府，一个是叫"检校"，它们便是后来让人一提便不寒而栗的明朝特务机构锦衣卫的前身。（大约三年后就称锦衣卫了）

朱元璋派他们到处侦察，密报各种情报。这些人无孔不入，捕风捉影，制造了很多冤案。退休多年的宋濂，就是被这些特务诬告的。

宋濂是一位著名学者，建明后被朱元璋委派做太子朱标的老师，朱标为人宽厚仁慈，与朱元璋完全不同，就是宋濂教导之功。朱元璋不看重宋濂，最高才给他个翰林学士官衔，只有五品。

宋濂退休时六十八岁，朱元璋送他一块布料，让他三十二年后，拿此布料做件"百寿衣"。宋濂感动得泪流满面。宋濂是个出名的忠厚长者，朱元璋曾向官员们说："宋濂侍候我二十多年，没说过一句假话，也没说别人一句坏话，真是个贤人啊！"

这么一个贤人也被人告发与胡惟庸造反有关，朱元璋也相信。他派人把宋濂抓了回来，要把他处死。关键时是马皇后站出来为宋濂说情，朱元璋才放了宋濂一条生路。

甚至，连他的亲外甥李文忠也不放过。李文忠随朱元璋征战，战功赫赫。他是凭战功升为大都督府都督。李文忠指责朱元璋滥杀无辜，触怒了他。便准备杀死李文忠，也是马皇后出来劝说，求他看在立有大功的份儿上，留他一条命。李文忠被严厉处罚，还把他削职为民。

同朱元璋一起闹革命的朱亮祖，因战功卓著被封侯爵，有个狂躁的毛病，遇上事不大考虑后果。一群土豪利用了他这个毛病，给他送点礼，再吹拍一通，他就肯为土豪们办事了。他收了土豪们那点礼，也定不上贪污之罪。但朱元璋的特务却向皇帝告发他贪污、勾结恶绅做坏事，目无王法等。

朱元璋逮捕了朱亮祖和他的儿子，一起被绑上金殿。朱元璋一见朱亮祖二话不说，拿起鞭当头便打。侍卫们一见皇帝动手，也一拥而上。父子二人被当场打死。朱亮祖被当庭打死，成了明朝的一个规矩，后来许多大臣也被廷杖，死者大有人在。

朱元璋对贪污官吏深恶痛绝，规定贪污六十两者就处以极刑。朱元璋的特务遍布全国各地，深入到每个细小的单位。一旦发现官员贪赃枉法等问题即可上奏，朱元璋接到情报哪怕已经是半夜，他也会立刻起床查办。

甚至有的贪官今天刚收到红包，第二天就有纪检官来找他，将他抓走治罪。

朱元璋对贪污官员的处罚之严厉，刑法令人恐怖。其中有一种是剥皮，把人皮剥下来，皮内塞上稻草，拴在官府衙门前示众。还有凌迟，把人拴起慢慢割，据说有的割了三千刀人还没死。还有抽肠、刷洗（开水浇，边浇边用铁刷子刷）、挖膝盖、割生殖器等。这些酷刑，在历史上久被取消了，朱元璋又都搜集整理，全用在他的官员身上。

不知道是朱元璋时代的贪侵者特别多，还是他的眼线多。史料记录：有一年科举试后发榜派出三百六十四名官员，一年下来有六人被杀，戴死罪、徒流罪三百五十八名。就是说，一榜下发的官员，一年下来全部成了犯人。而且，不要以为只杀了六个人，数字太少，那是朱元璋有意那么设计的，如果杀光了还有人为他干活，他保证会一个不留全杀光。

所以朱元璋不让他们死，先判了死罪，拉下去打几十棍子，然后送往各个衙门为国家办事。等到下一批"戴死罪"者来顶替，这才执行杀头或剥皮。

朱元璋时代有几个著名的大案，前面说的胡惟庸案、后面还有蓝玉案，两案当中的空印案、郭桓案。这些著名的大案，全是朱元璋制造的冤案。四大案下来大明的有功之臣、老臣，有作为的官员差不多就杀光了。

下面只能极简介绍，想细看都明史上有。

空印案发生在洪武十五年（1382年），是各地派人去户部报告地方一年的财政开支，账目要与户部相符，不符者要回去重新审核、盖章再送户部。各地方官，包括中央户部为嫌来回跑麻烦，便由地方准备好盖好印的账册，到户部核查后，有错便用盖好印的空账册重填一份，走走过场而已。那不是为掩盖错账而造假，案发后经审理也没发现因掩盖贪污而造的假账，完全是算账过程出的错误，错误也都不大。

但是，此事被朱元璋的特务侦知报告了朱元璋。他一听就震怒了，认为这是上下全国的官，都在勾结欺骗他，这还了得，他决心把大明严法，用在全国的官吏上。

当时全国十三个省，一百四十个府，一千多个县，全部与空印案有关。审后的处罚是：主印官全部死刑，副手全部流刑，全国一下子杀了上万官吏。有许多好官也被杀掉了，有的廉吏被杀时衣服上满是补丁，死后连丧葬费都拿不起。

郭桓案的起因是有人告发北平布政使赵全德与户部侍郎郭桓合谋贪污了两千四百多万石粮食。朱元璋的处理方案是：把与此案有关联的六部尚书、侍郎和办事人员全部杀光；各省的地方粮官、主管也都掉了脑袋。总计杀了三万多名官员。这起冤案冤得太明显，大明朝全年总收入是两千四百多万石粮食，全部让一个户部侍郎（副部长）和地方官们私分光了，朱元璋的府库里一粒粮食也未进。郭桓，一个副部级干部成了当朝天子，谁听他的，他如何能运作起来。

但朱元璋用这个荒唐的案子杀了自己三万多干部。

蓝玉是朱元璋洪武晚年的名将，他是常遇春的内弟，一直跟着常遇春参加恶战。等常遇春、徐达这班名将死光了，而蒙古贵族还在北方建有政权，朱元璋给他们叫"北元"，他们仍不断犯边。洪武二十一年（1388 年），朱元璋把帅印交给了蓝玉，给他十五万大军，让他"倍道前进，直抵虏廷"。

当时北元皇帝脱左思帖木儿驻扎捕鱼儿海（今贝加尔湖），蓝玉率十五万大军去那么遥远的"沙漠"作战（明朝人都叫征沙漠），和汉武帝时的霍去病征匈奴已没啥区别了。

蓝玉和他的十五万军队北征的困难无人能说得清，但是他们一一战胜。最后与蒙古军队在捕鱼儿海大战，彻底打败了与明朝对抗二十多年的北元统治者，俘虏北元王室和贵族三千余人，士兵七万多人投降，缴获了元朝皇帝使用百年的印玺。

与霍去病的"封狼居胥"一样，蓝玉大胜而归。霍去病归来，有汉武帝狂喜的拥抱、最高的赏赐。而蓝玉呢？据说蓝玉太狂妄，没有像霍去病那样"匈奴未灭，何以家为！"据说朱元璋破例封蓝玉一个太子太傅官衔，也就是太子的师傅。当然那是个官衔，是个从一品的官衔，太子师傅才是五品。朱元璋很少把这么高的官封给功臣，他是看到与他对抗二十多年的北元，被一举歼灭了，他认为这是最后的一仗，把筐底下的好东西一下子赏给了蓝玉。

但狂妄的蓝玉却不识货，竟然大叫："为什么不给我个太师！"太师就是皇帝的师傅了，当然也是个官衔，古代留下的官衔。

早有特务报告了朱元璋，朱元璋收回了太子太傅的官衔,还以血淋淋的杀人刀。

洪武二十六年（1393 年）二月，锦衣卫指挥蒋瓛告发蓝玉拥兵谋反。蓝玉才从征鞍上下来便进了监狱。

然后是调查同谋者，参与者，牵连者。最终被杀一万五千多人，其中包括一个公爵，十三个侯爵，两个伯爵和各级文武官员，一万五千多人死后被编成《逆臣录》，人名加字号，估计也有五万字以上。

研究明史的人，对朱元璋如此大杀自己的官员皆不理解，去分析各种原因。野史上有个小故事：朱元璋杀了许多官员，太子朱标劝他"陛下如此太多杀人，恐伤天和。"朱元璋没说话，找来一根有刺的棍子丢给朱标，朱标看到有刺不敢去拿。朱元璋说："我杀人就是要替你拔掉木棍上的刺！"

研究明史的人用这个小故事去说明朱元璋杀官的原因，朱元璋选择的接班人朱标是个十分贤明的太子，为人仁厚而贤良。朱元璋喜爱这个儿子，但他又太仁厚，生怕朱标不忍心对付朱元璋那些恃有功的老臣，所以要为朱标拔去木棍上的刺。

蓝玉案发生在洪武二十六年，而头年他的太子朱标病死了，朱元璋又把继承人选给了朱标之子朱允炆。朱允炆的资历远比不上朱标，更不如祖父朱元璋了。所以，朱元璋急需把棍子上的刺彻底根除。

杀掉那些能臣干将，谁去保卫大明江山呢？

祸起萧墙——落后的封藩制

朱元璋把李善长、刘基这样熟读文史的军师们杀掉了，后来几次屠杀，怕是连有文化的官员都杀光了。留下的也不敢说话，朱元璋把异姓官员一茬一茬地杀，最后把自己的儿子封到全国各地，会打仗的封到边界，让他们各带军队，去保卫自己打下的大明江山。这就是历史上的封藩制，儿子们称藩王。

这是个落后而愚蠢的制度，从周朝封藩出现的列国争霸，到汉代封藩出现的"七国之乱""八王之乱"，可以说封藩制没有一个有好结果的。

朱元璋又实行这个荒唐的制度。他有二十四个儿子被封为二十四个藩王，还有一个孙子朱允炆，未登基前也被封王。尤其是边境省的九个藩王，从东北到西北分别是辽王、宁王、燕王、谷王、代王、晋王、秦王、庆王、肃王，军队最多，努力最大，朱元璋要用他们保四境。

既然保江山就得有军队，朱元璋限制他们的军队人数最多不能超过三个护卫，每卫三千到两万人不等，而实际人数要有一万到六万人，藩王们都向最高数字上靠。而其中实力最强的又是燕王、晋王和宁王，他们都有十多万军队。宁王被史书描写为"带甲八万，革车六千"，还有一支全部由蒙古人组成的骑兵称作"朵颜三卫"。宁王凶狠异常，像一头雄狮，打起仗来冲在最前头，后面紧跟着的是蒙古卫队，势如骤风暴雨，锐不可当。（《明史》卷一一七《宁王传》）。燕晋二王在北方筑城兴屯，训练甲兵，中央派来的将钦如宋国公冯胜，颍国公傅友德也都得听他们节制。而且，朱元璋还规定，诸王有移文中央索取奸臣和举兵清君侧的权利。《皇明祖训·法律》他怕诸王势力过大，威胁中央，申明诸王"唯列爵而不临民，分藩而不赐土"（《明史稿·列传》三《诸王》）。

181

洪武三十一年（1398年），明太祖死，长孙朱允炆（即建文帝）继位。朱允炆及其大臣齐泰、黄子澄等，鉴于北方诸王势力太大，决定削藩。他们决定先废势力较小的藩王，再削势力大的北方诸王。

第一个被削的是周王朱橚，他是燕王的同母弟弟，也是燕王的助手。朱允炆派兵包围了河南周王府，把朱橚和王府人等押往南京，把他削职为民，迁往云南。这时，朱允炆才当皇帝不满一月。不久，有人告发代王朱桂的贪赃之罪，朱允炆发兵擒拿了这位叔叔，把他发配四川看管起来。四个月后，又捕拿了岷王朱楩。

随后，朱允炆又以私印纸币罪派将捕拿湘王朱柏。朱柏闻讯把自己连同全家关在家中，自焚而死。

接着又把齐王朱博捉拿，废为庶人。

此时晋王朱枫已死，朱允炆等认为最难对付的是燕王朱棣，他是朱允炆的四叔，为人智勇而有大略，曾率领边防军多年与蒙古军队作战，屡建奇功。

朱允炆一连废掉了五个藩王，双把重兵派到他做燕王的燕京周围，下一步肯定要来灭掉他。于是，他用了先皇留下的可以举兵"清君侧"的权利，名正言顺发表演说，动员将士，又派人给皇帝送来"清君侧"的奏折，点名朱允炆身边有奸臣，要皇帝交出奸臣，而后便出兵"靖难"。

朱棣和朱允炆打了起来，一直打了四年仗，这场军事冲突，史称"靖难之役"。

最后，燕王朱棣打败了朱允炆，夺取了明朝的政权，建元永乐，他就是明成祖。

站着的皇帝——宦官专政

朱棣上台后对中央集权做出了一些措施，如继续削藩，把北方的藩王迁往南方，如宁王迁往南昌，谷王迁往长沙，削去代王和辽王的护卫，让他们无力与中央对抗。

在中央设立内阁，设置五至七人，做皇帝的顾问，在皇帝指挥下办事。明成祖又加强司礼监宦官的权力，给宦官"出使、专征、监军、分镇、刺官民隐事"等大权（《明史》卷三〇四《宦官传》序）。明成祖是想让宦官与内阁相抗衡，而重大政务取决于皇帝，这是他巩固皇权的办法。岂料，宦官却以极为卑微的身份走上了专政的舞台，人们称之为"站着的皇帝"。

洪武十五年（1382年），明政府在中央正式设立保卫皇帝，并从事侦缉活动的军事化特务机构锦衣卫。永乐十八年（1420年），又设"东厂"，由宦官作统领。锦衣卫和东厂合称"厂、卫"，专力侦捕所谓"叛逆"、"大奸恶""妖人"。厂、卫中设有监狱和法庭，此后，多少清官和良民被当作叛逆迫害、谋杀，是明朝历史上最黑暗最恐怖的血腥组织。是由朱元璋开头，朱棣建制，推行下去的。

明成祖时宦官还只能说是统治工具，到英宗时大宦官有了强大的经济实力，在管理皇帝私产的同时，自己也占有大量土地和现金现银，宦官汪直有良田两万多顷，奴役着大批佃户、家丁和义男。

明成祖时在宫内设宦官二十四衙，司礼监的权力之大，可以代皇帝批阅奏章，传布政令。英宗、景帝、宪宗、孝宗、武宗等长期不问朝政，宦官乘机窃取大权，挟制内阁，国家大权转移到宦官手中。

宪宗成化时，宦官汪直专政，当时的文武百官"只知有汪太监，不知有天子"。武宗正德时，宦官刘瑾当权，北京城都说有两个皇帝，"一个是坐皇帝，一个是站皇帝，一个朱皇帝，一个刘皇帝"（张萱：《西园闻见录》卷一〇〇《内臣》上）。大臣们写的奏章要一式两份，一份送给皇帝，一份送给刘瑾。内阁大学士焦芳、曹元都直接去刘瑾府上办公。

太监们用东、西厂侦察异己，对人民的反抗严厉镇压。正直的官员"冤死者相属"。锦衣卫扩大到几万人，有指挥、将军、校尉、力士等职位，也是宦官残害清官良民的阎罗殿。

大宦官王振家有金银六十余库，刘瑾有黄金二十四万锭零五万七千八百两，银五百万锭又一百五十八万三千六百两。他们财富可与大明国库相比。

明英宗正统时，瓦剌部首领脱欢统一了蒙古各部。脱欢死后，其子也先准备进攻明朝。这时明政府军政大权掌握在宦官王振之手，他不做战争准备，还接受瓦剌的贿赂，私运兵器与瓦剌贸易。翰林院侍讲刘球、兵部侍郎于谦看出瓦剌的阴谋，要求整顿边防，加强军备。因为刘球的上疏触犯了王振，便下狱杀害。

正统十四年（1449年）七月，也先发动瓦剌军南侵，兵临大同。王振调五十万大军挟持英宗亲征。明军到了大同，王振又挟英宗逃走，行至土木堡（今怀来县西南），为瓦剌军所袭，英宗被俘，王振被乱军杀死，明军全军逃散。瓦剌军一路杀掳农民数十万，兵临北京城下，史称"土木之变"。

为应对事变，留守北京的兵部侍郎于谦立即请英宗弟郕王监国，此即后来的景泰帝；宣布王振罪状，诛其余党；积极备战，坚守北京，反对南迁。

北京市民纷纷拿起武器，使守城军士很快增加到二十二万人。十月，瓦剌兵临北京城下，于谦出城迎战，战斗进行了五日，瓦剌兵被打退。不久，也先把英宗送回北京，与明朝议和。

英宗回到北京，又勾结宦官曹吉祥和宦官党羽，阴谋复辟。英宗趁景泰帝生病之机，发动政变夺取东华门，重新登上皇帝宝座。立即派人逮捕了于谦，并将其杀死。政权又被宦官控制。

宦官当政，他们名为皇帝管家理财，实际为个人敛财。他们疯狂兼并土地，弘治时北京置皇庄五座，占地一万两千八百余亩，到正德即位，一个月就增加到七座，不久就增到三十六座，占地三万七千五百多顷（《皇明经世文编》，卷二〇二，夏言《查勘报皇庄疏》），管理皇庄的军校对周围百姓任意盘剥搜刮。

皇帝如此占领土地，宦官和勋戚们更不落后，弘治二年（1489年），顺天府的庄田有三百三十二座，到正德十六年（1521年），庄田已蔓延至北直隶省，由原来的三万三千余顷扩大到二十万九百余顷（《明孝宗弘治实录》卷二十八及《皇明经世文编》卷八十八）王公大臣以"请田"方式占领土地，即请示皇帝赏赐，而他们接受"请田"时则把庄田周围土地任意吞没。如吉王"请田"三千八百顷，共侵占"比原额已过数倍"；外戚王源"请田"二十七顷，吞没周围的民田达一千二百二十顷（《明宪宗成化实录》卷二〇四），是原数额的四五十倍。这些土地都是农民祖辈经营的产业，他们强行占据，烧毁民房，铲平坟墓，砍伐树木，逼迫千百户农民逃离家乡（《皇明经世文编》卷一三八）。

皇帝、宦官、勋戚、王公、大官僚占有的土地都不在国家的土地总额之内；而各地的恶霸或把土地投献在王公、宦官名下，或隐瞒土地不报。从而造成大明朝的特殊现象：本该是土地越开发越多，而明朝的土地却越来越少。明朝初年，全国土地总额是八百五十余万顷，到了天顺七年（1463年）只剩下四百二十九万余顷，再到弘治十五年（1502年），只剩下四百二十二万余顷，比明初少了一半。这也是大明朝极为荒唐的事情：土地是全国最重要的生产资料，是皇帝统治最显著的内容。况且，土地不会消失，即使做了别的，比如大量建房使土地减少，但总得有个记录，而明朝皇帝的土地，无缘无故就没了一半，皇帝或者根本就不知道，或者也根本不去问。

明中叶的朱见深、朱祐樘、朱厚照等都极为荒唐，他们根本不理朝政，全委之宦官；他们有大量的皇庄土地，终日吃喝游乐。于是，根本不想知道自己统治的天下，有多少土地，有多少人民。

明朝初年，全国有户口一千六百多万户，到永乐时增加到二千万户，而到明孝宗弘治四年（1491年）只剩下九百余万户，还不足永乐年间的一半。土地少了一半，人口的数额也少一半。土地被私吞私占或隐瞒了，不再向国家缴纳赋税；人口也少了一半，那是他们被迫离开了家乡，失去了土地，辗转流亡他乡，死于沟渠，也无人过问。因为他们不再是大明朝的子民，他们根本就没有户口，不在户籍之上。大明中叶有一半人口不在户籍之上，是多么荒唐的历史现象。

这些流亡者难有生活出路，最后被逼与政府作对，这便是明中叶不间断发生农民起义的原因。历史记述，地处河南、陕西、四川、湖南四省交界的郧阳，是个山深林密，周围还有荒田的地方。长期以来，农民流亡到这里垦荒、采矿，聚集的流民多达一百五十万。而明政府则派兵前来阻止人民开荒开矿，便激起这里的农民举起起义的大旗。有天顺八年刘通、石龙等反对禁山的四万余人的起义；有成化六年李原领导的起义。李原的起义队伍扩大到上百万，控制了整个荆襄地区，他们没有武器，用木棍与敌作战。明朝派二十五万军队前来镇压，并携大批攻山大炮，对起义军血腥镇压。李原率众坚决斗争，终因粮食供应不上，雨季山洪暴发无地施展而被镇压。

此外，大规模的农民起义还有正统时期浙闽赣山区叶宗留、邓茂七的起义，曾攻占二十余州县。正德时北京近畿刘六、刘七的起义，起义军曾四次进逼北京，又转战河北、河南、山东、山西、湖北、安徽、江苏数省，给腐败的明朝政府沉重打击。

明武宗朱厚照的荒唐在明朝众多荒唐皇帝中排名应是第一，在他做皇帝期间，宦官势力也达到顶峰，宦官之首刘瑾我们前面已提到过。他们手下还有马永成、高凤、罗祥、魏彬、丘聚、谷大用、张永七只虎，他们控制朝纲，对外勾结蒙古，对内搜刮人民，残害朝中大臣，无恶不作。

宦官的恶行曾激起朝臣的愤怒，孝宗时的老臣刘健、谢迁联合言官交章论奏，请求诛刘瑾、罢宦官。被刘瑾诬为奸党，矫诏罢斥。南京户部给事中戴铣和十三道御史二十余人联名上奏，请罢刘瑾、留谢迁、刘健。武宗朱厚照不闻不问，听由刘瑾残害官员。结果，所有上奏的官员，一律被杖责。戴铣被当庭打死；蒋钦被杖，口不停骂刘瑾，也一直被打死。未死的大臣被投进监狱，等着他们的也只有一死。

就是朱厚照这位荒唐天子在位时，宁王朱宸濠造了他的反。宁王在朱棣削藩时由北方被迁往南昌，派人看管着，不让他乱说乱动。朱棣是个霸道皇帝，宁王的确不敢乱说乱动，所以一直延续下来。到朱厚照统治时，袭封宁王的是朱宸濠，他见当今皇帝是个白痴，军政大权都给了太监，于是心里不服气，都是老朱家的皇子皇孙，为什么非得他白痴朱厚照当皇帝。

于是，朱宸濠便造了朱厚照的反，前者也想当皇帝。朱宸濠确是比朱厚照有能耐，没几时就用银子和将来做皇帝现开的空头支票，把朱厚照身边的大臣大部分拉了过来。大家都知道朱宸濠比朱厚照有能耐，都受够了皇帝身边宦官的恶气，都想帮助朱宸濠，推倒当朝那个荒唐的朱厚照。

但是，有的大臣还很认真，既然吃了皇粮就得为皇帝分忧。有人造了皇帝的反，这个皇帝真是白痴，也能帮助镇压造反者。不少皇帝才三岁两岁，同白痴有啥两样？那些忠臣义士不也照样帮着他打天下、坐龙廷吗？

王阳明就是忠臣、义士。想当年为了救谢迁那帮正直的官员，王阳明差点丢了小命，被重打四十棍发配到极边贵州龙场。在龙场又九死一生，终于活了下来。

在宁王造反时，他是江西巡抚，他在皇帝不给他一兵一卒的情况下，组织一点地方民兵，打败了朱宸濠，并活捉了他。

而朱厚照则要亲征朱宸濠，他在太监张永、张忠、安边伯许泰、江彬、都督刘晖陪同下，发十万大军前往江西，听说宁王的军队已经溃败、投降，宁王朱宸濠已经被捉获，王阳明奏报等着皇帝发落。朱厚照等要王阳明把朱宸濠放入鄱阳湖，还予水师，让皇帝亲与接战，亲自擒之，而后再奏凯论功。

面对这么个昏庸、腐败、荒唐的皇帝，王阳明只好把宁王送往杭州，献给宦官张永，自己称病住进杭州净慈寺。当时皇帝去了南京，张永驻军杭州，江彬等率军来南昌。后来，得到宁王的张永劝说皇帝，又为王阳明说了不少好话，王阳明才得解脱。

皇帝命王阳明重写上疏，在疏中加入了皇帝亲征、群小人齐战宁王，才得告捷的内容。朱厚照才在众人的簇拥下，高奏凯歌回到京师。

内阁纷争，外患沓来

明嘉靖时，宦官的势力受到内阁的排斥，朝堂上去虎来狼，内阁又专权霸政，纷争不已。纷争过程中，严嵩当政，内压百官，外结强敌，又让国无宁日，民遭其害。

严嵩以诿媚取得世宗的信任，于嘉靖二十七年（1548年），陷害首辅夏言，取得首辅之位。严嵩在位二十一年之久，其"子为侍郎，孙为锦衣中书，宾客满朝班，姻亲尽朱紫"，又"募朝士为干儿义子至三十余辈。"（《明史》卷二一〇《王宗沐传》）一般官员也都投靠严嵩，"天下藩臬诸司岁时问遗动以千计"（《明史》卷三〇八《严嵩传》）。刑部员外郎杨继盛上书，劾严嵩十大奸恶，为严嵩所害。

在严嵩专政期间，放松了边界的防御，外患纷至沓来。北部的蒙古瓦剌部衰败后，又有鞑靼部兴起，嘉靖二十三年（1544年），鞑靼俺达汗屡次兴兵侵入明朝内地。明政府的边将为保住官位把"诸边军粮百万，强半随嵩"，以致军士饥疲，边防大坏（《明史》卷二〇四《丁汝夔传》）。嘉靖二十九年（1550年），俺达率兵长驱直入北京城下，明朝拜严嵩党羽大同总兵仇鸾为大将军，仇鸾畏敌不敢战，听鞑靼兵到处焚掠，给明朝造成极大威胁。

当东南倭寇侵扰时，严嵩子严世蕃私通倭寇；严嵩义子赵文华督视海防，倾陷御倭督臣张径，使东南倭寇不断侵扰，边患不已。

直到张居正入阁出任首辅，从军事、政治、经济多方面改革，才扭转了政治腐败、边防松弛和民穷财竭的局面，挽救了即将灭亡的明王朝。

张居正一方面加强边防，一方面与蒙古实行茶马互市，解除了北方蒙古的威胁，使以后的数十年明朝与蒙古基本上是和平共处。

经济方面他治黄河、疏漕运，使长年不断的黄河、淮河、运河水患得到治理，北部中国和淮河流域出现了丰收之景象。

张居正排除干扰，丈量土地。他指出，豪强私占土地，使"私家日富，公室日贫，国匮民穷"（《张文忠公全集》书牍六）。万历六年（1578年），下令清丈全国土地，包括勋戚的庄田和军屯土地在内，经过艰苦工作，丈出土地七百多万顷，许多隐田被丈清。

政治方面他裁汰冗官倭员，"强公室，杜私门"，奖励"急公进取"，也多少扭转了严嵩时代中央政府的黑暗官场。

由于张居正的改革，从明穆宗隆庆后期，至神宗万历初期二十年间，社会经济得到了发展，太仓的粮食储备达一千三百余万石，国库存银也达到六七百万两之多，使多年来财政支绌的情况得到改变。

然而，张居正的改革只是明朝末年黑暗统治的一线光明，转眼即逝。张居正死后，神宗万历后期，明朝的政治更加黑暗，被张居正打击的豪强地主，更加疯狂地侵占土地，宦官势力卷土重来。

明末，城市工商业发展，但此时的大作坊皆被大地主、大商人霸占，各地的王公勋戚也都开设铁坊、油坊、瓷窑、机房、盐店等。从万历二十四年（1596年）起，明神宗即派出许多宦官充任矿监税使，到全国各地去掠夺财富。一年之中宦官就抢掠白银九十余万两、黄金一千五百多两，金刚钻、水晶、珍珠、宝石不计其数。这些皆是以税款名义送给皇帝的，装进宦官及爪牙私囊的不在其数。宦官们带着武师和爪牙横行，他们随意捕杀人民，抢掠金银财物，强奸妇女，使受害者无处申冤。

在起义烈火中灭亡

1944年，为了纪念明末李自成农民起义三百周年，郭沫若写了《甲申三百年祭》；这年正好也是明王朝灭亡三百周年。毛泽东那年也写了一篇文章叫《学习和时局》，文中指出："我党历史上曾经有过几次表现了大的骄傲，都是吃了亏的。""全党同志对于这几次骄傲，几次错误，都要引为鉴戒"。又说印行郭沫若的文章"也是叫同志们引为鉴戒，不要重犯胜利时骄傲的错误"。

郭沫若也在文中强调，三百年前的三月十九日，明朝崇祯吊死，明朝在李自成家民起义中灭亡。也是这一年，起义军灭亡明朝后，在北京建立农民政权。但是，这个农民政权在北京只坚持了四十三天，也被迫从北京撤离。

毛泽东决定印刷郭沫若的文章，主要是想让共产党的领导同志以李自成的失败为教训，不要被胜利冲昏头脑，不然就会重蹈李自成失败的覆辙。

明朝从万历后期到最终亡中的四十多年中，一直在各种起义中挣扎。当时不光是农民，城市手工业者、矿工，即被统治者称作"矿盗""炭党""蓝徒"的也都聚众反抗政府。当然规模最大的还是农民。

明末农民起义首先在陕西爆发。因为陕西的土地贫瘠，生产落后，工商业不发达。这里的农民本就贫苦，而明政府对这里的剥削却并不减轻。加上连年的水旱灾，草根树皮被饥民吃光，以致被迫吃山中的泥土和石块上的青苔。然而，官府仍然催赋，急如星火，于是发生了起义。崇视祯元年（1628年）起义发生，到四年已有二十余万人，拥高迎祥、王自用为首领。明政府始则以招抚为策略，后则派洪承畴血腥镇压。崇祯六年（1633年），起义军冲出明军在陕西的围堵，向河南、两湖和四川等地发展。明政府派重兵从陕西、山东两路夹击起义军。起义军在河南荥阳会师，讨论对敌作战方略。杰出的起义军领袖、高迎祥的部下李自成提出了联合作战、分兵迎击的方略。

由于李自成提出了农民起义战史上创造性的战略，使起义战作节节胜利。崇祯十一年，与明政府在辽东多年争战的清军大举进关，连陷山东、河北七十余城。十二年春包围济南，明政府需要集中兵力抵抗满洲的侵犯，便放松了对起义军的进攻。

起义军的队伍趁机发展。战斗中，李自成的政治素养和军事才能充分显示，起义军便以李自成为主要领导人，提出了"迎闯王，不纳粮"的口号。同时第一次提出"贵贱均田"的斗争目标。起义军所到之处皆开仓放粮，受到广大人民的拥护。十六年，李自成率起义军破潼关，攻破西安。十七年（1644年）正月，在西安建国，国齐大顺，建元永昌。二月，从陕西经山西直趋北京。三月十七日，农民军攻至北京城下，城外的明军不战而降。十八日攻占北京外城，十九日晨，崇祯在煤山自缢而死。明朝灭亡。

农民军在北京城共有四十三天。在这个时间内，李自成做皇帝建立了内阁和六部政府。以牛金星为天祐阁大学士，宋企郊为尚书掌管六部。开科举以策论取士，释放了刑部和锦衣卫的系囚，把上万宦官尽数驱逐出宫。

以刘宗敏为比饷镇抚司统领，向明朝勋戚显宦富商追赃，处死罪大恶极者，

189

没收其财产。追赃结果，得银七千万两。李自成还向山东诸城等地派驻地方官，地方官赴任后向恶霸地主催逼赃款，还把各地的土地让贫苦农民"自占认耕"，由政府发给"册卷"。

但是，当时的局势对农民政权来说，极为严峻。东北的清军准备大举向关内进攻；明总兵吴三桂拥重兵盘踞山海关，随时都有反攻北京的危险；各地的明军和地主武装未停止与农民军对抗。

这些严重的问题，刚建立起的农民政权必须马上解决。然而，他们没有迅速做出反映，李自成本人没有果断的意见，甚至认为不能久留北京。产生畏难逃跑思想。

而牛金星、宋企郊、宋献策等地主阶级知识分子，一进北京更结党营私，招权纳贿，腐化不堪。毛泽东让全党以李自成为教训，就是指牛金星这些人，一遇胜利，忘乎所以。

驻守山海关的吴三桂听说农民军进北京后，抄没他的家产，杀死了他的父亲，霸占了他的爱妾陈圆圆。尽管"一怒为红颜"的说法有些夸大，吴三桂还是因此投降了满洲贵族，使清军顺利进入山海关，向北京扑来。

山海关被清军占领，李自成知北京不能守，于四月三十日放弃北京向陕西撤退。五月一日，清军攻占北京。同年九月，清顺治帝从沈阳迁往北京，定北京为清朝的首都。

李自成从北京撤出后，其对手由明政府和明军变成了清政府和清军。此时，李自成尚有几十万大军，仍在河北、山西、河南抗击清军。然而，刚刚在北京建立清政权的清军，战斗作风无比凶恶。清顺治二年（1645年），清军入陕西，以吴三桂为前锋。李自成在潼关迎击清军，一战败绩，退走湖广。四月，李自成率残部到达湖北通山县，遭到当地地主武装的袭击，死于通山九宫山。